An einem kalten Morgen im Februar 1939: Am Wiener Ostbahnhof verabschieden Elise und Josef Ullmann ihren 13-jährigen Sohn Otto. Mit etwa hundert anderen Kindern besteigt er einen Zug, der ihn wegbringt von Angst und Verfolgung. In die Freiheit, nach Schweden. Otto kommt auf den Hof des Vaters von Ingvar Kamprad, der sich früh den Nationalsozialisten anschließt und 1943, mit siebzehn Jahren, die Möbelfirma IKEA gründet. Trotzdem verbindet ihn und Otto fortan eine enge Freundschaft, die viele Jahre währen sollte.

Anhand von 500 im Nachlass von Otto Ullmann gefundenen Briefen, die seine Eltern ihm zwischen 1939 und 1944 fast täglich schrieben, entfaltet die renommierte schwedische Autorin Elisabeth Åsbrink das berührende Schicksal seiner jüdischen Familie. Die zu Herzen gehenden, immer drängenderen Briefe berichten vom schwieriger werdenden Alltag zu Hause, von wachsender Distanz, von Verzweiflung und Liebe. Eine einzigartige Geschichte aus dunkler Zeit, die dem Vergessen entgegenwirkt.

Elisabeth Åsbrink, geboren 1965, lebt als Schriftstellerin, Journalistin, Fernsehproduzentin und Autorin in Stockholm. Sie arbeitet für Schwedens populärstes Radioprogramm Sommar in P1, wo sie u. a. Sendungen für das frühere ABBA-Mitglied Björn Ulvaeus produziert hat. »Und im Wienerwald stehen noch immer die Bäume« ist ihr drittes Buch, das 2011 als bestes schwedisches Sachbuch des Jahres ausgezeichnet wurde.

Elisabeth Åsbrink

Und im Wienerwald stehen noch immer die Bäume

Ein jüdisches Schicksal in Schweden

Aus dem Schwedischen von Gisela Kosubek

btb

Editorische Notiz

Die Briefe der Familie an Otto Ullmann orientieren sich im Original – zum Teil aufgrund verschiedener Medien – an unterschiedlichen Orthografieregeln. Im Interesse der Leserinnen und Leser haben wir sie daher einheitlich an die gemäßigte neue Rechtschreibung angepasst.

Ein Kind stand vor einem Haus, in einer großen Stadt. In einer Zeit, die vergangen ist. Ein Fluss teilt die Stadt wie eine Wunde, doch sieben Brücken halten sie wie mit Stichen zusammen, verbinden die Hügel mit flachem Land und das Grün mit Auspuffgasen. Budapest.

Der Junge spielte auf dem kleinen Platz vor dem Haus, in dem er wohnte. Sein Vater war arbeiten gegangen, seine Mutter war daheim in der Wohnung ein paar Stockwerke über ihm. Er hatte keine Geschwister, und seine Spielkameraden mussten anderswo sein. Er war fünf Jahre alt, und vielleicht gefiel es ihm, dass er allein war.

Dann kam jemand vorbei, blieb stehen und schaute ihn an. Ein Erwachsener, der so gewaltig schrie, dass der Junge abrupt mit dem Spielen aufhörte. Das genannte Wort hatte er nie zuvor gehört, die Verwünschung aber, der Tonfall, die Wut waren nicht falsch zu verstehen. Auch der Blick nicht. Der war direkt auf ihn gerichtet.

An dieser Stelle halte ich inne.

In einem anderen Land, in einer anderen Stadt mit einem anderen Gewässer, mit anderen Brücken als Spanngurten, die sie zusammenhielten, gab es ein anderes Kind: ein Mädchen. In London.

Es ging bereits in die Schule, war an den Spielen seiner Gefährten beteiligt, an den Intrigen unter Freundinnen, und es war sein größter Wunsch, zum jährlichen Tanzabend der Jungenschule zu gehen. Als es tatsächlich den Brief mit der vorgedruckten Einladung erhielt, war es daher ungeheuer glücklich – vielleicht prahlte es vor seinen Freundinnen –, bis zu dem Augenblick, als ihm klar wurde, dass die Karte handgefertigt war; es war eine fingierte Karte, eine Fälschung. Jemand (das Mädchen ahnte, dass eine verschmähte Mitschülerin hinter der Falle steckte) wollte es herausgeputzt und erwartungsvoll zum Tanz gehen und dann an der Tür mit einem

Nein schimpflich abgefertigt sehen. Das Mädchen weinte vor Zorn und beklagte sich bei seiner Mutter.

Auch die Mutter wurde böse und sprach mit dem Vater des Mädchens; sie sollten den Direktor aufsuchen, die Hinterlistige müsse bestraft werden und die Tochter eine Entschuldigung erhalten. Der Vater aber ließ sich nicht beeindrucken, antwortete nur: »Sch!« und »Lasst das!«. Dann sagte er ein Wort, das das Mädchen seitdem verabscheut und zu dem es sich nie hat bekennen wollen. Er sagte: »Nein, das tut ein (es folgte dieses Wort) nicht. Wir lösen keine Probleme, indem wir neue schaffen. Wir machen keinen Ärger. Der Halm, der sich im Winde biegt, bricht nicht.«

Das Mädchen erinnert sich noch immer daran, dass es sich im Stich gelassen fühlte, obgleich es heute schon achtzig Jahre alt ist. Keine Revanche zu erhalten, keinen Verteidiger zu haben, mit diesem Wort identifiziert zu werden – all das hinterließ in ihrem Innern einen Riss.

Wie durch Zufall war es dasselbe Wort, das der allein spielende Junge (mit dem Zusatz Dreck) von dem Fremden gehört hatte. Und da der Junge erst fünf Jahre alt war, hatte er nicht verstanden, war ins Haus gegangen, die Treppen zu seiner Mama hinaufgestiegen und hatte gefragt:

»Drecksjude – was bedeutet das?«

Seine Mutter sagte nichts davon, dass sie ihn hatte taufen lassen. Sie sagte nur, es gebe zwei Sorten Menschen: gute und böse, und so wurde dem Kind die Welt ein wenig verständlicher.

Wie durch Zufall begegneten sich der Junge aus Budapest und das Mädchen aus London als Erwachsene, erkannten die Abgründe am jeweils anderen wieder und verliebten sich.

Wie durch Zufall bekamen sie später selbst ein Kind und vererbten ihm das Gefühl des Fremdseins – das gab es schließlich in einem solchen Überfluss. Sie ließen die Tochter auch an diesem Wort teilhaben, doch so, als wäre es ein Gebrechen. Sie bekam zu hören: »Sch!« Sie bekam zu hören: »Je weniger es wissen, desto besser.« Und später: »Gut, dass deine Kinder einen nichtjüdischen Vater haben, dann verschwindet es schneller aus dem Blut.«

Das ist die eine Geschichte, die meine.

Mutti. Papa. Es ist so, als hätte es euch nie gegeben.
Und doch lebe ich.

Wir kennen uns nicht, aber sie hat mein Buch gelesen. Bei unserer ersten Begegnung sprachen wir nur kurz miteinander. Beim nächsten Mal gingen wir einen Happen essen und danach in ein Konzert. Dort, an einem Ort, der fremd war für uns beide, in einem Klangraum verzerrter Gitarren und Bässe, begann sie zu reden. Es war nicht ganz leicht zu hören, was sie sagte. Sie aber kam näher. Sie trug etwas mit sich herum und versuchte, mit Worten eine Brücke zu bauen, damit die Last das Ziel erreichte.

Würde man sie nach ihrer Herkunft fragen, würde sie antworten: Småland. Trotzdem gibt sie mir fünfhundert Briefe aus Wien.

Zuerst weiß ich nicht, ob ich sie haben will.

Dann kann ich an nichts anderes mehr denken.

Sie sind in einer großen weißen Kiste mit Deckel untergebracht, gefertigt aus festem Karton und gekauft bei IKEA. Gerade diese Tatsache, könnte man annehmen, ist einer Ironie des Schicksals geschuldet, oder – wenn man zu psychologischen Deutungen neigt – einer Reaktion ihres Unterbewusstseins. Vielleicht ist es das Resultat von Empfindsamkeit oder schwarzem Humor.

Otto hat die Briefe sortiert. Seitdem hat sie niemand mehr angefasst, geschweige denn gelesen. Doch sie, Ottos Tochter, weiß dennoch, was sie enthalten. Eine Paketschnur mit einem normalen Bauernknoten trennt die Stapel voneinander, ein Jahr vom anderen.

Sind die Briefe alt, ist siebzig Jahre eine lange Zeit? Oder eine Zeitperiode, kürzer als ein Menschenleben und von ebenso fraglichem Wert?

Wie dem auch sei: In der weißen Kiste haben sie gelegen, dicht beschrieben, in chronologischer Reihenfolge, ein Epizentrum des Kummers.

Jahrelang hatten die Erinnerungen ungenutzt dagestanden. Als warteten sie darauf, dass er den Schritt hinein tut, zu den Schatten unter dem Laub der Bäume. Er aber hatte in eine andere Richtung geschaut. Hatte sich weggedacht.

Dann bekam er plötzlich die Schlüssel in die Hand. Ein Brief kam, ein Kuvert mit Fotos; Tage ohne Ordnung, Stunden ohne Datum, Blicke ohne Worte.

Es war natürlich Mizzi, die diese Bilder an sich genommen und aufbewahrt hatte. Und als alles vorbei war, hatte sie das kleinere Kuvert in ein größeres gesteckt, Otto Ullmanns Namen draufgeschrieben und es ihm nach Schweden gesandt.

Er hatte sich selbst zu Gesicht bekommen. War dem hellen Blick seines Vaters begegnet. Josef! Er hatte seinen eigenen kindlichen Körper, verankert in den Armen seiner Mutter, gesehen.

Die »Blade«, die Dicke, hatten sie Elise wegen ihrer weichen Rundungen genannt.

Otto und Papa hatten ein Team gebildet, die Männer gegen die Mutter, und sich, sooft sie konnten, auf ihre Kosten amüsiert. Sie aber kümmerte sich um sie, wenn sie Fieber hatten, und machte sich Sorgen, wenn sie bei Kälte oder Regen zu lange draußen unterwegs waren.

Papa und Mutti hatten Ottos Welt zwischen sich aufgeteilt. Sie hatten erst spät im Leben ein Kind bekommen, und ihr Sohn wurde zum selbstverständlichen Mittelpunkt, sie ließen ihn nicht aus den Augen. Die ängstliche Elise hatte sich um seine Gesundheit und sein Wohlergehen gekümmert. Hatte dafür gesorgt, dass sein Lieblingsessen gekocht, seine Kleidung durch neue ersetzt wurde, sauberere und größere, wenn es an der Zeit war, und dass auch der kleinste Kratzer sorgfältig verarztet wurde. Papa hingegen hatte ihn mit aus dem Haus genommen, hatte seinen Horizont erweitert und ihm die Welt erschlossen. Der rote Samt des Opernhauses.

Der Boxring. Die Ballettstange. Eine saubere Rückhand auf dem Tennisplatz. All die Gespräche am Donaukanal über Fußball, Gott und die Bedeutung einer guten Ausbildung. Das war Josef.

Die Fotos vom Ende der Dreißigerjahre zeigten sie so, wie sie einst gewesen waren, im Licht von Tagen, die vor langer Zeit erloschen waren. Da standen Männer in schattenschwarzen Hüten neben Frauen in weiten karierten Kleidern. Da sieht man Josef im Sommer vor österreichischen Bergen und Elise in flachen Schuhen mit weißen Söckchen.

Hat Otto in den Nächten so von ihnen geträumt? Waren sie noch immer wie Eltern so groß, obgleich er sie im Wuchs längst überholt hatte? Waren sie noch immer fünfundvierzig Jahre alt, obgleich sie tot waren? Waren sie ihm mit ihrer Liebe noch immer nahe?

Es muss Josefs Gewohnheit gewesen sein, stets den Fotoapparat mitzuführen. Vielleicht war das der Grund, weshalb sie sich selten in Positur stellten, einfach abgelichtet wurden, während der Alltag seinen Lauf nahm, beim Spazierengehen, auf den Bürgersteigen, in den Parks. Straße um Straße in dem großen Wien wurde durchwandert, und zugleich entstanden die Fotos – Schnappschüsse, angefüllt mit Sommer. Die Wärme war in ihren Gesichtern zu sehen – sie drückte auf die Stirn –, an Elises luftigen Kleidern. Otto in Lederhosen, in der Hand sein Stoffkaninchen oder mit Schulranzen auf dem Rücken. Otto mit Tante Minas Foxterrier, der beständig an der Leine zog. Otto, der seinen Roller schob. Elise im Urlaub, in einem schattigen Garten auf dem Land oder im warmen Meer, zum Strand hin zurückblickend. Sollte sie es wagen, in die Wellen einzutauchen?

Josef sah auf allen Bildern zufrieden aus. Er brachte den Kollegen neben sich zum Lachen, es war am Blick zu erkennen, dass Josef gerade etwas Witziges gesagt hatte. Er hielt seinen Sohn auf dem Arm, er spielte und redete, als könnte er sich nichts Besseres vorstellen als das Leben mit seiner molligen Gattin und dem kleinen Otto.

Erinnerungsbilder. Idealbilder. Die Anrufung entthronter Mächte.

Wien ist die Stadt mitten in Europa, wo sie zum Schutz gegen die heiße Sommersonne einst mit Schirm spazieren gingen, die Tauben im Park fütterten, Fußball spielten, ein Eis schleckten und ihr Familienleben führten.

Vermutlich ist Ottos Vater Josef in Wien geboren, wohin seine Eltern aus der Stadt Iglau gezogen waren, die einst innerhalb der Grenzen der Doppelmonarchie Österreich-Ungarn lag.

Josef hatte drei Brüder und eine Schwester. Die Frau, die ihn gebar, ist einer von vielen trocken raschelnden Namen an einem Familienstammbaum, bei dem der eigentliche Stamm verschwunden und nur ein Schatten zurückgeblieben ist.

Ich weiß, dass Josef immer fröhlich sein wollte. Ob das jedoch bedeutete, dass er wirklich Freude empfand, ist ungewiss. Und ich kann festhalten, dass es ihm Vergnügen bereitete, sich in langen, komplizierten Sätzen auszudrücken, mit vielen aufeinanderfolgenden Nebensätzen. Er genoss es, sich den verschiedensten sportlichen Herausforderungen zu stellen, wenn passionierte Sportler bei Fußball, Tennis oder Leichtathletik aufeinandertrafen. Josef hatte einen guten Blick für kleine Veränderungen, die ein neuer Trainer bei Schrittlänge oder Armführungstechnik eines Läufers erzielen konnte. Er war vermutlich nicht gut genug, um selbst professioneller Sportler zu werden, besaß jedoch genügend Kompetenz, um die Bewegungen von elf Spielern um den Ball auf eine Weise zu analysieren, die auch dem nur mäßig interessierten Zuschauer das schwächste Glied in der Kette sichtbar machte, sodass dieser genügend Einblick ins Spiel erhielt, um eigene Schlussfolgerungen über dessen Ausgang zu ziehen. Josef liebte das Schreiben. Er wurde Sportjournalist.

Sicher kann man nicht sein, vermutlich aber hatte er ein paar Erkenntnisse geerbt, die sich natürlich in Worte fassen lassen – doch aller Wahrscheinlichkeit nach erreichten sie ihn ohne Worte:

Wissen kann dir keiner nehmen. Auch das hier wird vorübergehen. Ein Halm, der sich im Winde biegt, bricht nicht.

Hundertdreißig Jahre nachdem Josef Ullmann geboren worden war – als er schon seit Langem ermordet ist –, spreche ich seinen Namen aus.

Elise Kollmann kam aus Mähren nach Wien. Genau wie Josef war sie nach Österreich-Ungarn hineingeboren worden, hatte sich nach Ende des Ersten Weltkriegs aber in der Tschechoslowakei befunden, ohne je umgezogen zu sein. Ihr welliges Haar war braun und dick.

Vielleicht hatte sie die Reise vom Brünner Elternhaus zusammen mit ihren Schwestern Margarethe und Adolfine angetreten, alle drei dunkeläugige, stämmige Frauen. Sie benutzten lieber Kosenamen als die ihnen gegebenen offiziellen Namen. Verkürzten also Elise zu Lisl, Margarethe wurde Grete genannt, und Adolfine wurde zu Nuny.

Als sie Josef kennenlernten, nannten sie ihn Pepi. Die vier verkehrten miteinander, wurden Freunde. Und zu irgendeinem Zeitpunkt, es ist nicht recht klar, wann, heiratete Lisl den zwei Jahre jüngeren Pepi und tauschte ihren Nachnamen Kollmann gegen Ullmann.

Hatte sie an Sport Vergnügen? Schreiben jedenfalls war nicht ihre Sache, sie glaubte nicht, dass sie es konnte. Dennoch sollte sie später ihr Bestes geben, den Umständen geschuldet.

Als Lisl fünfunddreißig und Pepi zweiunddreißig war, bekamen sie ihr einziges Kind. Am 20. Juli 1925.

Sie wiegten ihren Sohn Otto mit denselben guten Hoffnungen und dem Wunsch nach Glück, wie es Eltern stets tun. Sie gaben ihm Kosenamen (Goldjunge, Wutzi, Mucki-Pucki), sie hofften, dass sich die hässliche Nase der Familie nicht durchsetzte, Sprachbegabung, Musikalität und Ballgefühl hingegen schon. Sie wollten, der Sohn solle empfindsam werden, doch auch rational denken, sie ließen ihn Ballett tanzen, aber auch Boxen trainieren und wünschten, sowohl ererbte als auch erworbene Eigenschaften mochten reiche, gesunde Früchte tragen.

Er wurde ein schmächtiger Junge mit dunklem Schopf, flink an Körper und Geist. Im Sommer ließen sie seine Haare vom Friseur kurz scheren, und seine unregelmäßigen Züge und dunklen Augen traten deutlich hervor. Lisl und Pepi sahen, dass er das schönste aller Kinder war. Ihr einziges.

Vielleicht fand Lisl, sie sei mit über fünfunddreißig zu alt, oder war der Wunsch beider, einen Sohn zu bekommen, so stark, dass ihnen, nachdem ihr Otto auf der Welt war, nichts mehr zu wünschen übrig blieb?

Er wuchs ohne Geschwister auf, ohne mit mehr wetteifern zu müssen als mit seinem eigenen Bedürfnis, der Beste zu sein. Und wie andere Selbstverständlichkeiten musste nie ausgesprochen werden, dass nichts anderes gut genug war. Pepi, Otto und Lisl – sie waren voneinander unzertrennliche Teile. Und nichts anderes wünschten sie sich.

Natürlich wurde er verwöhnt.

Als hätte er zwei Mütter, wurde Otto abwechselnd von Lisl und dem Hausmädchen Mizzi gehegt und gepflegt. Lisls Schwestern Nuny und Grete, aber auch Pepis Schwester überboten einander darin, ihm Süßigkeiten und Geschenke zuzustecken im Austausch gegen Umarmungen oder allzu feuchte Küsse, während Pepi und Onkel Paul lange Gespräche über Musik, Politik und Sport mit ihm führten.

Otto bekam einen starken Willen und war daran gewöhnt, dass seine Ansichten schwer wogen. Lief es nicht nach seinen

Wünschen, geriet er in Wut, wurde aber ebenso rasch wieder fröhlich. Denn meist konnte er seinen Willen ja durchsetzen.

So wuchs er zu einem warmherzigen, ichbezogenen Kind heran, machte gern Geschenke, denn schließlich bekam er stets viele, war aber auch ungeduldig und rastlos.

Zwar schärften sie Otto ein, wie wichtig Anstand und gute Bildung seien, doch rührten sein höfliches Betragen und die Fähigkeit zur Konversation vor allem daher, dass sich die Familie aus zeitungslesenden Literatur- und Opernliebhabern mittleren Alters zusammensetzte – Erwachsenen, die stets über seine Späße lachten, die ihn die Fäuste einsetzen ließen, wenn er in einer solchen Stimmung war, ihn Fußball spielen ließen, wenn er anderer Stimmung war, ihn bestimmen ließen, weil es sie amüsierte und weil er ihnen mehr wert war als alles sonst auf der Welt. Auch der lieben, treuen Mizzi.

Wie gesagt, sicher kann man nicht sein.

Trotzdem wage ich zu behaupten, dass Elise – eine Frau, der ich nie begegnet bin – ihr Kind liebte. Und abgesehen davon, dass Otto studieren und Geld verdienen, erst unter den Jungen und später bei den Mädchen beliebt sein sollte, dass er ein guter Sohn werden sollte, der mit seiner Mutter über die Schwierigkeiten und Freuden des Lebens sprach, der sich die Zeit nahm, sich nach ihrem Wohlbefinden zu erkundigen und ihrem Rat zu folgen, gab es nur eine einzige Sache, die sie wollte (und einen hochmütigeren Wunsch kann man lange suchen): Sie wollte, dass Otto glücklich wird.

Die Straßenbahn aus der Stadtmitte hielt am Radetzkyplatz und folgte dann den Schienen die Löwengasse hinunter. Dort fuhr sie zunächst an einer Schule, dann an einer Kirche vorbei und schließlich am Bäcker, Schuster und dem Milchladen.

Ottos Viertel war nicht hässlich, aber auch nicht schön. Nicht wie die herrschaftliche Praterstraße, wo alle Welt sonntags Arm in Arm flanierte, Juden und Christen bunt durcheinander. Auch nicht wie die Taborstraße, wo die Lokale dicht an dicht lagen mit ihrem schwarzen Kaffee, den Zeitungen und dem Schachspiel. Die Löwengasse war weder eine Gasse noch eine Hauptstraße, weder Ziel noch Zweck. Die Stadtvögel, die auf den Oberleitungen der Straßenbahn gelandet waren, saßen wie zufällig dort, und die Menschen auf den Gehsteigen waren alle unterwegs, entweder nach Hause oder von zu Hause weg. Keiner begab sich allein der Straße wegen dorthin.

Zu Beginn des 17. Jahrhunderts war der Stadtteil Leopoldstadt ein unbebautes Stück Land in der Wiener Peripherie. Wer aus irgendeinem Grund dahin wollte, musste sich zur Heide begeben – so wurde der Platz wegen der fehlenden Bäume genannt –, und genau dieses Gebiet hatte Kaiser Ferdinand II. der jüdischen Bevölkerung der Stadt zugewiesen.

Fährt man mit dem Finger auf der Karte die nunmehr dicht bebauten Straßen entlang – Kleine Pfarrgasse, Große Schiffgasse, Krummbaumgasse, Karmelitergasse und Taborstraße –, erhält man ein abgegrenztes Gebiet. Dort backen sie ihr ungesäuertes Brot, halten sie ihre Märkte ab. Die Juden. Auf einer baumlosen Heide.

Zur Zeit von Ottos Geburt galt die Leopoldstadt nach wie vor als jüdischer Stadtteil, obgleich die Mehrzahl der Bewohner Christen waren. Zuweilen folgten die Menschen ihrer Glaubensrichtung, zuweilen gingen sie in die andere Richtung.

Löwengasse Nummer 49 war ein einfaches, schmuckloses Gebäude. Protzte das Haus gegenüber mit Jugendstilgirlanden in Englischrot und brüstete sich das an der Ecke stehende in Sahneweiß mit goldener Uhr und Balkonen, die Perlenketten glichen, lag die 49 fest und unverrückbar in der Mitte, neben dem Tor eine Metzgerei. Otto wohnte in der Wohnung Nummer 15, zusammen mit Lisl, Pepi und Tante Grete – dazu das Hausmädchen Mizzi, das als junge Dirn vom Lande zu ihnen gekommen war. Sie lebten ihr Leben und träumten ihre Träume in den vier Zimmern, zwei Häuserblocks unterhalb des Donaukanals. In Österreich. Nicht in den Grenzen des Deutschen Reichs, noch nicht. Bislang ging Otto in die Schule, und Pepi übte seinen Beruf als Redakteur des Sportteils beim *Wiener Tag* aus. Nach den Stunden auf der Arbeit schlief er in der Straßenbahn gewöhnlich im Stehen ein, wachte jedoch im rechten Augenblick auf, um auszusteigen. Sein Gehalt reichte für ein annehmliches Leben, für Abende in der Oper und Samstagnachmittage auf der Fußballtribüne, für das sonntägliche Essen mit Buttercremerolle zum Nachtisch und einen ordentlichen Lohn für Mizzi.

An den Sonntagen packten sie die Körbe und stiegen in die Straßenbahn zum Wienerwald hinaus, wo sie gemeinsam mit Tante Nuny und ihrem Mann Paul über Wege und Hänge flanierten. Sie nahmen den Fußball mit und spielten, wenn sie auf offenes Gelände trafen. War es warm, lief Otto mit nacktem Oberkörper herum. Dann setzten sie sich in den grünen Schatten, lasen Bücher oder planten ihren jährlichen Aufenthalt in Bad Ischl. Sie unterhielten sich über die Verletzungen und Ergebnisse verschiedenster Sporthelden, ruhten aus von den Anforderungen und der Routine des Alltags – kurz gesagt, sie genossen ihre gemeinsame Freizeit inmitten von Sonnenflecken und Blätterrauschen, all das unter den Bäumen im Wienerwald.

Alle Erwachsenen der Familie freuten sich darüber, dass

der kleine Otto nicht nur intelligent und musikalisch war, offenbar besaß er auch ein ausgeprägtes Gefühl für Sprache. Pepi bat Paul, ihm Privatunterricht in griechischer Grammatik, in Latein und Englisch zu erteilen. Vielleicht war für den Jungen – so intelligent, wie er war – ja Arzt oder Jurist der richtige Beruf?

Es fällt nicht schwer, sie alle vor sich zu sehen. Beim Spaziergang hielt Mutti Lisl ihren Sohn Otto an der Hand, so lange, wie er es zuließ. Papa Josef war einen Kopf größer als seine Frau, von stämmigem Körperbau und mit deutlich sichtbarer Platte. Er ging gern mit den Händen in den Taschen, und seine weiten Hosen endeten direkt unterm Knie, wo sie in die Strümpfe gestopft wurden. Auf dem Tennisplatz trug er natürlich Weiß.

Und Otto? In kleinen Blazern – einem dunkelblauen mit doppeltem Revers, einem blau-weiß gestreiften mit doppeltem Revers –, fast immer in kurzen Hosen. Er war ja noch ein Kind.

Natürlich ist es möglich, nach einem Ausgangspunkt zu suchen.

Man kann ein ganzes Leben darauf verwenden, die Zeit auf ihre Zeichen abzuklopfen, als ließe sie sich inspizieren. Man kann versuchen, sie chronologisch aufzubereiten, das innere Verhältnis, das zwischen einer bestimmten Anzahl entscheidender Ereignisse besteht, unter die Lupe zu nehmen. Wie, beispielsweise, das erste Mal. Oder das letzte. Die dritte Königin, die vierte Verordnung, die fünfte Wahrheit. Das Ganze wird zum Versuch, dort Ordnung zu schaffen, wo es keine Ordnung gibt, und insofern ist eine Jahreszahl so gut wie eine andere.

Wie 1926. Otto Ullmann war ein Wickelkind mit braunen, mandelförmigen Augen. Es gefiel ihm, in der Vierzimmerwohnung daheim in Wien auf dem Schoß von Mutter oder Vater zu schaukeln.

Im Frühjahr dieses Jahres wurde Ingvar Kamprad in der Entbindungsklinik des Weißen Kreuzes in der Pfarrei Pjätteryd geboren. Auch er war das erste Kind seiner Eltern. Auch seine Geschichte beginnt, wie die aller Menschen, bereits lange zuvor. Ebenso gut kann man fast hundert Jahre in der Zeit zurückgehen, nach Radonitz in Böhmen.

Fanny war klein und zart, mit feinen Zügen. Ihr Mann Achim war vier Jahre älter, größer, blonder und kräftiger. Stirn und Augenbrauen Ingvars sind ein Erbe seines Großvaters.

Viel Schande muss es gegeben haben, und direkt da hinein wurde Fanny geboren. Ihre eigene Mutter. Ihre junge Mutter und ein verheirateter Mann.

So kam Fanny zur Welt, außerhalb einer Ehe, außerhalb einer Familie, auf der falschen Seite der Grenze. Der verheiratete Mann ging frei aus, ließ als Entschuldigung ein ansehnliches Bündel Geldscheine zurück, und Fannys Mutter und ihr Schandkind waren allein.

Für das Geld wurde ein Gasthof gekauft, und dort wuchs Fanny auf. Sie servierte, putzte und ging allgemein zur Hand. Sie bekam einen neuen Papa und nahm seinen Namen an. Darunter klebte die Schande wie eine Extrahaut auf der Haut, eine Schicht Schmutz auf dem Geschrubbten.

Dann aber kam Achim in den Gasthof gestiefelt. Oder vielleicht stürmte er herein: mit hitzigem Temperament. Riesenkrach mit seiner Familie auf dem Schloss. Er wollte die Zukunft nicht so, wie sie es verlangten. Wollte mit den Hunden, seinen besten Freunden, den Wald durchstreifen. Wollte sich frei bewegen, Papierkram und Familientradition hinter sich lassen. Inakzeptabel bei einer Herkunft aus sächsischen Gutsbesitzerkreisen, einfach inakzeptabel. Er versuchte fortzugehen, betrat den Gasthof am Weg, und da stand Fanny mit einem Blick, der so gut wie alles durchdrang.

So jedenfalls heißt es in der stets von Neuem erzählten Familienerinnerung: zwei stolze Menschen ohne allen Grund, auf etwas stolz zu sein. Zuneigung entstand.

Kurz darauf posierten sie zusammen in Herrn Schmidts Atelier. Der Hintergrund ist neutral.

Als Neuvermählte? Er hoch aufgerichtet, seine große Hand um ihre schmale Taille. Sie, geschnürt, in hellem Kleid mit Rüschen, wendet sich ihm zu, so als wehte starker Wind und er wäre das Lee. Fanny und Achim. Wo es doch eher umgekehrt war.

Und, nein. Sie wurde von seiner Familie nicht akzeptiert.

Mit zwei kleinen Söhnen entschlossen sie sich zu emigrieren. Ein neues Land, ein neues Leben, eigene Jagdgründe für ihn und seine geliebten Hunde. Das 19. Jahrhundert war ungefähr in der Mitte angelangt, und Achim investierte in ein Grundstück: 54000 Reichstaler für Wald, Vieh, Saatgut und ein Speicherhaus mit Roggen. Warum sie Böhmen verließen, spielt keine Rolle mehr. Elmtaryd hieß der Hof, der nun der ihre wurde. Der Boden war steinig, aber fruchtbar, der Wald groß und schön.

Nichts hiervon ist eigentlich neu, doch nichts hiervon ist auch besonders alt. Menschen wandern über Grenzen, suchen ein neues Leben. Die Gründe variieren, ähneln sich jedoch erstaunlich oft. Wie für die meisten Immigranten bedeutete Fannys und Achims neues Leben harte Arbeit für sie, vielleicht trafen sie auf Widerstand in der unbekannten Umgebung, sie hatten wohl geglaubt, dass eine größere Zahl Menschen Deutsch sprach, vielleicht waren sie auch mehr, als sie eingesehen hatten, an den Rat starker Eltern gewöhnt, und die Folge war womöglich Geldnot. Wie es auch gewesen sein mochte: Jedenfalls erschoss Achim zunächst seine beiden Jagdhunde und dann sich selbst. Zurück blieb Fanny, die zarte, aber willensstarke, mit den Söhnen und einer noch ungeborenen Tochter.

Sie heiratete kein zweites Mal. Missgünstige Nachbarn versetzten die Grenzsteine, um ihr Land zu verkleinern, bis ihr nichts anderes übrig blieb, als sich zu demütigen und ihre deutsche Schwiegermutter um Hilfe zu bitten. Das aber lohnte sich. Die Schwiegermutter putzte die Männer des Vermessungsamtes herunter, und die Grenzlinien wurden zurückversetzt.

Die schwedische Sprache lernte Fanny nie, doch sprach der Pfarrer im Kirchdorf schließlich Deutsch und war bereit zu helfen. So schaltete und waltete Fanny in Einsamkeit und behauptete sich selbst und den Hof bis zu dem Tag, an dem der älteste Sohn Feodor fünfundzwanzig wurde. Von da an waren Hof und Verantwortung die seinen.

Fanny Kamprad. Ihr Sohn Feodor. Dann Feodors Sohn, Ingvar. Führernaturen alle drei. Eine Abfolge von Namen, die für Willensstärke und die Bewunderung von Willensstärke stand und die diesen Gedanken an jede neue Generation weitergab.

Großmutter Fanny war die Person, die Ingvar am meisten bewundern sollte. Mehr als Papa Feodor. Sogar mehr als Onkel Hitler.

Aber heißt das, alles war ihre Schuld?

Älmhult 2010.

Der Tisch zwischen uns ist rund und blank. Jeder hält einen Automatenkaffee in der Hand. Die weißen Plastikbecher sind so dünn, dass man der Hitze wegen zwei benötigt. Verschwendung, scherzen wir am Automaten: zwei Becher für eine Tasse Kaffee. Und das in Småland.

Dann setzen wir uns. Ingvars Assistent ist dabei. Kein Problem, das Gespräch aufzunehmen. Kein Problem, Fragen zu stellen. Alles ist kein Problem, es herrscht ein angenehmes Klima von Offenheit und Einvernehmen. Erst hinterher fragte ich mich, was da eigentlich kein Problem war.

ELISABETH ÅSBRINK: Als diese Artikel erschienen – hast du Otto da aufgesucht, oder wie war das?

INGVAR KAMPRAD: Ja, da habe ich einen Entschuldigungsbrief an die eigenen Mitarbeiter geschrieben, der in unserer kleinen Personalzeitung publiziert wurde. In dem habe ich erklärt, dass es meine Schuld ist. Es ist eine Katastrophe. Ich bereue es zutiefst, eine solche Meinung gehabt zu haben. Ich kann mich nicht genau an den Wortlaut erinnern, aber ich habe um Verzeihung gebeten. Und als Antwort erhielt ich einen Brief, in dem stand: »Ingvar, wir verzeihen Dir gern« und »Du bedeutest alles für uns«. Und der war unterzeichnet von Hunderten von Mitarbeitern […]

Ich habe auch an Freunde geschrieben und eine Kopie meines Schreibens beigelegt, aber ich kann mich nicht erinnern, ob ich es auch an … Damals war ja alles so wahnsinnig nervenaufreibend. […]

Weißt du, ich habe vielleicht fünfundzwanzig Personen per Telefon kontaktiert und etwa hundert, die ich kannte, und habe das hinzugefügt, was ich zu den Mitarbeitern gesagt hatte, und die Antwort, die ich von den Mitarbeitern erhalten hatte. […]

Elisabeth Åsbrink: Aber du glaubst nicht, dass du ihn persönlich angerufen …

Ingvar Kamprad: Nein. Nein.

Elisabeth Åsbrink: … und dass du um Entschuldigung gebeten hast?

Ingvar Kamprad: Nein. Denn dann hätte ich ja beispielsweise seine Adresse gehabt. Und die hatte ich nicht.

Elisabeth Åsbrink: Oder seine Telefonnummer?

Ingvar Kamprad: Nein. *(seufzt)* Ich kann das jetzt nicht mehr beschwören. Du meinst, ich hätte die Telefonnummer von Karin bekommen und ihn angerufen. Aber das glaube ich nicht. […]

Elisabeth Åsbrink: Dass du ihn hättest kontaktieren können, das erscheint dir nicht ganz unmöglich?

Ingvar Kamprad: Nein, absolut nicht! […] Aber habe ich es getan? Ich kann es, offen gestanden, nicht sagen. Wenn ich seine Telefonnummer hatte, ist es sehr wahrscheinlich, dass ich angerufen habe. Aber hatte ich seine Nummer?

Würde Otto heute noch leben, könnte ich ihn fragen, ob er den schwedischen Film *Pettersson & Bendel* in seiner Kindheitsstadt Wien gesehen hat. Vermutlich aber hätte er mit Nein geantwortet. Er liebte es zwar, im Kino Filme zu sehen, doch sollten es spannende Geschichten sein, die sich in den Bergen, gern in den Alpen, abspielten. Dass ihn seine gebildeten Eltern zu einer Vorführung des schwedischen Films mitgenommen hätten, ist ebenfalls unwahrscheinlich. Besonders wenn man bedachte, was gerade in Berlin geschah.

Dieser Bendel ist ein listiger Kerl und Pettersson ein gut aussehender Mann. Beide arbeitslos, als sie sich begegnen, denken sie sich gemeinsam verschiedene Möglichkeiten aus, um ihren Lebensunterhalt zu bestreiten – alles vom Veilchenverkauf bis zur Übernahme eines kleinen Unternehmens. Zufällig kommt Josef Bendel dahinter, dass ihr Unternehmen demnächst bankrottgehen wird, hält es vor dem Kompagnon jedoch geheim. Stattdessen verkauft er blitzschnell seinen Anteil und verschwindet. Zurück bleibt Kalle Pettersson mit schwangerer Ehefrau, aber ohne Geld und Unternehmen. Das Buch wurde bei Erscheinen zum großen Verkaufsschlager.

Der Film *Pettersson & Bendel* hatte seine Uraufführung am 21. August im Stockholmer Palladium und in Röda Kvarn in Örebro. Es war im Jahr 1933, das Kind Otto in Wien war acht Jahre alt und das Kind Ingvar in Småland erst sieben. Die Zeitung *Social-Demokraten* schrieb:

> *Und wie sollte man ein Schlitzohr wie Bendel genau beschreiben können, diesen kleinen hasenfüßigen Halbjuden mit den katzenhaften Gesten, dem genialen Geschäftssinn, der unglaublichen Habgier und unübertroffenen Dreistigkeit, der trotz allem nicht unsympathisch ist. Er ist es wert, mit Augen, Ohren und allen Sinnen studiert zu werden. Er ist keine Romanfigur, sondern die lebendige Inkarnation seiner Gattung.*

In der liberalen *Stockholms-Tidningen* war der Ton weniger enthusiastisch.

> *Bendel ist die einzige nicht wirklich glaubhafte Figur. Ein Jude, in ein schwedisches Milieu gesteckt. Er ist der Sprengstoff, der schwarze Schurke. Er ist die zentrale Gestalt und soll natürlich ein schmutziger, kraushaariger, kriecherischer Judenschlingel sein, so wie das Volk Israel in Hitlers Witzblättern des Kontrasts wegen dargestellt wird.*

Der Film aber wurde ein Erfolg, wurde ins Ausland verkauft, in Dänemark gefeiert, in der *New York Times* rezensiert.

Man kann die Zeit an anderer Stelle anhalten, sich fortwünschen, das Jahr 1933 der Geschichte überlassen. Kann sich fragen, welchen Sinn es haben soll, sich weiter darum zu kümmern. Die Antwort aber lautet: weil der Film ein langes Leben hatte. Weil er zwei Jahre später in Berlin gezeigt wurde. Deshalb. Und da hatte sich die menschliche Wärme bei den deutschen Kinobesuchern verflüchtigt, und geblieben war nur noch trockener Hass.

Die Leser der Zeitung *Social-Demokraten* wurden von den Ereignissen in Kenntnis gesetzt:

> *In letzter Zeit […] war es im Hinblick auf den Antisemitismus in Deutschland relativ ruhig geblieben. Die Verfolgung von Juden fand in mehr oder weniger privatem Rahmen statt. Seit Montag nun hat diese Verfolgung erneut die Form öffentlicher Pogrome angenommen, und das Signal dazu ging – leider Gottes – von dem schwedischen Film* Pettersson & Bendel *aus […].*
> *Das Ganze begann damit, dass man ein paar Juden aus dem Kino wies, in dem der Film* Pettersson & Bendel *gezeigt wurde. Auf der Straße wurden später Personen jüdischen Aussehens angehalten und allerlei Schikanen ausgesetzt. Die*

Menge trieb sie unter Geschrei und Gejohle die Straße hinunter.
Auch in mehrere Cafés drängte die »Masse« hinein und beförderte Personen, die man verdächtigte, Juden zu sein, unsanft hinaus. Mehrere Fensterscheiben gingen zu Bruch. An einer Straßenecke wurde ein jüdischer Eisverkäufer schwer misshandelt. […]
Hingegen verliefen die drei an diesem Tag gezeigten Vorstellungen von Pettersson & Bendel *vollkommen ruhig. Im Parkett war eine große Anzahl uniformierter SA-Männer zu erblicken, die demonstrativ Beifall klatschten.*

Zwiespältigkeit und konträre Sichten. Ein Teil des schwedischen Zeitgeistes produzierte und feierte einen judenfeindlichen Film, während ein anderer das Schicksal des bewunderten Deutschlands, in dem der Faschismus Fuß gefasst hatte, betrauerte. So auf der Titelseite von *Dagens Nyheter:*

Dass es ein schwedischer Film ist, der als Auslöser diente, um diese Pogrome in Gang zu setzen, ist für Schweden peinlich und blamabel […].
Dass Fälle vorgekommen sind, in denen eine Eheschließung zwischen Juden und Nichtjuden verweigert wurde, war in den Meldungen bereits früher berichtet worden. In Breslau hat man sechs Juden und sechs nichtjüdische Frauen wegen »Rassenschande« ins Konzentrationslager gebracht – nach faschistischer Auslegung ist es bereits Rassenschande, wenn ein Mann und eine Frau jüdischer und nichtjüdischer Rasse sich zusammen zeigen.
Das sind Fakten, die man direkt in der deutschen Presse lesen kann. Was dort nicht steht, sind die täglichen, noch schrecklicheren Torturen, die kleinen Gemeinheiten, die Racheakte, das Aushungern – alles im Namen des edlen deutschen Blutes. Von »Verständnis« für den Faschismus zu sprechen, von der

Wertschätzung seiner national-konstruktiven Kraft, seinem moralischen Inhalt etc., solange dergleichen Dinge in voller Übereinstimmung mit dem sogenannten Ideengehalt des Nationalsozialismus erfolgen und gepriesen werden, heißt, sich der Blindheit und Illusion hinzugeben. Ein solches Regime des Rowdytums kann und wird niemals von zivilisierten Menschen akzeptiert werden – weder in Deutschland noch anderswo.

Der Leitartikel ist nicht unterzeichnet, doch war der Autor offenbar in eine laufende Debatte über die Vor- und Nachteile des Nationalsozialismus eingestiegen. Sein oder ihr letzter Satz zeugt von großem Vertrauen in die hochstehende europäische Zivilisation der damaligen Zeit. Leider sollte sich das als überzogen herausstellen. Nur wenige Monate später führte das Regime in Deutschland jene Gesetze ein, die nach der Stadt benannt wurden, in der sie beschlossen wurden: Nürnberg.

In Anwesenheit ausländischer Journalisten und Diplomaten verkündete Adolf Hitler am 15. September 1935 zwei von insgesamt vier Gesetzen, die die Nationalsozialisten während ihrer Machtausübung erließen, »zum Schutze des deutschen Blutes und der deutschen Ehre«.

Bis zu diesem Zeitpunkt hatten Menschen, die als Juden galten, bereits unter anderen Bedingungen gelebt als alle übrigen. Ihr Zugang zum Studium an der Universität war beschränkt, ihr Anteil an Ärzten und Juristen unterlag einer Quote, man hatte sie aus der Deutschen Wehrmacht geworfen, und es war ihnen verboten, auf der Bühne zu stehen oder sich an Filmaufnahmen zu beteiligen. Nun aber verloren sie auch ihre bürgerlichen Rechte.

Die Gesetze hatte man Mitte September in aller Eile während einiger schlafloser Nächte verfasst. Die Vorbereitung war schlecht, das Papier hatte nicht ausgereicht, also hatten die Nazis Speisekarten zu Hilfe genommen, um sich Notizen zu machen. Es war daher nicht verwunderlich, dass der Gesetzestext unvollständig blieb und in den ersten Monaten schwer aufrechtzuerhalten war. Man hatte vergessen zu definieren, wer Ganz- und wer Halbjude war oder wer nur einen kleinen Judensplitter in sich hatte. Den einen vom anderen zu unterscheiden war schwieriger als gedacht.

Doch bereits im November hatten die Gesetzesgeber weiter nachgedacht, hatten sich ins Zeug gelegt, um Ordnung in das menschliche Tohuwabohu zu bringen, das Verliebtheit und sexuelle Anziehungskraft verursacht hatten. Diagramme wurden erstellt. Linien gezogen. Und somit waren die Nürnberger Gesetze plötzlich ein sonnenkreuzklares Regelwerk, dem jeder pflichtgetreue Beamte folgen konnte.

Daheim bei Otto, Elise und Josef in der Löwengasse Nummer 49 hatte die Kastanie auf dem Hof ausgeschlagen. Ein, zwei Wochen noch, und sie würde ihre weißen Blütenkerzen entzünden.

Obgleich die Stimmung in der Stadt unruhig war und sich ständig neue Gerüchte verbreiteten über Menschen, die man verhaftet hatte, und Truppen, die sich an der Grenze zusammenzogen, verging ein Tag nach dem anderen, wie sie es immer getan hatten. Aus der Wohnstube konnte man auf die Straße hinunterblicken, wo die Tram mit ihrer Menschenlast angerattert kam. Frühmorgens erschienen Milos und Georg und lümmelten vor dem Tor herum, bis Otto herunterkam und sie gemeinsam zur Schule aufbrachen. Tante Grete wirtschaftete singend in ihrem Zimmer, Pepi war kein Morgenmensch und lag so lange wie möglich im Bett, und Elise ging mit Mizzi aus dem Haus, um die Zutaten für die täglichen Mahlzeiten zu besorgen. Es war ein Leben, so gewohnt, dass man es nicht wahrnahm, in Räumen, die nach Zuhause rochen von ihrem Atem, dem Staub auf den Bücherregalen, der Druckerschwärze der Tageszeitungen und Pepis Rasierwasser. Vertrautheit. Tage, durch nichts hervorgehoben, da nichts Abweichendes geschah, nichts Beachtenswertes. Alltag. Ein solcher, den man nur dann vermisst, wenn er zerbrochen ist.

Am 12. März 1938 besetzten die Nationalsozialisten Österreich und nannten es Anschluss. Viele jubelten. Der Führer trat umgehend eine Rundreise durchs Land seiner Geburt an. Drei Tage später befand er sich mitten in Wien, in Uniform auf dem Balkon der Neuen Burg. Hunderttausende, die auf dem Platz standen, wandten ihre Gesichter in seine Richtung und bekamen ihn und die Sonne in die Augen. Sie hielten die Hände wie zum Gruß erhoben und versetzten damit ihren Blick in den Schatten.

Der Führer stand am Heldenplatz und verkündete, Österreich sei nun ein Teil des Großdeutschen Reichs. Hin und wieder wurde er von Jubel und Beifall unterbrochen. In einer Redepause skandierten die Menschen – noch immer mit erhobenen Händen – im Sprechchor seinen Namen. Hitler. Hitler. Hitler.

Das war am 15. März. Die Sonne brannte, ätzte das Graue fort, das Gewöhnliche, all das Dazwischen, alles Sowohl-alsauch. Die Grenze zwischen Licht und Dunkel wurde scharf gewetzt. Wohin man auch blickte, flatterten Wimpel und Fahnen, und die Menschen zeigten lächelnd die Zähne. Das war der Tag, an dem Josef Ullmann, der Redakteur der Sportseiten beim *Wiener Tag,* hinausgeworfen wurde, weil er Jude war.

Wer in Schweden am Tag darauf die Zeitung *Dagens Nyheter* las, erfuhr:

Die Kärntnerstraße, eine der wichtigsten Geschäftsstraßen Wiens, wurde am Mittwoch zum Schauplatz antisemitischer Aufzüge, die an die Szenen am Berliner Kurfürstendamm im Jahr 1935 erinnerten. Junge Männer in Zivil, mit Hakenkreuzbinden am Arm, zogen mit dem Ruf »Tod den Juden« durch die Straße. Mit brauner Farbe wurde das Wort »Jude« auf die Schaufenster jüdischer Geschäftsleute gepinselt. Am Abend herrschte in der Kärtnerstraße heftiges Gedränge. Die Polizei bleibt den Demonstrationen gegenüber passiv.

In der Zeitung *Social-Demokraten* schrieb man von »der Schreckensherrschaft, die in Österreich wütet«, und von »einer Selbstmordepidemie, von massenhaften Verhaftungen«.

Dann erschien Hermann Göring dort, und vierzehn Tage nach Österreichs Anschluss an Nazideutschland machte er demjenigen, der noch zweifelte, klar, was zu erwarten war.

»[...] so muss ich hier ein ernstes Wort an die Stadt Wien richten. Die Stadt Wien kann sich heute nicht mehr mit gutem Recht eine deutsche Stadt nennen. So viele Juden leben in dieser Stadt. Wo 300 000 Juden leben, kann man nicht mehr von einer deutschen Stadt sprechen.

Wien muss wieder eine deutsche Stadt werden, weil sie in der Ostmark Deutschlands wichtige deutsche Aufgaben hat. Diese Aufgaben liegen sowohl auf dem Gebiete der Kultur wie auch auf dem Gebiete der Wirtschaft. Weder auf dem einen noch auf dem anderen können wir auf die Dauer den Juden gebrauchen.«

Durch das Ergreifen systematischer Maßnahmen sollte Wien innerhalb von vier Jahren judenfrei sein.

In Schweden berichtete die Presse, nichts war geheim, es geschah in aller Öffentlichkeit. Zum Sommer hin konnte man in der Zeitung *Social-Demokraten* lesen, dass »Österreichs Juden brutal ausgerottet werden«.

Die christliche Tageszeitung *Svenska Morgonbladet* berichtete am 22. Juni: »Fünf Millionen Juden von der Katastrophe bedroht.« Der Artikel auf der Titelseite beginnt mit der Feststellung, dass fünf Millionen europäische Juden vor der Katastrophe und dem Untergang stehen, wenn sich die demokratischen Staaten nicht zusammenschließen und zu einer Lösung der Judenfrage beitragen. Ein Pastor Birger Pernow, Vizepräsident der internationalen Israelmission, bringt zur Kenntnis, dass ein internationales Treffen in Evian geplant sei und dass man versuchen wolle, auf die britische Regierung einzuwirken, damit sie sich des Judenproblems annehme.

Einen Monat später aber lief es in Evian nicht eben gut. Nichts wurde beschlossen, oder, was noch besser gewesen wäre, keiner der europäischen demokratischen Staaten wollte sich zur Aufnahme von Flüchtlingen verpflichten. Die Untergangsdrohung blieb bestehen, ja verstärkte sich noch. Pastor Pernow aber sollte den Weg des dreizehnjährigen Ottos kreuzen, sich in seine Geschichte drängen.

Bald.

Rhein, Elbe, Oder, Weser, Main und Donau. An deren Ufern war es nun nicht nur verboten zu baden, sondern auch zu weinen. Österreich war ein Teil des Großdeutschen Reichs geworden. Im Mai wurden die Rassengesetze eingeführt.

Im Unterricht hatten die Kinder auf Befehl jener aufstehen müssen, die plötzlich die Tür zum Klassenzimmer aufgerissen und ihn betreten hatten. Nicht alle Kinder, aber diejenigen, die als jüdisch galten. Ohne ein Wort, ohne Stifte, Hefte oder Bücher, alles hatten sie zurücklassen und gehen müssen, ohne dass auch nur einer die Hoffnung ausgesprochen hätte, sie könnten zurückkehren. Von da an verbrachten sie die Tage daheim. Die Gemeinde musste spezielle Schulen einrichten, in denen verstoßene Lehrer die ausgeschlossenen Kinder unterrichteten, und somit wurden die provisorischen Orte zur Ausgedinge, zum Zwischenraum, in dem sich jene versammelten, die sich nirgendwo sonst aufhalten durften, die nicht Gesellschaftsfähigen. Auf dem Weg zu den überfüllten Klassenzimmern konnte es vorkommen, dass die Kinder einander ansahen, als wären sie sich nie zuvor begegnet, und sie dachten: Jude? Daheim betrachteten sie ihr eigenes Spiegelbild und fragten dasselbe.

Alle lernten das Wort »Affidavit« auszusprechen, ein Visum war begehrenswerter als Butter.

Mutti wurde oft böse, weil Papa als Torwart in der Tür stand und Otto danebenschoss und der Ball die Tischlampe bedrohte. Für Juden kein Zutritt zum Park.

Der Gedanke, das Land zu verlassen, war nicht selbstverständlich. Pepi war nicht nur in Österreich geboren, stolz auf sein Land und verliebt in seine Stadt, er hatte auch für die Nation gekämpft. Er war einundzwanzig Jahre alt, als der erste große Krieg ausbrach, und seitdem trug er ihn, in Form von Granatsplittern, im Rückgrat mit sich herum.

Pepi hatte getan, was das Land von ihm verlangt hatte.

Sollte nun dieses Land – sein Land – ihm übelwollen? Auch das musste vorübergehen.

Durch den Machtwechsel im März aber wurden die Verfolgungen jener, die als Juden eingestuft wurden, in Gesetz und Recht festgeschrieben, und wer die Reichweite von Nazideutschland noch nicht erfasst hatte, dem wurden nach dem Anschluss die Augen geöffnet. Überall vor Konsulaten und Botschaften bildeten sich Schlangen.

Warten, Gedränge. Wenige, die die Möglichkeit erhielten, zu fahren.

Sechs Wochen nach dem Anschluss führte die schwedische Regierung den Visumzwang für österreichische Staatsbürger ein, damit sie nicht beliebig nach Schweden einreisen konnten. Deutsche brauchten kein Visum, aber für Österreicher wurde es erforderlich.

Menschen, die als Juden eingestuft wurden, sah man unverhohlen als nicht wünschenswerte Einwanderer, und der schwedische Visumzwang diente als Schutz und Hindernis. Das aber passte den Nationalsozialisten nicht, die Großdeutschland von sogenannten Nichtariern säubern wollten. Und als ob Europa ein Spielbrett wäre, auf dem es galt, bestimmte Figuren hinauszuwerfen, beschloss Deutschland kurzerhand, die österreichischen Pässe abzuschaffen und sie durch deutsche zu ersetzen, damit die Unerwünschten das Land leichter verlassen konnten.

Dieser Schachzug zeigte Wirkung. Bereits am 8. August berichtete der schwedische Konsul in Wien, dass Juden erschienen, um sich zu erkundigen, ob sie mit ihren neuen deutschen Pässen in Schweden einreisen dürften, und schließlich konnte er nicht lügen und es verneinen.

Schweden wollte sie jedoch unter keinen Umständen ins Land lassen. Drei Wege gab es also, die man einschlagen konnte.

Das jetzige System beizubehalten und die Verfolgten nach drei Monaten wieder hinauszuwerfen.

Die Kontrolle jedes einzelnen Individuums zu verstärken, um bereits an der Grenze einen Teil der Unerwünschten auszuschließen.

Oder den Visumzwang für deutsche Pässe einzuführen.

Keine der Alternativen war leicht durchführbar. Ministerialrat Magnus Hallenborg von der Ausländerbehörde dachte also weiter nach, schrieb Berichte und fand in der Tat einen vierten Weg: »Das Beste wäre, wenn mit einer Mitwirkung von deutscher Seite gerechnet werden könnte.«

Ein Satz, der zu dem Buchstaben J führen sollte.

Als die schwedische Regierung erfuhr, dass jüdische Mieter nun aus ihren Wohnungen geworfen, sie ihres Geldes, ihres Schmucks und ihres Besitzes beraubt wurden, dass der Arbeitslosigkeit Obdachlosigkeit folgte und die Vertriebenen aus den ländlichen Gebieten sich daraufhin in Wien sammelten, verstärkte sich ihre Unruhe. Eine Flüchtlingsinvasion. Ein Judenproblem. In Schweden.

Ministerialrat Hallenborg holte sich Inspiration und Anleitung in der Schweiz, die die schwedische Einstellung zu Flüchtlingen jüdischer Herkunft teilte (will sagen, die Aversion). In der Schweiz hatte man Verhandlungen mit Deutschland eingeleitet, die von der schwedischen Regierung aufmerksam verfolgt wurden. Die Schweiz drohte, einen Visumzwang für alle Personen mit deutschem Pass einzuführen, um Deutschland zu zwingen, die Verantwortung für die Flüchtlingsströme zu übernehmen, die der Hass verursacht hatte. Jetzt stand die Frage im Raum, wie Nazideutschland reagieren würde.

In Wien hockte Pepi zu Hause, ohne Arbeit, aber mit Zeit zum Nachdenken.

Auch das würde vorübergehen.

Diese Worte hatten ihn stets begleitet. Jahrhundertelang waren sie von einer Generation an die nächste vererbt worden, sodass sie sich anwenden ließen in Stunden der Freude, Angst und Trauer. Als wären sie eingraviert in einen Ring, als wäre die Zeit ein Kreis, und wie man sie auch drehte und wendete, kehrte immer dieselbe Antwort auf eine unendliche Zahl von Fragen wieder: Auch das wird vorübergehen.

Pepi war nicht so dumm zu bezweifeln, dass sich die Umstände noch verschlimmern könnten, bevor sie sich besserten. Menschen, die er kannte, hatten sich das Leben genommen. In den Gesichtern der Freunde war Furcht zu lesen, Angst vor dem morgigen Tag. Die Kinder liefen in rastloser Blässe im Haus herum, trotz Sonne und Wärme vor der Tür. Nach drei

Monaten hatte er zu Ende gedacht. Im Juni suchte er die Jüdische Gemeinde Wiens auf, um die Formulare zur Unterstützung der Emigration auszufüllen.

Die schwedische Regierung ließ ein geheimes Rundschreiben an alle Passkontrollen im Lande ergehen. Vom 9. September 1938 an durften nur Deutsche mit Empfehlungsschreiben oder Deutsche, die bekannt waren, die Grenze zu Schweden passieren. Alle anderen sollten individuell geprüft werden. Hatte man Grund zu der Annahme, dass der Ausländer nicht nach Deutschland zurückkehren könnte, sollte er abgewiesen werden. Nur wer die Möglichkeit hatte, Schweden wieder zu verlassen, durfte ins Land. Und da Juden eine Ausreisegenehmigung aus Nazideutschland allein dann erhielten, wenn sie sich verpflichteten, nicht wieder zurückzukehren, war die Angelegenheit vorläufig geregelt.

Die schwedische Nachrichtenagentur Tidningarnas Telegrambyrå (TT) berichtete »von der Einführung einer verschärften Kontrolle bei der Einwanderung aufgrund der immer mehr zunehmenden Emigration aus bestimmten europäischen Staaten«. Das war alles.

Schweden und die Schweiz hatten zur selben Zeit ungefähr die gleichen Ambitionen und hielten Rücksprache miteinander. Die Schweizer hatten Hinweise darauf, dass die Deutschen einen Visumzwang für ihre Staatsbürger um jeden Preis verhindern wollten, und so folgerten die Schweden eiskalt, dass dasselbe auch für sie galt, und ergo drohten beide Länder mit Visumzwang, wenn keine Lösung vorgelegt würde. Das brachte den gewünschten Erfolg.

Am 5. Oktober 1938 teilte der deutsche Unterhändler mit, er habe der Schweiz einen Vorschlag zu unterbreiten. Ein paar Tage später wurde die Lage für die schwedischen Machthaber in einer geheimen Note zusammengefasst.

1. Durch die von der deutschen Regierung erlassene Anordnung, dass deutschen nichtarischen Staatsbürgern besonders gezeichnete Pässe auszustellen sind, wird die Möglichkeit eröffnet, von schwedischer Seite ohne Einführung eines allgemeinen Visumzwangs Kontrolle über die jüdische Einwanderung auszuüben. […]

2. Seit der Aufkündigung des Visumsvertrags mit Deutschland durch die Regierung der Schweiz ist es zu Verhandlungen gekommen, anlässlich derer der deutsche Zuständige […] einen Vorschlag unterbreitete […]. Von Schweizer Seite sah man sich imstande, denselben zu akzeptieren. Zu erfolgen hat es in der Form, dass deutsche Pässe, versehen mit einem /J/, nicht zur Einreise in die Schweiz berechtigen, sofern der Betreffende nicht eine durch die Schweizer Botschaft oder das Konsulat im Voraus in den Pass eingestempelte Versicherung aufweisen kann, die das Recht zur Einreise in die Schweiz beinhaltet. Dieser Vertrag ist mit einem Schweizer Visumzwang für nichtarische Staatsbürger gleichzusetzen.

Nur wenige Tage später ließ Schweden mitteilen, dass man ebenfalls bereit sei, auf ein Visum für deutsche Staatsbürger zu verzichten. Danach waren nur einige Wochen Verhandlungen vonnöten, bevor sich auch Deutschland und Schweden einigten. Wenn die Deutschen eine erste Auswahl vornahmen, war es einfacher für die Schweden, die zweite durchzuführen.

Ende Oktober 1938 traf bei den schwedischen Passkontrolleuren ein zweites geheimes Rundschreiben mit der Instruktion ein, dass Personen, deren deutscher Pass den Buchstaben J trug, Emigranten seien, also keine zeitweiligen Besucher. Diejenigen, die über keine Aufenthaltsgenehmigung oder Empfehlung zum Passieren der Grenze verfügten, seien zurückzuweisen.

J wie in Jude.

Am 10. November wurde Elise siebenundvierzig Jahre alt. Wahrhaftig ein Tag für einen Geburtstag.

Kann er so verlaufen sein?

Sie wünschten ihr die Erfüllung aller ihrer Wünsche und ein gutes und glückliches neues Lebensjahr, sie wünschten bessere Zeiten, ohne mit einem Wort jene zu erwähnen, die sie alle in eisernem Griff hielt.

Oder so?

Am Abend zuvor saßen sie alle zusammen bei Tante Nuny und Onkel Paul. Nuny hatte eine Ware gegen eine andere getauscht, und vor ihnen stand tatsächlich ein Kuchen, gebacken mit Speisefett, Eiern und Zucker. Vielleicht sangen Paul und Otto das Geburtstagslied »Happy Birthday«. Vielleicht tat auch Pepi so, als würde er mitsingen, des Englischen noch immer nicht ganz mächtig. Man kann sich vorstellen, dass Mutti lächelte, dass Otto mit klarer Stimme sang und Paul stolz auf seinen Schüler war. Und über ihnen allen: das edelsteinschimmernde geschliffene Glas, das den blassgelben Schein der Glühbirnen in alle Richtungen brach. Frisch geputzte Prismen, Reflexion der Reflexion, Licht in Licht, Kristallnacht.

Lüge und Wunschtraum, Plagiat und Geschichtsfälschung. Der 10. November 1938 war nicht nur Mutti Elises Geburtstag.

Sir!
1. Ich gebe mir die Ehre zu berichten, dass die antijüdischen Aufzüge in Wien [...] in der Nacht des 9. selbigen Monats und am gesamten 10. selbigen Monats äußerst erschreckende Proportionen angenommen hatten.

2. Die Aktion wurde von österreichischen SA-Männern durchgeführt, größtenteils in voller Uniform, und die Polizei hatte offenbar Instruktionen erhalten, nicht einzugreifen. Eine äußerst große Zahl von Geschäften und Häusern, im Besitz von Juden oder von ihnen bewohnt, wurde zerstört, und in mehreren Fällen kam es zu Verhaftungen. Gestern Morgen wurde eine erhebliche Anzahl jüdischer Gebetshäuser und Synagogen in Brand gesteckt: Dem Völkischen Beobachter *sind in der Tat detaillierte Angaben über nicht weniger als neunzehn Synagogen zu entnehmen, die vom Feuer total zerstört wurden. Eine andere in der Leopoldstraße wurde durch eine Bombe zerstört, die an benachbarten Gebäuden erhebliche Schäden anrichtete. Alle Feuerwehren Wiens waren vollauf beschäftigt, zumal in einem Fall die ernste Gefahr einer sich ausbreitenden Feuersbrunst zu bestehen schien, die große Teile der Stadt betroffen hätte.*

3. Die Presse feiert diese Manifestationen völlig unverhohlen und beglückwünscht das Volk, weil die Juden nun nicht mehr imstande seien, unter dem Deckmantel des Gottesdienstes Pläne gegen den Staat zu schmieden.

4. Über diese Orgie der Zerstörung hinaus wurden alle jüdischen Geschäfte zur Schließung gezwungen, und bis zum jetzigen Zeitpunkt ist die Wiedereröffnung noch immer nicht erlaubt. In vielen Fällen wurden Schaufenster und andere Fenster zertrümmert und die Läden vom Mob ungestraft geplündert. Gauleiter Bürckel versuchte, dieser antijüdischen Aktion einen Anschein von Rechtmäßigkeit zu verleihen, indem er den Befehl zur Durchsuchung von Juden bewohnter Häuser erteilte, um nach Waffen und verbotener Literatur zu suchen. Während dieser Durchsuchungen kam es zu mehreren Verhaftungen.

5. Als unmittelbare Konsequenz der Aufmärsche wuchsen die Schlangen vor diesem und dem Generalkonsulat der Vereinigten Staaten noch um Hunderte von Juden. Am 9. selbigen Monats stand bereits um 18.30 Uhr eine große Anzahl Juden vor diesem Generalkonsulat an, bereit, die ganze Nacht hindurch zu warten, bis das Passbüro am nächsten Morgen öffnen würde. Die Polizei trieb sie an jenem Abend und weitere drei Mal vor 8.30 Uhr am 10. auseinander, und alle jüdischen Männer wurden festgenommen, nur Frauen und Kinder blieben zurück. Beim Generalkonsulat der Vereinigten Staaten begannen SA-Männer, mit Seilenden auf die Volksmenge einzuschlagen, bis der Generalkonsul der Vereinigten Staaten, außerstande, das Schauspiel länger zu ertragen, eindringlich um ein Eingreifen der Polizei ersuchte, was schließlich auch bewilligt wurde.

6. Der Wiener Korrespondent von The Times *wurde von der SA festgenommen, als er sich Notizen über die Aufzüge in der Leopoldstraße machte, und man brachte ihn zur Polizeiwache. Als er der Polizei mitteilte, wer er war, bat man ihn um Entschuldigung, und er erhielt die Erlaubnis zu gehen. Zehn Minuten später wurde er erneut festgenommen und ein weiteres Mal freigelassen. Er berichtete mir, er habe, als er auf die Polizeiwache kam, eine Anzahl Juden bemerkt, die zusammengekrümmt in der Ecke hockten, so schreckerfüllt, dass sie sich nicht einmal ihrer eigenen Namen erinnerten, während ein alter Jude mit weißem Haar und Bart auf dem Boden lag und ein SA-Mann ihm vor den Augen der normalen Polizei brutale Fußtritte versetzte.*

7. Heute Morgen wurden die öffentlichen Aufzüge eingestellt, aber nach wie vor erfolgen Festnahmen. Die jüdische Bevölkerung ist voller Angst, und ich werde von Hilfesuchenden und Personen belagert, die von ihren Erlebnissen berichten wollen. Ich befürchte, dass mehrere britische Staatsbürger zu Schaden gekommen sind, über diese Fälle werden spezielle Berichte abgefasst, sobald die Details vollständig zugänglich sind.

8. Gestern Abend bot Wien ein seltsames Schauspiel – Brände tobten überall in der Stadt, und Juden wurden durch die Straßen getrieben, beschimpft und überfallen von Horden von Hooligans, die stolz darauf sind, einer der größten und zivilisiertesten Nationen der Welt anzugehören.

9. Die antijüdischen Aufzüge blieben nicht auf Wien beschränkt. So wurde eine Synagoge in Linz bis auf die Grundmauern niedergebrannt, die Synagoge in Salzburg wurde zerstört und deren Inventar auf die Straße geworfen. In Hallein und Bad Gastein wurden die jüdischen Hotels und Pensionen geplündert, darunter das Hotel Bristol, das Kurhaus Cäcilia, ein weiteres Kurhaus und eine große Villa, die im Besitz eines Juden war.

D. St. Clair Gainer

Am selben Tag, als der britische Generalkonsul Gainer in Wien den geheimen Bericht an seine Regierung sandte, publizierte *Svenska Dagbladet* eine Zeugenaussage des bei *The Times* angestellten, bereits erwähnten Korrespondenten. Auch *Dagens Nyheter* berichtete:

Es wird mitgeteilt, dass viele [Juden] in die Wälder um Wien geflüchtet sind, um der Verhaftung zu entgehen. Eine Zahl der Verhafteten wurde offiziell nicht genannt, doch soll sie sich auf mindestens 10 000 belaufen. Man dürfte die Juden in das neue österreichische Konzentrationslager in den Mauthausner Steinbrüchen schaffen. Eine erhebliche Zahl festgenommener Juden wurde mit Werkzeugen ausgerüstet und zu den zerstörten Synagogen gebracht, um die Brandorte aufzuräumen. Am Donnerstagmorgen haben sich 22 Juden in Wien das Leben genommen.

Ganz Deutschland einschließlich Österreich: ein einziges Pogrom. Dieses Wort steht für das Drangsalieren, Schikanieren, blutige Verfolgen insbesondere von Juden. Üblich ist, dass die Gewalt durch die politische Macht sanktioniert wird. Üblich ist, dass die Ordnungskräfte nicht eingreifen.

Niemand weiß, wie viele Menschen auf die Knie gezwungen wurden, um, von anderen umringt, Wiens Straßen sauber zu schrubben. Es lässt sich heute nicht mehr ermitteln, was Otto, Lisl, Pepi und ihre Freunde an dem Tag, als Lisl Geburtstag hatte, erlebt haben. Sie sahen die zerborstenen Scheiben der Läden, hörten die Scherben unter den Schuhsohlen knirschen. Und dann? Sahen sie Frauen und Männer, die man in die kaputten Schaufenster ihrer Läden presste, um den Hals ein Schild mit der Aufschrift »Saujude«, und hörten sie die Aufforderung, die an die Passanten erging, dieselben anzuspucken?

Alles, was sich mit Sicherheit sagen lässt, ist, dass Otto, als er viel später ein paar entscheidende Augenblicke seines Lebens notierte, schrieb: »Muttis Geburtstag«, gefolgt von »Kristallnacht«, und zuletzt »geschützt durch den Hausmeister und andere«.

Es hatte eine Zeit gegeben, als das schräg stehende Hakenkreuz ein Geheimnis war, das er hauptsächlich nur geahnt hatte, und es gehörte anderen. Man nehme nur einige Lehrer seiner Schule. Dieser oder jener hatte eine Nadel mit diesem Zeichen versteckt in einer Mantelfalte getragen, sodass es nur sichtbar war, wenn der Kragen hochgestellt wurde. Solange die politische Einstellung verboten blieb, gingen sie mit heruntergeschlagenem Kragen. Inzwischen aber waren die Nadelträger und ihre Zeichen allerorts zu finden, und niemand verbarg mehr etwas. Otto hatte ihre Worte zu Taten werden sehen.

Sein Vater und seine Mutter sprachen erst miteinander, dann mit ihm, lange kummervolle Sätze, die sich hinter vorgezogenen Gardinen ineinander verhedderten, langsam alle Auswege außer einem oder zwei abschnürten; als Erstes ihn außer Landes zu bekommen, dann sich selbst, um sich schließlich erneut zu vereinigen, ungewiss, wo. Es war nicht leicht. Was wussten sie über den Boden, auf dem sie standen, alles verlagerte, verschob sich. Ein guter Freund reagierte nicht mehr, wenn sie ihn ansprachen, ein guter Nachbar wandte nun den Blick ab. Eine Sekunde verging, ein Land wurde einem anderen angeschlossen, was hinter heruntergeschlagenen Kragen verborgen war, wurde sichtbar für jedermann, und somit war alles anders, als es noch soeben gewesen war.

Otto hatte sich widersetzt. Sie hatten über Kanada gesprochen, über Palästina, Amerika. Zu weit weg. Hier sei ihm aber doch verboten, in die Schule zu gehen, erinnerten sie ihn. Er dürfe nicht Fußball spielen, sagten sie. Dürfe sich nicht in den Parks aufhalten, wiederholten sie. Er habe kein Recht auf höhere Bildung, beschworen sie ihn weinend. Und er antwortete: Was er denn sein würde ohne sie?

Es wäre doch nur für eine gewisse Zeit, sagten sie. Bis der nächste Schritt erfolgte. Bis zu dem Tag, wo sie ihn holen und sich irgendwo anders niederlassen konnten. Zusammen.

Er wollte sich nicht irgendwo anders niederlassen. Ihm gefielen seine gewohnten Tage mit den gewohnten Freunden, das Leben daheim mit den Sonntagsessen und die Unterrichtsstunden in Englisch und Griechisch mit dem gewohnten Paul, Tage, wie er sie bisher erlebt hatte, an denen die Zukunft unberührt und ungeöffnet vor ihm lag wie etwas auf einer Wunschliste.

Hatten Elise und Pepi ihn zu sehr beschützt? Glaubte er vielleicht, dass es ihm noch immer freistand, mit einer Papiertüte voll alten Brots in den Stadtpark zu gehen, dass alles war wie zuvor, wie es immer gewesen war? Dass er mit ausgestreckten Armen dastehen und lächelnd zum Himmel blicken konnte, während die fetten Wiener Tauben sich um ihn sammelten, Brotkrümel aus seinen Händen pickten und seinen Kopf umkreisten?

Sie hätten aber doch keine Möglichkeit, sich zu versorgen. Schilder würden in der Stadt aufgestellt, die anzeigten, welche Zonen frei bleiben sollten von Kindern wie Otto, von Menschen wie ihnen. »Nur für Arier« stehe mit weißer Farbe sorgfältig auf jede Parkbank in jedem Park gepinselt. Nur für Arier. Ausgeschlossen. Und zugleich eingeschlossen.

Otto gab nach. Er wollte nicht, aber verstand. Und wo die Tür nach Schweden nun einen Spaltbreit geöffnet war. Die Sprache solle dem Deutschen ja ziemlich ähnlich sein, sagte Tante Grete.

So wurden die Schritte zur Rettung getan, einer nach dem anderen. So wurden die Vorbereitungen getroffen. Welche Wege aber boten sich, welcher Möglichkeit wichen sie aus, und um welche Chance bemühten sie sich? Warum nicht die Jüdische Gemeinde, warum die christliche Schwedische Israelmission?

Ich weiß es nicht. Vielleicht hatten sie im Herbst einen guten Rat erhalten. Oder Pepi und Elise lasen – zur selben Zeit, als die Schweden Kerzen anzündeten und Safrangebäck buken – eine Notiz im *Jüdischen Nachrichtenblatt,* Ausgabe Wien, erschienen am 13. Dezember.

> *Kurzfristiger Aufenthalt in Schweden*
> *Einer der Pläne, über die wir bereits berichteten, für einen kurzfristigen Aufenthalt soll in Schweden umgesetzt werden. Die schwedische Regierung erteilt, unter gewissen Voraussetzungen, Personen eine Aufenthaltsgenehmigung, die ihre weitere Emigration in Übersee geregelt haben. Im Falle eines Affidavits, das in naher Zukunft die Einreise in die* USA *erlaubt, hängt die schwedische einstweilige Aufenthaltsgenehmigung davon ab, ob der Betreffende Verwandte in Schweden hat und ob er garantieren kann, dass diese oder andere Personen für seinen Lebensunterhalt aufkommen können. Berechtigt zur Einreise nach Schweden sind auch entfernte Verwandte, und die Versorgungsgarantie wird aufgrund der Umstände festgesetzt. Nachdrücklich betont werden soll, dass man durch eine einstweilige Aufenthaltsgenehmigung in Schweden die Einreisegenehmigung für die* USA *keinesfalls rascher erhält, als wenn man in Deutschland verblieben wäre.*

Ein Strohhalm bürokratischer Natur, aber doch ein Strohhalm.

Es steht immer noch am alten Platz – das Gebäude, das zu einem Tor nach draußen wurde.

Schon vor jener Nacht im November hatten viele Wiener es aufgesucht, das Haus Seegasse Nummer 16, und die dort befindlichen Schweden. Nichts war schließlich neu. Was geschehen sollte, hatte bereits begonnen. Es gab Zeugen. Einige der Verschleppten kamen aus Dachau und Mauthausen zurück, um zu erzählen. Zwar wurde nicht allen geglaubt, doch genügte es, dass einige wenige zuhörten, damit sich das Wissen verbreitete. Misshandlungen und Plünderungen geschahen häufig vollkommen offen, Verletzungen und Todesfälle legten Zeugnis ab. Sowohl Emigration als auch Selbstmorde waren seit Langem im Gange.

Dann aber kam die Finsternis zwischen dem 9. und 10. November, als die Nationalsozialisten den neuen Anfang eines neuen Endes markieren wollten und den Hass zum freien Fließen brachten, dreißig Stunden lang.

Zwei Tage nach der sogenannten Kristallnacht wurde eine Verordnung veröffentlicht, durch die Menschen, die man als Juden einstufte, gemäß der Nürnberger Gesetze von der deutschen Wirtschaft ausgeschlossen wurden. Wer zuvor Arbeit gehabt hatte, wurde arbeitslos, wer Vermögen besessen hatte, war nun arm, und wer noch nie viel besessen hatte, blieb wie gehabt ohne alles. Die verzweifelten Menschen suchten Trost.

Die guten christlichen Pastoren und Gemeindeschwestern taten, was sie konnten, aber das Chaos war zu groß, der Wünsche gab es zu viele, die Bedürfnisse der Hilfesuchenden waren zu herzzerreißend: So wie es der Fall ist, wenn Leute glauben, sie seien wie alle anderen, sich darin aber irren.

Die Schweden waren darauf nicht vorbereitet. Mehr als fünfzehn Jahre hatten sie sich bemüht, die Botschaft des Evangeliums in Wiens großer Judenwelt zu verbreiten, wo einige am alten Glauben festhielten, andere nur an den Bräuchen, die Mehrzahl aber kaum noch an irgendetwas glaubte. Mehr als fünfzehn Jahre hatten die Judenmissionare aus Schweden verirrte Seelen für ihre Gottesdienste eingesammelt, hatten sie mit Wohlwollen und Unterricht geködert und durch Taufe am Haken. Sie hatten Stadtbewohnern kostenlose Sommeraufenthalte auf dem Lande verschafft, hatten Altersheime und Suppenküchen organisiert. Und nun – das? Die Arbeit unter Leitung von Pastor Göte Hedenquist kam nicht voran. Weder der Strom von Menschen noch ihre Tränen versiegten.

Als Elise Ullmann im Spätherbst das Haus in der Seegasse aufsuchte, war das Wartezimmer voll. Tag für Tag saßen dort Menschen kunterbunt durcheinander, wartende Menschen, auch auf den Treppen und der Straße. Sie bemerkte unter ihnen ein paar weniger angenehme Typen, die sich zuweilen als Ordnungskräfte aufspielten, obgleich niemand sie darum gebeten hatte.

Zwei junge Männer, Österreicher im Dienst der Mission, liefen wie aufgescheuchte Hühner unter den Leuten herum, sprachen zu dem einen ein Wort und im selben Augenblick ein anderes zu einem anderen, und so vergingen die Tage, und es wurde viel gesagt, aber nichts getan. Einer von ihnen bemühte sich, die Besucher zu sortieren und jene, bei denen es ihm richtig erschien, zum Gespräch zu Pastor Göte Hedenquist weiterzuleiten. Die Wartezeit konnte sich vom frühen Morgen bis weit in den Nachmittag hinziehen. Unzählige Leute, die den Pastor sprechen wollten, erhielten nie eine Chance.

Ein zufällig zu Besuch in Wien weilender Schwede notierte, »viele feinere Menschen wagten sich überhaupt nicht dahin. Ein Dutzend mehr oder weniger schmutziger Individuen hatte sich selbst zu Ordnern ernannt, und als sie meiner ansichtig wurden, verbeugte sich ein ganzer Stab von Köpfen, als wären es Baumwipfel im Wind«.

Hier saß also Elise. Musste Otto sie begleiten? Oder blieb

er daheim und spielte Karten mit den Freunden Ernst Utas und Georg Werner, die man ebenfalls gezwungen hatte, die Schule zu verlassen?

Seegasse Nummer 16 war seit Langem die Adresse der schwedischen Kirche in Wien. Im Jahr 1938 wurde die Arbeit von der Schwedischen Israelmission geleitet, in der schwedische Geistliche jüdische Seelen für Jesus sammelten. Ihre Arbeit war in der festen Überzeugung begründet, dass die Juden am Anbeginn der Zeiten dem entsetzlichsten Irrtum erlegen waren, als sie den Erlöser nicht erkannt und bei seiner Hinrichtung mitgewirkt hatten – und seitdem bestraft wurden –, dass die Christen aber nun die Pflicht hatten, in Güte zu helfen und ihnen den Weg zum rechten Glauben zu weisen.

Ohne offiziell der schwedischen Staatskirche anzugehören, waren die Missionare dennoch nicht von ihr zu trennen – sie besaßen die Ordination zum geistlichen Amt, und eine Reihe kirchlicher Beamter und Bischöfe engagierte sich intensiv für diese Aufgabe. Vorsitzender des Vorstands der Israelmission daheim in Schweden war der Bischof von Visby, und Erzbischof Erling Eidem persönlich unterstützte die Tätigkeit von ganzem Herzen.

Missionsstationen gab es dort, wo man großen Bedarf vermutete, wie in Bratislava und Casablanca. Von allen die wichtigste aber war die Wiener Missionsstation. Nirgendwo sonst zog ein so beständiger Strom von Menschen der vorgesehenen Zielgruppe hindurch.

Zu Beginn dieser Geschichte, in den Dreißigerjahren, lebten rund 190 000 Menschen jüdischer Abstammung in Wien. Viele waren dort seit mehreren Generationen zu Hause. Andere waren erst vor Kurzem eingetroffen – aufgebrochen von in Brand gesteckten Synagogen, fort von an Bäumen aufgehängten Leichen, von der Erinnerung an Kinder mit zerschmetterten Schädeln oder aufgeschlitzten Kehlen, aufgereiht auf dem Boden der Dorfschule.

Manche trugen einen Bart, andere waren glatt rasiert. Einige feierten den Sabbat, viele Weihnachten. Und der Zustrom hielt an, insbesondere von Osten; aus Russland, der Ukraine, Lettland oder Polen. Weil sie sich vom Lehmacker weg nach dem Asphalt sehnten, von Straßenbahnen und elektrischem Licht träumten. Oder einfach nur in Frieden leben wollten. Auf der Flucht vor Armut und Verfolgung zog man von der Peripherie in die zivilisierteren, zentralen Teile der Welt. In Wien konnte man etwas werden; Kaufmann oder Student. Man konnte die Gruppe verlassen. Man selbst werden. Sich in der Menge verbergen.

Manche vergaßen ihr jüdisches Erbe, wollten vergessen, taten alles, um zu vergessen, wollten wie die anderen sein, die Bezeichnung für sie ist »assimiliert«. Andere pflegten ihr Erbe, beteten in einer der vielen Synagogen und heiligten den Freitagabend mit dem Sabbatsegen. Wieder andere legten in der Stadt nur einen kurzen Halt ein – vielleicht, um einigen der fremden Sprachen zu lauschen, die hier zusammenflossen wie Nebenflüsse zum Strom –, bevor sie selbst weiterströmten mit ihren Träumen von der Zukunft.

Viele dieser auf dem Weg Befindlichen waren vielleicht offen für Jesus. Andere sahen im Erlöser eine in die sichere christliche Mehrheit führende Tür, öffneten sie und traten ein. Wien war Knotenpunkt, Pause, Fluchtweg. Kurz gesagt: ein guter Ort für die Bekehrung.

Dann aber kam das Jahr 1938.

Die Zeit änderte sich. Der Wind drehte sich. Die Ströme veränderten ihren Lauf. Die Verfolgungen begannen jene einzuholen, die ihnen entflohen waren. Immer mehr suchten Wege aus dem Land hinaus. Fort.

Die Schwedische Mission passte sich aufmerksam an und organisierte eine Auswanderungsunterstützung. Und somit wurde die Hilfe bei der Emigration zur neuen Weise, Seelen anzulocken, zu ködern und an den Haken zu bringen. Kommt vom Hass in die Freistatt. Zwischenlandung Jesus.

Wenn die schwedische Missionsarbeit den Missionaren selbst Befriedigung und vielleicht denjenigen Freude verschaffte, die der Christenheit teilhaftig wurden, so verursachte sie den neuen Herren des Landes, den Nationalsozialisten, nur Kopfzerbrechen und Ärger.

Direkt nach Österreichs Anschluss an Nazideutschland wurde der Schwedischen Israelmission Versammlungsverbot erteilt. Wenige Tage darauf wurde das Haus in der Seegasse Nummer 16 von bewaffneten Uniformierten unter dem Vorwand gestürmt, der schwedische Pastor Hedenquist und seine Mitarbeiter würden im Keller Waffen verstecken. Möbel wurden zertrümmert und Drohungen ausgestoßen. Beim Abrücken drückten sie dem Pastor einen zerknitterten Zettel in die Hand mit dem hingekritzelten Versprechen, dass die Schäden ersetzt würden. Die Unterschrift war nicht zu entziffern, jemand aber hatte die Kennzeichen der Fahrzeuge notiert, und so konnten die Männer dem nur wenige Häuserblocks entfernten Haus der Gestapo zugeordnet werden.

Es sollte sich herausstellen, dass die Ursache für diese Attacke buchstäblich auf dem Schild über dem Hauseingang zu finden war; dort stand: »Schwedische Gesellschaft für Israel«. Die Gestapo hatte die Schlussfolgerung gezogen, dass es sich hier um eine jüdische Einrichtung handele. Und so griff man zu den Waffen. Auf diese Weise bekam die Schwedische Mission in der Seegasse eine Ahnung davon, wie Verfolgung schmeckte.

Die Gewalt hatte Schrecken verbreitet. Pastor Hedenquist sprach mit der schwedischen Presse und dem schwedischen Konsul in Wien, und dann bat er seinen Chef Pastor Pernow, den Direktor der Stockholmer Israelmission, er möge doch umgehend nach Wien kommen. Gemeinsam trafen sie Adolf Eichmann, den Zuständigen des Sicherheitsdienstes in der Stadt. Und in der Tat löste sich das Problem. Nachdem die schwedische Diplomatie den verantwortlichen Nazis versichert hatte, dass die Mission von mit der Schwedischen Kirche verbundenen »Ariern« betrieben wurde, durfte die Tätigkeit wiederaufgenommen werden. Wenn sie den Namen änderten.

Sagte Eichmann.

Wie gesagt, so getan. Ein neues Schild wurde über dem Eingang angebracht, jetzt mit der Aufschrift »Schwedische Mission Stockholm, Missionsstation Wien«. Die Nazis hoben das Versammlungsverbot auf, und der verantwortliche Pastor, Göte Hedenquist, fasste die Situation wie folgt zusammen: Da atmeten alle auf, und Pläne wurden geschmiedet, wie die Tätigkeit in dem nunmehr in Wien herrschenden neuen unbarmherzigen Geist fortgeführt werden könnte.

Tatsache war: Die nationalsozialistischen Machthaber hatten begriffen, dass ihnen die Missionare von Nutzen sein konnten. In individuellen Gesprächen mit Göte Hedenquist erklärte SS-Obersturmführer Eichmann, dass er eigentlich ein Freund der Juden sei und nur ihre Auswanderung beschleunigen wolle, weshalb er die Arbeit der Mission in Bezug auf die Emigration unterstütze. Jedenfalls bis auf Weiteres. Könne er eine Liste aller Juden erhalten, die sich Christen nannten?

Eine solche Liste gebe es nicht, erwiderte Pastor Hedenquist, da die Kirche zwischen arischen und jüdischen Mitgliedern nicht unterscheide. Da bot Adolf Eichmann dem Pastor ein Büro in jenem Hause an, in dem Eichmanns speziell eingerichtete Zentralstelle für jüdische Auswanderung betrieben wurde. Das war eine Anweisung, der sich der Schwede nicht zu widersetzen wagte.

Er gehorchte und wählte ein paar junge Männer aus (die blondesten, mit hoher Stirn und blauen Augen?), die nach den Nürnberger Gesetzen als Halb- oder Vierteljuden galten.

Sie wurden in schwarze Reithosen und weiße Hemden mit schwarzem Schlips gesteckt, um sich möglichst reibungslos in eins der Hauptquartiere der Nazis einzufügen. Auf diese Weise eröffnete die Schwedische Kirche eine Filiale bei der Gestapo.

Ob es mit Gottes Hilfe geschah oder nicht, bleibt ungeklärt, doch brachten die jungen Männer fast ein Wunder zustande. Wer zu jener Zeit die Genehmigung erhalten wollte, das Land zu verlassen, musste normalerweise die viele Monate dauernde Bearbeitung abwarten und sechzehn verschiedene Instanzen durchlaufen, um in den Besitz entsprechender Dokumente zu gelangen. Durch die von der Israelmission ausgewählten Sachbearbeiter in der Auswanderungsstelle der Gestapo wurde derselbe Papierkram im Laufe einer guten Woche erledigt. Alles in allem gelang es den Missionaren, circa dreitausend Menschen aus Nazideutschland hinauszulotsen.

Zu Pastor Göte Hedenquist also – ins Wartezimmer im Haus Seegasse Nummer 16 – kam Elise Ullmann. Bis zum Dezember hatte man das Chaos vom Oktober umorganisiert, und eine klare Struktur ließ sich erkennen. Wie einer der Missionare in die heimische Zentrale nach Stockholm berichtete:

> *Zur Sprechzeit ist die Diele einladend herausgeputzt, auf dem Tisch ein Tischtuch, Blumen und Wassergläser. Ein junger, netter Bursche steht an der Tür, und Schwester Anna-Lena im Habit empfängt die Besucher. Sie trägt die gemachten Angaben in schöne, neu gedruckte Formulare ein, und mit diesen in der Hand zieht der Entsprechende weiter hinein zu Göte, der sich als Einziger im Raum befindet. Dort darf lediglich ein zweiminütiges Gespräch mit jedem Einzelnen über die Art seines Anliegens erfolgen. Die Anliegen werden in drei Gruppen unterteilt: die Seelsorge und anderes betreffend, dessen Göte sich annehmen sollte, Unterstützungsanfragen und schließlich Auswanderungsanfragen.*

Elise wurde in die gütige Ordnung, gesegnet von Adolf Eichmann persönlich, hineingelotst, erhielt eine Audienz von zwei Minuten und hatte, ohne es zunächst zu verstehen, eine Lücke in Wiens Wirklichkeit gefunden, die für ihren dreizehnjährigen Sohn groß genug war. Man verwies sie an die Abteilung C der Mission – zuständig für Auswanderung.

Einer von denen, die am ausführlichsten und am frühesten Bescheid wussten, die die meisten Berichte direkt aus dem Epizentrum der deutschen und österreichischen Ereignisse erhielten – einer von denen, die Schlussfolgerungen zogen –, war der schwedische Geistliche und Missionspastor Birger Pernow.

Pernow war ein hochgewachsener Mann mit scharfem Profil und kleinem Kinn, und er sollte sich hart und selbstzerstörerisch für Otto Ullmanns Rettung einsetzen. Er besaß die Ordination zum geistlichen Amt in der schwedischen Kirche, sein leidenschaftliches Engagement aber galt der Bekehrung und seinem Auftrag als Direktor der Missionstätigkeit. Er sprach und schrieb mühelos Deutsch und Englisch. Durch seine Arbeit hatte er sich so tief greifende Kenntnisse über das jüdische Volk erworben, dass er dem schwedischen Erzbischof Eidem in jüdischen Fragen als Ratgeber diente.

Der gute Pastor Pernow. Er deutete die Ereignisse, so als läse er im Kaffeesatz. Bereits vor den Pogromen am 9. und 10. November hatten er und andere, die enge Kontakte außerhalb Schwedens besaßen, die Vorzeichen für Menschen jüdischer Herkunft gesehen, das allmähliche Festschreiben im Fremdsein, die wachsende Verachtung. Die Bedrohung, die ständig an Umfang zunahm. Wie gewisse Menschen in Widerspruch zu anderen versetzt wurden. Bereits im Juni 1938 schilderte er in einigen Briefen die Lage:

> *Die Situation in Wien ist so furchtbar, dass man es kaum mit Worten beschreiben kann … Es ist deshalb nicht nur eine gute Tat, sondern auch christliche Liebespflicht, den Versuch zu unternehmen, so viele Menschenleben wie möglich zu retten, denn andernfalls werden sie untergehen … Zu diesem Zweck haben wir mit dem Generaldirektor der Schwedischen Sozialbehörde und seinen nächsten Mitarbeitern mehrfach beratschlagt, und diese sind bereit, einer begrenzten Anzahl juden-*

christlicher Mädchen die Genehmigung zu erteilen, hierselbst als Hausangestellte tätig zu werden, und auch eine kleinere Anzahl judenchristlicher Kinder ins Land zu lassen.

Und:

Ich muss wohl kaum betonen, dass die Situation dort unten für alle Nichtarier vollkommen unerträglich ist und Tausende von Hunger und Untergang bedroht sind.

»Antichrist« war kein Wort, das ein religiöser Mensch leichtfertig benutzte. Doch nach den Novemberpogromen konnte man es vernehmen. Die Nationalsozialisten hatten nicht nur eine Grenze überschritten, sie hatten sie aufgehoben. Doch waren es nicht die Nachrichten über Menschen, die man aus dem Fenster geworfen hatte, weil sie die Tür nicht schnell genug erreichten, auf die ein Teil der Christenheit am stärksten reagierte. Auch nicht die Berichte über all jene, die Gift nahmen oder mit Steinen in den Taschen in die Donau gingen. Nein, es betraf die Taufe.

Noch wusste Birger Pernow nicht, dass Otto existierte, auch dem dreizehnjährigen Jungen war der Pastor unbekannt. Doch schon bald sollte eine Liste, auf der der Name Otto Ullmanns stand, ganz oben auf einem der Papierstöße landen, die sich auf dem Schreibtisch des Pastors im Büro der Stockholmer Idungatan 4 stapelten.

Der schwedische Erzbischof Erling Eidem liebte Deutschland. Genau wie die restliche Oberschicht und ein Großteil der schwedischen Mittelschicht, all diejenigen, die studiert, die gelernt hatten, Gedichte und Prosa aus dem Gedächtnis zu rezitieren, die sich in Konzert- und Opernhäusern an den sublimen Werken deutscher Komponisten ergötzten. Das gesamte schnörkellose Christentum, das Schweden geformt hatte, war schließlich den Thesen Martin Luthers entsprungen. Man kann sich sogar fragen, was Schweden ohne Deutschland, ohne seine Gedankenwelt, seine klingende Sprache und die engen Kontakte zwischen den Völkern überhaupt gewesen wäre.

Auch die hingebungsvolle Frömmigkeit, die der Erzbischof verkörperte – der Pietismus –, war aus der deutschen Sehnsucht nach Reinheit ziseliert worden, nach einem noch schlichteren Christentum als dem lutherischen, einer noch intimeren Begegnung mit Jesus, ohne Kirchenraum und Gemeinde. Ein Glaube, bei dem nur das Herz und Jesus eingeladen waren. Wahrhaftig, Erzbischof Eidems ganze Welt war in Deutschland entstanden. Oder, mit seinen eigenen Worten: »Ich bin mir zutiefst bewusst, dass ich das deutsche Volk immer geliebt habe und es bis zu meinem letzten Atemzug lieben werde …«

Der Nationalsozialismus aber hatte die Liebe in Schwierigkeiten gebracht, auf eine Weise, die der Erzbischof nicht hatte voraussehen können. Das nazistische Regime wollte nicht nur die Kirche in Deutschland »arisieren«, indem es alle »Nichtarier« ausschloss sowie ihren Geistlichen verbot, mit jenen eine Ehe einzugehen. Das war vielleicht zu erwarten gewesen und nicht sehr verwunderlich. Diese einfache rassistische Handlung aber hatte etwas Größeres und Schockierendes im Gepäck.

Zu allen Zeiten hatte die Taufe Gültigkeit gehabt. Wer in die christliche Gemeinschaft aufgenommen wurde, galt als Christ. Die Taufe war kein Kleidungsstück, das man an- und ausziehen konnte. War man erst einmal konvertiert, erst einmal getauft, war man für immer Christ. Die Fixierung der Nazis auf Blut, Erbe und Biologie jedoch brachte dieses wesentlichste Ritual des Christentums um seinen Sinn. Irgendwelches Wasser auf dem Kopf spielte für sie keine Rolle. Glaube war kein relevanter Begriff mehr. Bräuche, Gottesdefinition, Rituale oder selbst Anpassung und Säkularisierung – nichts war mehr von Bedeutung. Ein Jude war ein Jude war ein Jude. Es steckte unter der Haut, in den Zellkernen, in der Konstitution der Seele, im Erbe, das von Gen zu Gen weitergegeben wurde. Die Nazis ließen die Bekehrung sinnlos werden. Sie waren der Antichrist.

Recht muss Recht bleiben; für die meisten, die sich Christen nannten, war das kein größeres Problem. Der schwedische Erzbischof aber reagierte. Erling Eidem unterstützte die Minderheit, die das Messer im Herzen des Christentums nicht akzeptieren konnte, jenes Fünftel aller evangelischen deutschen Pastoren, die aus Protest die Bekennende Kirche gründeten. Er unterstützte sie, jedoch im Verborgenen.

War es so, dass die Schwedische Kirche zwar Gutes im Sinn hatte, sich aber nicht mit Reichskanzler H. und seinen Dunkelmännern anlegen wollte? War es so, dass die Schwedische Kirche durch ihren höchsten Vertreter – den Erzbischof, der Deutschland liebte – versucht hatte, den Reichskanzler zur Vernunft zu bringen?

Ja, so ist es gewesen.

Bereits 1934 war Erzbischof Eidem nach Deutschland gereist, um ihm ins Gewissen zu reden, damit er möglichst seine Arisierungsforderungen aufgab. Er hatte den Reichskanzler am 2. Mai 1934 aufgesucht, um die Frage zu erörtern, ihm begreiflich zu machen, dass sich die Kirche nicht von Rassengesetzen und Ähnlichem leiten lassen konnte.

Reichskanzler H. aber hatte nicht verstanden. Stattdessen

hatte er geredet. Pausenlos. Hatte den schwedischen Erzbischof vierzig Minuten lang schlichtweg ausgescholten. Im Nachhinein notierte Erzbischof Eidem, der nicht an Politik, aber an das persönliche Gespräch glaubte, dass sein Versuch »gänzlich misslungen« war.

Und vier Jahre nach seiner Begegnung mit dem Diktator war er stark beunruhigt wegen der Christen, die aufgrund ihrer unglücklichen jüdischen Herkunft in Schwierigkeiten geraten konnten. Vermutlich konferierte er mit seinem Ratgeber, Pastor Pernow. Was sollte man tun, und wie?

Keiner der beiden Männer glaubte an offene Polemik und öffentliche Kritik. Das konnte eher schaden, nicht nur dem Ansehen der Kirche, sondern auch dem des Landes Schweden und Ministerpräsident Per Albin Hanssons heikler Aufgabe in unsicherer Zeit. Kirche und Politik waren zwei verschiedene Dinge und sollten es auch bleiben. Behutsames Handeln also. Damit zumindest die zum Christentum Bekehrten. Die Kinder. Ja, wenigstens sie. Lasset die Kindlein zu uns kommen. Jedenfalls für zwei Jahre.

So kam es, dass Erzbischof Eidem die Initiative zu einem geheimen Komitee ergriff, das unter Pastor Pernows Leitung die Möglichkeiten zur Rettung ergründen sollte, und dass sich der Erzbischof persönlich mit einem Brief an den Generaldirektor der Königlichen Sozialbehörde wandte.

Uppsala, den 17. Okt. 1938
Herrn Generaldirektor Sigfrid Hansson, Stockholm
Verehrter Herr Generaldirektor, ein kleines Komitee, dessen Bevollmächtigter Pastor B. Pernow ist, hat um eine Unterredung beim Herrn Generaldirektor angesucht, um Kenntnis zu erlangen über die Möglichkeiten der Königlichen Sozialbehörde, einer Anzahl christlicher, sogenannter nichtarischer Kinder und Jugendlicher aus Deutschland die Einreise- und Aufenthaltsgenehmigung zu bewilligen.

Ich wäre bei diesem Vorsprechen gern selbst zugegen gewesen, um ein gutes Wort für die Angelegenheit, die mir ungemein am Herzen liegt, einzulegen. Da es mir indes nicht möglich ist, mich zu dem Zeitpunkt, an dem der Herr Generaldirektor empfangen kann, freizumachen, ersuche ich mit diesen einfachen Zeilen ehrerbietig darum, die herzliche Bitte aussprechen zu dürfen, der Herr Generaldirektor möge der Angelegenheit sein Interesse schenken und, wenn möglich, den Wunsch unterstützen, den das Komitee vortragen wird.
Mit größter Hochachtung, Erling Eidem

Der Brief des Erzbischofs war mehr als ehrerbietig. Schließlich aber war der Herr Generaldirektor Sigfrid Hansson auch einer derjenigen, die die oberste Macht über die Grenzen des Landes in Händen hielten. Darüber, wen man hereinließ. Und wer gezwungen war, draußen zu bleiben.

Nur wenige Tage später, am Donnerstag, dem 19. Oktober 1938, vermerkte der Generaldirektor in seinem kleinen weinroten Taschenkalender eine in schwarzer Tusche gekritzelte Notiz. »Deutsche?«, schrieb er. Und dann: »Pernow, 10 Uhr.«

Es war nicht leicht. Aber es ging.

Zuerst nahm man die Einlegeplatten aus dem Esstisch und schob ihn zusammen, damit das Möbelstück möglichst klein wurde. Dann rückte man Tisch und Stühle nach rechts an die Wand. Anschließend wurde die Tür zum Schlafzimmer weit geöffnet, und dort stellte sich Pepi ins Tor. Um Anlauf zu nehmen, setzte Otto bis in die Küche zurück. Sie ergriffen die Gelegenheit, wenn Elise und Tante Grete Besorgungen machten, um ihr Klagen nicht anhören zu müssen, jedes Mal wenn der Ball gegen den Spiegel oder die Glasscheiben der Eingangstür prallte. Ein bisschen schwierig, auf dem glatten Parkettboden saubere Treffer zu erzielen, doch, wie gesagt, es ging.

In den kurzen Momenten, wenn der Ball zwischen Otto und Pepi hin- und herflog, war es tatsächlich möglich, das, was am 15. März verloren gegangen war, zu vergessen. Nicht nur Pepis letzte siebzehn Jahre im Arbeitsleben – sein Einkommen, sein Anspruch auf eine Pension und seine Stellung als Redakteur einer liberalen, respektierten Tageszeitung. Aufgrund seiner leidenschaftlichen Liebe zur Oper war Pepi auch zum Rezensenten der Zeitung geworden, und die Familie hatte Abend für Abend in Onkel Egons Loge im großen Haus in der Operngasse verbracht. Obendrein waren da noch der Umgang mit Sportlern auf Profiniveau, das Spiel, die Spannung, der Sport. Alles weg.

Otto konnte die großen Arien pfeifen, hatte Freude daran – aber das, was in Körper und Seele des Dreizehnjährigen schmerzlich widerhallte, war der Verlust seines Trainings. Fußball: verboten. Und damit verschwand auch alles, was dazugehörte, der Spaß, die Kameraden, der Kampf, der Sieg. Die Tage voller Erwartung vor einem entscheidenden Spiel, Stunden, imprägniert vom Geruch des Liniments, der Traum vom entscheidenden Schuss. Die Müdigkeit, die dem Körper Ruhe gab.

Als Redakteur der Sportseiten hatte Pepi Freikarten für alle wichtigen Spiele erhalten. Und auch wenn es seine Arbeit war, darüber zu berichten, sah er es als selbstverständlich an, Otto mitzunehmen. Stundenlang hatten sie gemeinsam auf den Tribünen gesessen und das Spiel analysiert. Konnte all das einfach verschwinden? Die Antwort sollte lauten Nein, doch hier standen sie nun in der Diele und schossen auf eine geöffnete Tür. Schweißgeruch breitete sich aus, und einen Augenblick lang vergaßen sie sogar, dass sie dem Gedanken an den tatsächlichen Zustand der Dinge aus dem Weg gehen mussten.

Zeitgeist – ein Wort, das alles Mögliche in glänzendes Papier hüllen kann. Schönschreibung statt Fakten. Generalisierung statt Details. Eine vage berechnete Summe aus den Gedanken der Menschen, ihrem Handeln und den Abgründen dazwischen. Es fällt schwer, einen Begriff zu finden, der noch weniger exakt wäre. Dennoch muss man dem Zeitgeist Beachtung schenken.

Schweden hatte eine Regierung. Eine Bürokratie. Eine Reihe Beamter. Einen Packen Gesetze. Unter alldem ein irrationales Dickicht von menschlichen Gefühlen, von Vorstellungen über die Welt, von Gedanken über Nation und Nationalität. Also wie immer. Wie gewöhnlich und genau wie überall: hier Ordnung und da Wirrwarr, zwei parallel existierende Universen. Ergebnis: Ein Großteil der Politik des Landes baute auf Vernunft auf und ein anderer auf Gefühlen.

Man braucht nicht weit zurückzugehen. Ins 19. Jahrhundert genügt.

Viele, die damals innerhalb der schwedischen Grenzen lebten, formulierten ihre Gedanken dazu, was es bedeutete, dass gerade sie sich gerade dort befanden. Woraus bestand das Schwedische, und wie unterschied es sich vom Nichtschwedischen, was war ein Schwede, und wie ließ er sich vom Rest unterscheiden?

Es schlug die Stunde der Schädelmessungen. Leichen von Selbstmördern und Verbrechern wurden eingesammelt und die Skelette in Milch weißgekocht. Bis ins Knochenmark wurde das spezifisch Schwedische erkundet und dem Zigeunerischen, dem Kurzschädeligen, Samischen oder Chinesischen gegenübergestellt. Durch das Ausschließen des anderen ließ sich das Eigene herauskristallisieren. Hatten die Menschen hier nicht etwas Besonderes?, wurde zur entscheidenden Frage. Ihre blonden Haare, die Form ihrer Nasen und Augenbrauen, wie die Hände den Pflug hielten und der blaue Blick über Tannenwald und Ufersaum strich, so als wären sie vom Licht der Mitternachtssonne getönt.

Die Dichter dichteten, die Schriftsteller schrieben und die Künstler malten auf der Suche nach dem, was sie »Das Schwedische« tauften. Um es zu finden, änderten sie den Blickwinkel, damit das Licht richtig einfiel.

Ein Land wird von seiner Grenze definiert. Damit die Grenze einen Sinn ergibt, muss sich etwas oder müssen sich einige diesseits oder jenseits befinden, und irgendetwas muss sie trennen. Und – vielleicht das Wichtigste von allem – es muss etwas oder einige geben, die nicht passieren dürfen. Sonst wäre das Ganze sinnlos.

Gerade als ein Jahrhundert ins nächste überging, packten viele ihr weniges Hab und Gut und machten sich bereit, ihr Land zu verlassen.

Arme Schlucker. Ackerstückchen. Kinderreichtum.

Nahezu eine Million entschloss sich, Anfang des 20. Jahrhunderts die Grenze zu überqueren, den Schritt von diesseits nach jenseits zu wagen. Das Recht, sich ein besseres Leben zu suchen, wurde nicht in Zweifel gezogen. Doch trennte man sich mit Wehmut und ließ die Trauer zur Melodie von Liedern und Psalmen werden. Wir verkauften »Hof und Haus und zogen alsobald hinaus«. Daran war nichts Seltsames. Man kehrte schlechten Zeiten den Rücken und suchte sich bessere.

Auch auf der anderen Seite der Grenze gab es Zugvögel und Habenichtse oder einfach nur normale Leute, die sich ein angenehmeres Leben wünschten. Man könnte denken, ist egal, Aufbruch ist gleich Aufbruch. Doch im Jahr 1914 hatte derjenige, der einwandern wollte, bestimmten Regeln zu entsprechen:

Wer sich nicht selbst versorgen kann. Wer sich kriminellen Handlungen widmet. Wer hausieren geht. Zigeuner. Wer aus Rassengründen einer dieser Gruppen zugehörig ist: unerwünscht. Kann direkt an der Grenze abgewiesen werden.

Ein paar Jahre später kamen neue schwedische Vorschriften heraus, einen Deut großzügiger. Die Welt war zur Ruhe gekommen. Nur für die Länder im Osten wurde der Visumzwang beibehalten. Nur für Länder, in denen bestimmte Menschen regelmäßig Misshandlungen ausgesetzt, aus ihrem Zuhause vertrieben und an Bäumen aufgeknüpft wurden. Juden. Die dann die Tendenz haben zu fliehen. Ihr Zuhause zu verlassen, sich fortzubegeben. Die aus dem Osten aber sollten nicht so leicht über die Grenze kommen, darüber herrschte sowohl unausgesprochen als auch ausgesprochen Einigkeit.

Ohne dass Otto oder einer von denen, die ihn liebten, es auch nur ahnten, wurde am Mittwoch, dem 19. Oktober 1938, ein Prozess eingeleitet, durch den Ottos Schicksal eine neue Wendung nehmen sollte. Die Linien, die Skizze seiner neuen Zukunft wurden in einem Stockholmer Zimmer entworfen. Dort saß Sigfrid Hansson, der Generaldirektor der Königlichen Sozialbehörde, und ließ sich von Pastor Pernows Argumentation und Erzbischof Eidems Bitte beeindrucken.

Unter bestimmten Voraussetzungen und besonderen Bedingungen seien eventuell gewisse spezifische Lösungen denkbar. Heikle Frage. Nichts Schriftliches wurde verfasst, keine Notizen gemacht. Sigfrid Hansson würde die Sache durchdenken und sich beraten, vielleicht mit seinem jüngeren Bruder, dem Ministerpräsidenten. Doch im Geheimen. Kann sein, möglich. Heikle Frage, wie gesagt. Dass man Juden über die Grenze lässt.

Generaldirektor Hansson hatte schon früher mit dem Pastor gesprochen. Bereits im Sommer hatte Pernow ihn aufgesucht, hinsichtlich einer Einreisegenehmigung für etwa zehn junge Frauen aus Wien, die in christlichen Kreisen eine Stellung als Hausgehilfin erhalten konnten. Und es war möglich, sie ins Land zu lassen, meinte der Generaldirektor der Sozialbehörde, allerdings riskant. Die beiden Seiten des Arbeitsmarkts und dergleichen. Im Laufe des Herbstes musste sich Pastor Pernow wieder und wieder bei den Beamten der Sozialbehörde in Erinnerung bringen. Das Ganze ging unbegreiflich langsam vonstatten. Am Ende aber brachte der Pastor das Problem auf den Punkt und konnte anderen mit denselben Sorgen raten:

Ich habe mir einen kleinen Vorschlag überlegt, ausgehend von meinen Erfahrungen, als ich das Gesuch wegen unseres Mädchens stellte. Ich habe den Antrag persönlich unterschrieben. Weiterhin habe ich alle besseren Empfehlungen herausgenom-

men, insbesondere alle Andeutungen, die die Schulbildung betrafen. Unser Mädchen hatte viel von dieser Art beigelegt. Ich hörte vom Konsul in Wien, dass er – und damit auch die Sozialbehörde – der Ansicht war, dass Mädchen mit einer solchen Bildung nur einen Monat als Hausgehilfin bleiben und dann in andere Berufe wechseln, Büroarbeit u.Ä. Das Mädchen musste daher die Zeugnisse entfernen ... Man höre und staune: Nach 8 (acht) Tagen war der Antrag bewilligt! Glaubst du nicht auch, der Fehler könnte bei diesen Zeugnissen liegen?

Nur so war es den bedrohten Frauen also möglich, über die Grenze nach Schweden zu kommen. Die Zeugnisse der Mädchen von Universitäten und Hochschulen, ihre intellektuellen Ambitionen, ihre Bildung waren nicht erwünscht. Doch wenn die Beamten der Sozialbehörde überzeugt waren, dass ihr Streben nicht nach der schwedischen akademischen Welt ging, ja dass selbst eine Büroarbeit nicht infrage kam, war die Sache bedeutend leichter. Hausgehilfin, das war alles.

Die Gründe dafür wurden von Interessenorganisationen und Gewerkschaften formuliert. Kein Angestellter in der Stockholmer Sozialbehörde, der seine eingehende Post las, konnte im Irrtum darüber bleiben, was arbeitende Schweden von ausländischer Arbeitskraft hielten.

An die Königliche Sozialbehörde, Ausländerabteilung
Stockholm
[...] Wir nähren die Hoffnung, dass die Königliche Sozialbehörde dieses unser Ansuchen berücksichtigen und uns damit jene Hilfe angedeihen lassen möge, die wir zurzeit dringend benötigen, da unser Berufszweig in der gegenwärtigen Situation von einer für uns folgenschweren Konkurrenz bedroht ist, insbesondere durch aus Mitteleuropa zugezogene Ausländer, welche sich aufgrund der politischen Ereignisse der jüngsten

Zeit mehr und mehr darum bemühen, ihr Auskommen in Schweden zu finden […].
Unterzeichnet von 28 Tanzpädagogen in Stockholm sowie 8 Rhythmiklehrern, 14. September 1938

An die Königliche Sozialbehörde, Stockholm
Der größere Teil des Stroms politischer Flüchtlinge, die aus Zentraleuropa nach Schweden kamen, um längere Zeit daselbst zu bleiben, hat sich in Stockholm niedergelassen. Ein sehr wesentlicher Teil derselben übte im Heimatland Beschäftigungen auf dem Gebiet der Warendistribution aus. Insofern eine Arbeitsgenehmigung erteilt wurde, nicht selten auch ohne eine solche, widmen sich diese Ausländer auch hier im Lande der Warendistribution; selbst etliche der sogenannten »intellektuellen« Flüchtlinge versuchen, sich mittels Kommerz zu versorgen. In erster Linie ist es der Einzelhandel, der diese starke neue und nicht selten ungesunde Konkurrenz zu spüren bekommt […].
Unterzeichnet von Repräsentanten des Stockholmer Einzelhändlerverbands als Vertreter von 4000 Einzelhändlern, 19. November 1938

An die Königliche Sozialbehörde, Stockholm
Der Unterzeichnete ersucht hiermit ergebenst, die Königliche Behörde möge die Ergreifung von Maßnahmen zur Verhinderung illoyaler Konkurrenz in Erwägung ziehen, die sich in jüngster Zeit durch die Neugründung von Firmen in der Metallhandelsbranche etabliert hat, hinter denen ausländische Personen, meistenteils deutsche Juden, stehen […]. Rechtschaffen arbeitende schwedische Geschäftsleute laufen Gefahr, aus ihren Verbindungen gedrängt zu werden, und ihre mühsam im Laufe vieler Jahre erkämpfte Stellung droht gänzlich unterminiert zu werden […].
Ivar Rohr, St. Eriksgatan, 13. Dezember 1938

In der konservativen Tageszeitung *Nya Dagligt Allehanda* wurde festgestellt, dass »neue schwedische Firmen aufgrund der Konkurrenz durch Ausländer mit weniger gut gelegenen und somit weniger konkurrenzfähigen Geschäftsräumen vorliebnehmen mussten«. Und dass dieser Mangel »der Gefahr geschuldet ist, die die Einwanderung ausländischer Geschäftsleute darstellt«, da »der Flüchtlingsstrom nach Schweden einen immer größeren Umfang angenommen hat«.

All das ist in einem kurzen Zeitungsartikel zu lesen, den man auf irgendeine Weise für bedeutend gehalten haben muss, da ihn jemand in der Sozialbehörde ausgeschnitten und aufgehoben hat.

Auch der Schwedische Gewerkschaftsbund reagierte und machte gemeinsame Sache mit dem Skandinavischen Malerkartell. Beide Verbände forderten, die Sozialbehörde solle jeden einzelnen Antrag auf Arbeitsgenehmigung an sie überstellen. Als Grund wurde der Arbeitskräfteaustausch zwischen den Ländern angegeben. Insbesondere, so schrieb der Sprecher des Schwedischen Gewerkschaftsbundes, hätten mehrere Gewerkschaften auf die Tatsache reagiert, dass ein solcher Austausch mit Deutschland vorgekommen sei.

Und so ging es immer weiter, Eingabe für Eingabe, Protest für Protest.

An die Königliche Sozialbehörde, Stockholm
Nachdem uns zur Kenntnis gelangt ist, dass Pelzhändler Kohn aus Wien um eine Einreisegenehmigung ansucht, gestattet sich der Schwedische Pelzproduktionsverband, Repräsentant zahlreicher Produzenten und Kaufleute dieser Branche, seinen ehrerbietigsten Einspruch dagegen zu erheben, dass fremden Elementen jüdischer Herkunft zum Nachteil schwedischer Gewerbetreibender der Zugang zum Land bewilligt wird [...].
Unterzeichnet von Vertretern des Schwedischen Pelzproduktionsverbandes, 23. November 1938

Und nun wollte also der Direktor der Schwedischen Israelmission, Pastor Pernow, hundert Kinder ins Land bringen. Nur Kinder. Vielleicht nicht im selben Maße bedrohlich für Pelzhändler, Maler und Einzelhändler, aber dennoch heikel.

Generaldirektor Hansson hatte bereits ausgiebig Gelegenheit gehabt, darüber nachzudenken, wie er die Forderungen vom Arbeitsmarkt, die Aversion gegen Juden ganz allgemein und die wachsende Anzahl von Anträgen auf Schutz, Einreise und Arbeitsgenehmigung in Einklang bringen sollte.

In einem Gutachten, Genehmigungen für größere Flüchtlingsgruppen, sogenannte Kontingente, betreffend, hatte er erst wenige Monate zuvor zwei seiner engsten Mitarbeiter aufsetzen lassen, wie seine Haltung dazu war und was das Handeln der Königlichen Sozialbehörde begründete:

Der Flüchtling ist vielleicht im Lande willkommen, solange es lediglich um sein Recht geht, sich hier aufzuhalten, allerdings ist er nicht ebenso sicher willkommen, wenn er als Arbeitssuchender eintrifft. Mancherorts wird oft geltend gemacht, dass man Flüchtlingen eine Aufenthaltsgenehmigung bewilligen, eine Arbeitsgenehmigung jedoch verweigern sollte. Eine Auffassung, die die Sozialbehörde nicht teilt; es lässt sich schwerlich als human ansehen, einen Flüchtling zu jahrelanger Untätigkeit zu verdammen. […]
Beim Ausstellen von Arbeitsgenehmigungen hat die Sozialbehörde Flüchtlinge tunlichst in jene Tätigkeitsbereiche einzugliedern, in denen sie keine allzu gravierende Konkurrenz zur schwedischen Arbeitskraft darstellen. […]
All das hat zur Folge, dass gerade ein sacht fließender Strom von Ausländern, die sich in erster Linie auf ihre eigene Initiative verließen, bislang vom schwedischen Arbeitsmarkt relativ reibungslos absorbiert werden konnte.
Wendet man ein Kontingentierungssystem an, würden sich die Verhältnisse anders gestalten. Zunächst würden die Kon-

tingente – selbst wenn sie klein wären – ganz gewiss Aufmerksamkeit erregen. Zudem würden sie nicht auf die gleiche reibungslose Weise vom Arbeitsmarkt absorbiert werden.

Keine größeren Gruppen also. Nur Personen, die in den Arbeitsmarkt eingegliedert werden konnten, ohne dass es zur Konkurrenz mit den Schweden kam. Ein sacht fließender Strom Ausländer, der reibungslos absorbiert wurde. Das war nach dem Geschmack der Sozialbehörde.

Als Pastor Pernow dem Generaldirektor nun die Zustimmung abgerungen hatte, ganze hundert Kinder ins Land zu lassen – zwar getaufte, doch jüdischer Abstammung –, da hatte er, Sigfrid Hansson, eine ganze Menge zu bedenken.

Es sollte sich herausstellen, dass Pastor Pernow und er eine Methode finden mussten, die Kontingente außer Acht, die Kinder aber dennoch über die Grenze zu lassen. Zunächst galt es für den Pastor eine Reihe praktischer Probleme zu lösen. Die Unterkunft der Kinder war eins davon. Mittels eines Appells in der christlichen Presse suchte er Familien, die sich eines Kindes annehmen konnten, jedenfalls wenn sie evangelischen Glaubens waren.

Anlässlich der allgemeinen Verschärfung der Judenfrage sehen wir uns verpflichtet, einen Appell an Euer christliches Gewissen zu richten. […] Wir wissen und verstehen, dass unser kleines Land keine unbegrenzten Mengen an Flüchtlingen aufnehmen kann. Doch fragen wir uns, ob bereits alles, was man für die in Not Geratenen tun kann, getan wurde. Ohnedies sehen und empfinden wir es als unsere unerlässliche Pflicht, von jener Mentalität Abstand zu nehmen, die ihren Ausdruck in den Judenverfolgungen gefunden hat. Wir erkennen die Würde eines jeden Menschen und die nationale Bedeutung jeder Nation durch Christus und das Christentum an – das Beste, was wir besitzen.

Wünschenswert wäre, wenn eine gemeinsame nordische Hilfsaktion auf christlicher Basis zustande käme. In Erwartung derselben jedoch sollte man prüfen, ob in der Sache nicht etwas mit unmittelbarer Wirkung getan werden könnte.

Unter den Juden Österreichs, wie sonst überall bei diesem Volk, gibt es auch evangelische Christen. Wenn jüdische oder christliche Gemeindegruppen es übernehmen wollten, den Aufenthalt einer Anzahl Flüchtlinge für eine bestimmte Zeit zu garantieren, könnte man diesen dann nicht hier Asylrecht gewähren? Mit einigem guten Willen sollte doch etwas machbar sein. Wir sehen uns aufgerufen, diesen Appell an Euch zu richten: Tut, was Ihr könnt! Tut, was Euer christliches Gewissen Euch gebietet!

Jemand gab ein Urteil ab. Jemand empfing Nachrichten. Jemand beschrieb Otto in der Hoffnung, er würde ausgewählt. Jemand machte Notizen auf einer Karteikarte:

»Vater, Redakteur und mosaisch. Mutter, mosaisch.«

Dieses »mosaisch« war der springende Punkt. Elise, Pepi und Otto aber aßen Schweinefleisch. Sie feierten Weihnachten mit Weihnachtsbaum und allem Drum und Dran. Sie beteten zu Gott, wenn ihnen das Leben schwer erschien, und sie dankten demselben, wenn das Leben gut war. Ob sich diese Gebete an den Vater, den Sohn und den Heiligen Geist richteten oder an den, dessen Namen man nicht nennen darf, lässt sich nicht mehr sagen, der eine dreigeteilt, aber allwissend, der andere ungeteilt und allmächtig. Vielleicht ist das ohne Belang. Unten in der Welt der Menschen waren Elise und Pepi jetzt mosaisch, und damit basta. Eher eine Befindlichkeit als ein Glaube, ein dunkler Brunnen, unmöglich, ihm zu entsteigen.

Der Junge. Dreizehn Jahre alt. Dickes, dunkles Haar und der Körper ein wenig welpenhaft.

Die Bezeichnung »mosaisch« ist die einleitende Anmerkung über Otto Ullmann auf der Karteikarte, die das erste Dokument über ihn in der Mappe der Israelmission bildet. Danach ist zu lesen, dass er einem »intellektuellen Milieu« entstammt. Dann wird seine Schulzeit beschrieben, drei Jahre humanistischer Zweig, mit dem Zusatz: »Interessiert an Sprachen«. Und: »Anpassungsfähig«.

Die Definition der Retter für den, der gerettet werden soll.

Nichts steht dort von seinen Plänen, Medizin oder Jura zu studieren, und das war vielleicht auch gut so. Man musste praktisch veranlagt sein, damit man die Genehmigung erhielt, Wiens zugeschnappte Rattenfalle zu verlassen. Im Übrigen begriff schließlich jedermann, dass ein Jude, der in den städtischen Parks nirgendwo einen Rasen betreten kann, auch keine Universität betreten kann. Darf er kein Gewerbe betreiben, sein Eigentum nicht behalten, kann plötzlich festgenommen und weggebracht werden, dann sind höhere Studien keine realistische Zukunftsperspektive mehr.

Ist das der Grund, weshalb die Notizen der Schwedischen Israelmission über Otto mit Worten fortgeführt wurden, so als wäre Unterricht in Ballett oder Griechisch bereits ein ausgeträumter Traum? Nun soll er »ein Handwerk erlernen« und ist »interessiert an Gartenarbeit«.

Mochte es sein, wie es wollte, der Plan jedenfalls funktionierte. Otto wurde ausgewählt und sollte in den Zug von Wien nach Berlin und weiter nach Sassnitz gesetzt werden. Anschließend auf die Fähre nach Trelleborg.

Auf der Karteikarte mit den kurz gefassten Angaben, die von Elises und Pepis Versuch, ihr Kind zu retten, noch übrig sind, steht nicht viel mehr. Nur drei weitere Sätze, drei Brocken an Information.

»Eltern wollen nach Montevideo.« Gefolgt von dem weniger verheißungsvollen »Einreise ungewiss«. Dann ein Satz, an letzter Stelle, doch nichtsdestoweniger der vielleicht wichtigste, vielleicht war es gerade das, was die Sache am Ende zu Ottos Gunsten entschied. Dort steht, dass die Familie »mit einem protestantischen Pastor eng verwandt ist«.

Die Schwedische Israelmission meinte es natürlich gut, wollte Juden retten. Doch nicht so sehr vor dem Nationalsozialismus, sondern vielmehr vor ihrem Judentum, nicht so sehr zum Leben, sondern vielmehr zum Christentum.

Otto war zwar willensstark, aber auch fähig, sich gut auszudrücken, daran gewöhnt, Gespräche mit Erwachsenen zu führen – mit anderen Worten: Er war wohlerzogen. Das sollte sich als bedeutungsvoll für sein Schicksal erweisen. Denn schließlich galten bestimmte Bedingungen, und Pastor Birger Pernow formulierte dieselben aus Stockholm Brief für Brief an seinen Wiener Mitarbeiter Pastor Hedenquist – der den Auftrag erhalten hatte, jene, die gerettet werden sollten, von den Übrigen zu trennen:

Stockholm, den 19. November 1938
[...] Was die bereits mehrfach erwähnte Hilfsaktion für Kinder und Jugendliche anbetrifft, sind wir nun so weit vorangeschritten, dass die Sache [uns] für eine mögliche Realisierung übergeben wurde, und die Behörden stehen dem Ganzen wohlwollend gegenüber. Du kannst daher umgehend mit dem Aufstellen von Verzeichnissen der entsprechenden Kinder beginnen. Diese sollten möglichst Judenchristen oder Christen, keine Arier, sein, Alter 7–15 Jahre, deren Eltern die Absicht haben, nach Übersee zu emigrieren. Die Ausreise der Eltern sollte möglichst gesichert sein, und diese haben sich zu verpflichten, ihre Kinder so bald wie möglich, nach einem, höchstens zwei Jahren, wieder zu sich zu nehmen. Ausnahmen hiervon können in einzelnen Fällen wohl gemacht werden, doch wünschen die Behörden, dass zumindest die allermeisten Kinder in Zukunft nicht hier im Land verbleiben. Dass die Kinder mit Bedacht auszuwählen sind, brauche ich wohl kaum zu betonen.

Stockholm, den 25. November 1938
[...] Die Kinder müssen wohlerzogen und wohlgeraten sein, sodass wir ja keine schwierigen und unangenehmen Elemente hierher bekommen, denn das würde sowohl der Sache als auch dem Ansehen unserer Mission schaden. Die Behörden fordern

als Bedingung (zumindest formell), dass die Kinder nach ein, zwei Jahren zu ihren Eltern zurückkehren.

Stockholm, den 9. Dezember 1938
[...] Hingegen muss ich nach reiflicher Überlegung eine abschlägige Antwort auf Deine Anfrage erteilen, ob es möglich ist, katholische Kinder aufzunehmen. In unserem Aufruf haben wir nämlich um ein Zuhause für judenchristliche Kinder gebeten, und dem müssen wir auch so genau wie möglich nachkommen. Unter unseren Freunden würde es bestimmt, gelinde gesagt, Verwunderung hervorrufen, wenn sie katholische Kinder erhielten, sodass wir davon gänzlich Abstand nehmen müssen. Hauptsächlich also judenchristliche Kinder, doch in geringerem Maße auch konfessionslose und sogar mosaische. Einige jüdische Familien haben sich nämlich ebenfalls gemeldet.

Pernows Plan war einfach. Er sah den Untergang drohen und wollte diejenigen retten, die der Rettung wert waren. Die Bekehrten. Wenn sie obendrein wohlgeraten waren. Und respektable Eltern hatten. Die versprachen, nicht nach Schweden einreisen zu wollen. Sondern sich verpflichteten, ihre Kinder nach der erfolgten Emigration aus Österreich zu sich zu holen.

Alles in allem eine Verschmelzung seiner eigenen Idee, der Forderung der schwedischen Regierung und des insgeheim formulierten Anliegens des schwedischen Erzbischofs.

Vermutlich hegten Erzbischof Eidem und Pastor Pernow denselben Wunsch, Gutes zu tun. Sie teilten auch die Einstellung, dass öffentliche Kritik an Reichskanzler H. und dem Nationalsozialismus Schwedens politischem Handlungsspielraum schaden könnte – und im Übrigen waren Worte ohne Taten nichts, was man gebrauchen konnte. Wie dem auch sein mochte. Birger Pernow und seine Israelmission wurden zum verlängerten Arm der schwedischen Kirche, der bis ins geschlossene, judenhassende Wien reichte. Mit Erzbischof Eidem im Rücken ging Pernow zu denen, die über Schwedens Grenze wachten, und bat um Einreisegenehmigung für fünfundsiebzig Kinder zwischen vier und fünfzehn Jahren sowie fünfundzwanzig Jugendliche.

Pernow gab sich wirklich Mühe. Gut so. Wenn man hundert Kinder rettet, spielt es dann eine Rolle, dass man nur die wohlgeratenen aussucht? Die getauften? Dass man nur Kinder von Eltern aussucht, die als respektabel galten? Eltern, die offizielle Papiere für ihre Auswanderung besaßen (aber nicht nach Schweden, absolut nicht nach Schweden)? Jemand musste sie ja aussuchen. Und das tat Birger Pernow. Er kümmerte sich nicht nur um die Bedingungen, die Organisation und die Logistik. Er bestimmte Kind für Kind, Jugendlichen für Jugendlichen, jeden Einzelnen, der an seiner Rettungsaktion teilhaben sollte. Das geht deutlich aus Briefen hervor, die von seinen christlichen Mitarbeitern versandt wurden:

> *[...] für Enny M., Bronislawa H. haben wir noch keinen Antrag bei der Sozialbehörde gestellt, da Pastor Pernow sie noch nicht akzeptiert hat. [...] Hinsichtlich Leo L. wünscht Pastor Pernow keinesfalls, dass er herkommt. Es ist nicht gut, einen so verwöhnten Jungen zu schicken, der an körperlicher Arbeit bei einem Landwirt nicht interessiert ist. [...]*

Verstanden Pepi und Elise, welche Bedeutung es hatte, dass Otto wohlgeraten war, dass dieser Punkt eines der wichtigsten Kriterien war, als er für die Rettung ausgewählt wurde?

Und die nächste Frage: Hätte es eine Rolle gespielt? Eine Tür hatte sich nach Schweden, zu den Schweden geöffnet, doch jene, die den Eingang sicherten, wollten keine Juden ins Land lassen. Fern der Öffentlichkeit hatte Pastor Birger Pernow tatsächlich eine Grenzpassage ausgehandelt, schmal wie ein Trampelpfad im Wald. Die geheime Parole, den Wächtern zugeflüstert, lautete: Christ.

Die amerikanische und die britische Gesandtschaft in Wien erlebten einen Ansturm von Menschen, die eine Einreisegenehmigung beantragen wollten. In diesem milden, regnerischen November standen vermutlich auch Pepi und Lisl, Tante Grete, Nuny und ihr Mann Paul in einer der als Schlange bezeichneten Menschenmassen vor den ausländischen Gesandtschaften. Auch die schwedische Vertretung wurde von nicht abreißen wollenden Strömen der Verzweiflung überschwemmt.

Man tat, was man konnte, um standzuhalten.

Zwei Wochen nach den Novemberpogromen schrieb Erik Drougge, der Sekretär des Stockholmer Ausländerbüros, einen Brief an den schwedischen Konsul in Wien. Eigentlich enthielt er die Antwort auf eine Frage, die der Konsul ein paar Tage zuvor gestellt hatte. Doch dieser nur wenige Zeilen lange Brief gewährt der Nachwelt unbeabsichtigt einen flüchtigen Einblick in die schwedische Außenpolitik, so wie sie sich gestaltete, nachdem Menschen mitten in einer der Hauptstädte Europas von ihren Nachbarn gejagt, misshandelt und getötet worden waren.

Stockholm, den 26. November 1938
Herr Konsul, hinsichtlich Ihres Briefes vom 21. selbigen Monats habe ich hiermit die Ehre, Ihnen Folgendes mitzuteilen.
Während der letzten Wochen war das Ausländeramt förmlich einer Belagerung ausgesetzt. Da eine Anstellung unerfahrenen Personals eher bewirkt hätte, die Arbeit zusätzlich zu erschweren, hat man versucht, mit den bereits vorhandenen Beamten, so gut es ging, zurechtzukommen. Demzufolge gab es für dieselben nur wenig Gelegenheit, die Maßnahmen des Empfangsschalters näher zu kontrollieren, und somit »hapert« es ein wenig bezüglich erklärender Notizen zu Bevollmächtigungen u. dgl. Man erwartet indes, dass sich der schlimmste Ansturm

legen wird, wenn eine Serie von Ablehnungsbescheiden erst allgemeiner bekannt geworden ist.

Die schwedische Haltung gegenüber den Schutzsuchenden wird in diesem einen Satz bloßgelegt: »Man erwartet indes, dass sich der schlimmste Ansturm legen wird, wenn eine Serie von Ablehnungsbescheiden erst allgemeiner bekannt geworden ist.«

Schwedische Strategie. Die zahlreichen ersten Anträge schnell abzulehnen und danach darauf zu vertrauen, dass sich das Gerücht über Schweden schon verbreiten wird – über das Land, das Nein sagt.

Nach diesem Brief ist es vielleicht nicht verwunderlich, dass der Generalkonsul in Wien schon bald wieder eine Orientierungshilfe benötigte. Er hatte persönlich Besuch von einem Pastor Hedenquist von der Schwedischen Israelmission erhalten, der behauptete, einer großen Anzahl jüdischer Kinder stehe das Recht auf eine Genehmigung zu, nach Schweden einzureisen. Der Konsul schrieb erneut nach Stockholm, diesmal an den Ministerialrat Bergström bei der Königlichen Sozialbehörde. Unter welchen Bedingungen konnte er ein Einreisevisum für diese Kinder bewilligen? Und für wie viele? Hatten elternlose Vorrang?

In der Antwort der Sozialbehörde wird die Voraussetzung wiederholt, dass die Kinder getauft sein sollten – als könnte der Konsul das kontrollieren. Alle Bedingungen, die die Regierung gestellt und Pastor Pernow akzeptiert hatte, wurden aufgezählt. Man hatte eine Übereinkunft getroffen und die Regeln des Spiels formuliert.

Stockholm, den 7. Dezember 1938
Herr Konsul, in Beantwortung Ihres Schreibens [...] habe ich die Ehre, Ihnen Folgendes mitzuteilen.
Die Schwedische Israelmission, hier im Land vertreten durch ein Komitee mit Pastor Pernow als Sekretär, hat von der So-

zialbehörde intern die Zusicherung einer Aufenthaltsgenehmigung für eine Anzahl getaufter Kinder jüdischer Herkunft erhalten.

Die Zusage betrifft im Wesentlichen Kinder von Eltern, die nach Aussage der Israelmission eine Auswanderung nach Übersee verbindlich vorbereitet und dabei Schwierigkeiten haben, minderjährige Kinder während der ersten Pionierzeit mitzunehmen. Um das Hindernis für die Emigration, das die Kinder darstellen könnten, aus dem Weg zu räumen, werden diese für kürzere Zeit, im Höchstfall für ein Jahr, durch Vermittlung der Israelmission temporär in schwedischen Familien aufgenommen.

Der Brief schließt: »Pastor Pernow hat spontan betont, dass man sich ausschließlich wohlgeratener Kinder von Eltern mit gutem Ansehen anzunehmen gedenke.«

Pernow war sowohl listig als auch überzeugend vorgegangen, als er für diese Kinderaktion den bürokratischen Segen der schwedischen Behörden einholte. Im Brief der Sozialbehörde kann man den Pastor nahezu im Hintergrund vernehmen, als sanfte Unterstimme Sätze untermalend wie: »Eltern, die eine Auswanderung verbindlich vorbereitet haben« oder »im Höchstfall für ein Jahr«. Das Wort »temporär«, um das Gefahrlose, zeitlich Vorübergehende zu unterstreichen.

Im Nachhinein ist es nicht ganz einfach zu unterscheiden, wessen Interessen am schwersten wogen. Waren es die der Kinder – der laut Pernow vom Untergang Bedrohten? Oder waren es die Interessen der Familien in Schweden, die in Jesu Namen ihr Haus öffneten? Ende Dezember schickte Pernow erneut Instruktionen an seinen Mann in Wien, an Pastor Hedenquist:

»Gegen den Austausch der Kinder Pollack gegen Gerhard und Ernst ist nichts einzuwenden. Solltest Du noch ein paar andere haben (im Höchstfall vielleicht 5), die Du gern mitschicken möchtest, so lässt sich das wohl ebenfalls machen, am besten im Alter zwischen 4 und 6, denn gerade nach so Kleinen haben sich mehrere erkundigt.«

Das Ziel, das Pernow und der Erzbischof mit ihrer Rettungsaktion verfolgten, war letztlich, die zum Christentum Bekehrten vor dem jüdischen Schicksal zu bewahren. Es war einfach schwer zu akzeptieren, dass diejenigen, die Jesus gewählt hatten, dennoch Gottes Urteil und Strafe für die Dummheit der Juden treffen sollte, den Messias vor zweitausend Jahren nicht erkannt zu haben.

Indes wurde, um die Wahrheit zu sagen, das Leid der einen zur Freude der Pastoren und der Schwedischen Kirche. Jede Seele, die der Hilfe bedurfte, öffnete den Spalt zum Licht ein wenig weiter. Als der Pastor auf die schwedische Regierung einwirkte, geschah das nicht so sehr der Kinder wegen, sondern Jesu wegen. Einhundert gerettete Seelen. Demzufolge ist es auch nicht schwer zu verstehen, dass die Taufe eine von Pastor Pernows Bedingungen war. Ohne sie keine Reise.

Die Kinder, die nach Schweden fahren sollten, wurden am laufenden Band getauft. Dennoch waren mehrere der von Pastor Hedenquist in Wien für die Schwedenreise ausgewählten Kinder in keiner Weise gläubig, weder auf die eine noch auf die andere Art. Einige der jüngsten wussten noch nicht einmal, dass sie Juden waren.

Wie die Einstellung des dreizehnjährigen Otto zu einer christlichen Taufe war, lässt sich heute nicht mehr sagen. Da die Zeit drängte, hatte man das Ritual auf das Allernotwendigste beschränkt, ein rasches Übers-Haar-Streichen, sodass es vom gesegneten Wasser befeuchtet wurde, und ein paar begleitende Worte. Fertig.

In den Augen des guten Pastors war die Taufe eine Tür, eine Passage von diesem zu jenem. Mosaisch am einen Ende und christlich am anderen. Und so sollte es vernünftigerweise auch sein, wenn man fest und unumstößlich an die Taufe als Zutritt zur christlichen Gemeinschaft glaubte. Dem Pastor und der schwedischen Kirche zufolge waren sie nun Judenchristen.

Bedeutete das Jude, Christ – oder gab es eine dritte Art? War man das eine und das andere? War man keins von beidem?

Oder war es stattdessen so, dass nichts davon eine Bedeutung hatte für das, was kommen sollte? Dass das Einzige, was wirklich etwas zählte, die Tatsache war, dass Pepi, Lisl und Otto zufällig unter Menschen geboren waren, die den Hass ungehindert wachsen ließen? Dass sie in einer verwirrenden Umbruchszeit lebten, in der die Tradition mit Namen Judenhass ihre alte Gestalt ablegte und eine neue annahm? Die Giftschlange häutete sich.

Solange der Hass eng mit Glauben, Religion und Sitten verbunden war, gab es eine Rettung: Man konvertierte. Abhängig von Zeit, Land und der ihn umgebenden Bevölkerung konnte ein Jude Muslim, Katholik oder Protestant werden. Die Minderheit konnte mittels Anpassung der Bedrohung durch die Mehrheit entgehen – und so war es seit Menschengedenken geschehen. Ein Halm, der sich im Winde biegt, bricht nicht.

Auf diese Weise könnte die Geschichte mit lediglich zwei Wörtern geschrieben werden, miteinander verflochten wie die Stränge eines Seils: Hass und Rettung. Rettung und Hass. Parallel verlaufende Furchen durch die Zeit. Wie die Spuren eines Menschen auf dem Boden, gezerrt zum Scheiterhaufen, um verbrannt zu werden. Doch hatte sich die Erbmasse, als sie entdeckt wurde, verändert. Nichts war mehr wie zuvor. Jude zu sein steckte plötzlich tiefer als Glaube und Seelenleben, als die Frage nach Ritualen im Tempel. Jude zu sein war zu einer Eigenschaft geworden, die vererbt wurde und sich als Gen identifizieren ließ, gesteuert von seiner spezifischen jüdischen DNS. Bei einer solchen Sicht auf die Welt und die Menschen konnte ein Religionswechsel möglicherweise kleidsam erscheinen, so als würde die Frisur gerichtet, eine Anpassung an herrschende Umgangsformen. Unter der Oberfläche aber war der Jude nach wie vor vorhanden. Der Hass hatte den Glauben verlassen und sich in der Biologie breitgemacht. Deshalb nicht Christ nach vollzogener Taufe. Deshalb Judenchrist. Sowohl als auch. Weder noch. Weder frei noch rein. Noch immer verurteilt.

Deshalb war es vielleicht auch nicht verwunderlich, dass der Pastor mehrere zornige Briefe erhielt, anonyme und auch unterzeichnete, von Menschen aus Schweden, die sich zu seiner Kinderaktion äußerst kritisch äußerten. Nicht zuletzt von Aktiven innerhalb der Schwedischen Kirche.

> *Durch Zeitungsmeldungen hat das Schwedische Volk Kenntnis erhalten, dass Sie als Hauptverantwortlicher für den Import jüdischer Kinder nach Schweden fungieren sollen. […] [Können] wir hinsichtlich unserer Verantwortung für die künftige Generation derartiges Material importieren? Hochachtungsvoll, Kirchenältester und Mitglied des Kirchenrats seit vierunddreißig Jahren, L. Dahl aus Backaryd*

Doch blieb man Herrn Dahl aus Backaryd die Antwort nicht schuldig. Birger Pernow beantwortete alle Schreiben, das entsprach seiner Natur.

> *Es stimmt wehmütig, feststellen zu müssen, dass die vielen Gottesworte, die Sie in diesen vierunddreißig Jahren gehört haben, keine größere Wirkung gezeitigt haben, als dass Sie auf die Weise, wie Sie es tun, von »Import« und »derartigem Material« zu schreiben vermögen, wenn es um eine so ernste Sache geht wie die, wehrlosen kleinen Kindern eine Zeit lang Zuflucht, Gnade und Schutz zu gewähren, die einem blinden, sinnlosen Hass, der keine Grenzen kennt, unschuldig zum Opfer fallen.*

Probst Granqvist aus Söderala war ein weiterer Kirchenmann, der gegen die Kinderaktion protestierte. In der Antwort an ihn argumentierte Pernow klar und deutlich: Gewiss hatten die Juden es sich selbst zuzuschreiben, dass sie Gottes Zorn auf sich geladen hatten – doch war die Strafe nicht ein wenig zu hart?

[…] Es ist vollkommen richtig, dass das Problem bei der Judenfrage Israels Verstocktheit ist und dass diese Verstocktheit das Urteil Gottes über das Volk heraufbeschworen hat. Doch das Urteil allein führt nicht zur Erlösung. Derjenige, dem solches widerfährt, muss zugleich imstande sein, Gottes Ruf zu vernehmen. Derzeit trifft das Urteil das Volk Israel mit einer Strenge wie kaum je zuvor. Da ist es Aufgabe der christlichen Gemeinde, und somit die der Israelmission, dem von Gottes Urteil geschlagenen Volk den Weg zu Christus zu weisen. […] Was aber unsere Hilfsaktion anbelangt, hat diese selbstredend nicht das Ziel, unser eigenes Land mit einem Fluch zu überziehen, und ich glaube auch nicht, dass dergleichen geschehen wird. Was wir mit unserem kürzlich ausgesandten Aufruf bezwecken, ist lediglich, hundert Kindern und Jugendlichen eine vorübergehende Freistatt in unserem Land zu gewähren, bis diese für sie anderswo in der Welt bereitet ist. Die Situation ist schließlich folgende, dass, wenn sie nicht baldmöglichst aus ihrem Land gerettet werden, sie zugrunde gehen werden. […] Was aber getan werden kann, muss rasch getan werden, denn hier ist wirklich Gefahr im Verzug.

So nahm der Beschluss Formen an; circa sechzig Kinder und etwa fünfundzwanzig Jugendliche aus Wien sollten ins Land kommen dürfen und in einer späteren Phase weitere fünfzehn Kinder aus Berlin. Alles in allem einhundert, jeder Einzelne ausgehandelt und akzeptiert bei Unterredungen zwischen Pastor Pernow und den Beamten der Sozialbehörde. Auf den Korridoren nannte man sie die Pernow'sche Quote.

Am 3. Januar übergab die Schwedische Israelmission der Sozialbehörde ein endgültiges Verzeichnis der Wiener Kinder. Name für Name alphabetisch aufgelistet. Nach jedem Namen folgte zunächst das Geburtsjahr des Kindes, dann sein Glaube. Keine weiteren Angaben – nur Name, Geburtsjahr und Konfession. Fünfundvierzig Kinder waren evangelisch getauft. Eins war Baptist. Vier Katholiken, zwei Anglikaner und sieben waren mosaischen Glaubens.

Name und Konfession.

Eine Woche darauf, am 9. Januar 1939, saßen Generaldirektor Sigfrid Hansson, Ministerialrat Bergström und der Bericht erstattende Beamte Wiman in der Stockholmer Sozialbehörde mit der vollständigen Liste vor sich auf dem Tisch. Sämtlichen Kindern wurde das Recht zugebilligt, sich sechs Monate im Land aufzuhalten. Die Namen der Kinder, aufgeführt in derselben Reihenfolge, wiederholten sich nun im Beschluss der Sozialbehörde – dieselben Namen, dieselbe Reihenfolge, dieselbe Liste.

Nur mit einem Unterschied.

Die Sache mit der Taufe fand bei den schwedischen Machthabern keine Berücksichtigung. Der Tatsache, dass die meisten Kinder getauft waren, maß man keine Bedeutung zu, und daher fehlen derlei Angaben im Protokoll. Hingegen hatte man alle Kinder auf ein und dieselbe Weise kategorisiert, jedes von ihnen war gekennzeichnet durch den unmissverständlichen Buchstaben m.

Die Schwedische Kirche glaubte vielleicht, dass sie christliche Kinder rettete, die schwedische Regierung aber wusste, dass es Juden waren. Eigentlich. M wie in mosaisch.

Zwölf Taschentücher schienen notwendig, um von einem Land ins andere zu wechseln, während zwei Anzüge voll und ganz genügten.

Als Nächstes packte Elise eine Weste für Otto ein, vier Pullover, fünf Paar Hosen, zwölf Unterhosen, ebenso viele Paar Strümpfe sowie drei paar Socken. Weiterhin einen Regenmantel, Zahnbürste, Seife, Zahnpasta, Waschbeutel und Schnürsenkel (vier Stück). Zusätzlich noch sechs Paar Handschuhe – nein, fünf wurden es am Ende –, zehn Bögen Briefpapier und Kuverts, bereits mit der Adresse von daheim beschriftet, sowie ein Trainingsanzug. Alles sorgsam mit Ottos Initialen versehen.

Die Retter von der Israelmission hatten eine Liste verteilt, auf der allerlei Kleidungsstücke vorgedruckt standen. In die Rubrik »Diverses« hatte Lisl die Zahl 17 eingetragen. Vielleicht Fotos von zu Hause. Ein einfacher Füllfederhalter. Ein Gürtel. Eine Dose Bettsteigerln. Der Spielzeughund unbestimmbarer Rasse mit dunkellockigem Fell und rotem Halsband.

Zuunterst auf dem Papier eine gestrichelte Linie für die geforderte Unterschrift der Mutter, und dort steht ihr Name in schwarzer Tinte. Seit dem Jahreswechsel trug Elise auch den Namen Sara, genau wie Tante Grete und Nuny. Ebenso hatten Otto, Josef und Paul ohne jede Zeremonie einen weiteren Namen erhalten, sodass sie, wie auch alle ihre männlichen Bekannten, nun Israel hießen.

Am Ende war alles gepackt. Ein großer Koffer und ein kleinerer, den Otto selbst tragen sollte, mit Nachtzeug und Zahnbürste für die Zugreise. Fertig.

Unwirklich. Offenkundig. Endgültig. Vorübergehend. Wörter, um zu beschreiben, was geschah, wirbelten wild durcheinander wie der Januarschnee vor dem Fenster. Versuchten Pepi, Elise und Otto die Hand auszustrecken, um sie im Flug zu fangen? Versuchten sie, davon abzusehen, dass sie schmolzen?

Ostbahnhof. Mittwoch, den 1. Februar, acht Uhr morgens. Die Blicke, mit denen sie ihn ansahen, besonders Mutti, waren unerträglich. Papa versuchte, wie üblich, sie mit seinen Scherzen zu trennen.

»Der Otto soll in die Welt hinaus, es ist sein erster Auftrag als Auslandskorrespondent. Dort liegt jetzt Schnee. Er wird Ski und Schlittschuh laufen. Gib der Heimatredaktion in der Löwengasse Bericht. Schreib uns vom Schnee. Schreib uns alles, schreib bald, schreib.«

Da standen sie, mitten im soldatenüberwachten Tatbestand. Die Querbalken, die das Bahnhofsdach stützten, lagen wie Gitter vor dem Himmel, und unter ihnen standen Menschen in dunklen Pulks, die sich auflösten, wieder zusammenfanden und unversehens neue Formen annahmen, wie Unwetterwolken. Die großen Menschen beugten sich über die kleinen, und die kleinen verbargen sich in ihren Armen und rissen sich aus ihnen los.

An der Decke leuchteten die weißen Lampen hinlänglich stark, dass sie unten Schatten erzeugten, und unter den Füßen der Menschen entstand eine solche Schwärze, als stünde jeder von ihnen über einem Abgrund. Bewegten sie sich, folgte ihnen der Abgrund.

Auf dem Bahnsteig angekommen, wurden Eltern und Kinder von Gestapoleuten getrennt. Die offene Tür des Eisenbahnwaggons lockte dunkel mit Rettung, doch sobald Otto hinaufgestiegen war, spürte er den Verlust im Rücken. Von der Sonne in den Schatten.

Abfahrtszeit 8.35 Uhr, Ziel Berlin, Ankunft um 20.12 Uhr, über Breslau, damit kein Visum erforderlich war. Fahrplanmäßiges Eintreffen in Trelleborg: Donnerstag, den 2. Februar, morgens.

Otto stand am Fenster und winkte, solange der Bahnsteig zu sehen war. Dann legten sich die Verdunklungsgardinen dicht um die Fensteröffnungen, damit der Judentransport nicht ruchbar wurde. Wie ein Rinnsal schwarzer Tinte auf weißem Papier sollte der Zug ihn und die anderen Kinder durch das Feindesland Deutschland bringen, bis dieses ein Ende nahm an der Grenze. Eine Nacht, lang wie eine Entbindung. Gegen Morgen würde die Fähre sie übers Wasser tragen, und sie erhielten ein neues Leben. Noch wusste niemand, was es kosten und wer bezahlen sollte, doch alle, die auf dem Bahnsteig standen, hofften, dass es den Preis wert war. Durch die Dunkelheit hindurch sollten die Kinder. Von der Verachtung in die Freiheit. Vom Nahrungsmangel zur Sättigung. Von der Elternliebe zu … nun, das blieb abzuwarten.

Schreib uns alles, schreib uns, schreib.

Ottos Vater Josef Ullmann, genannt Pepi

Ottos Mutter Elise Ullmann, genannt Lisl

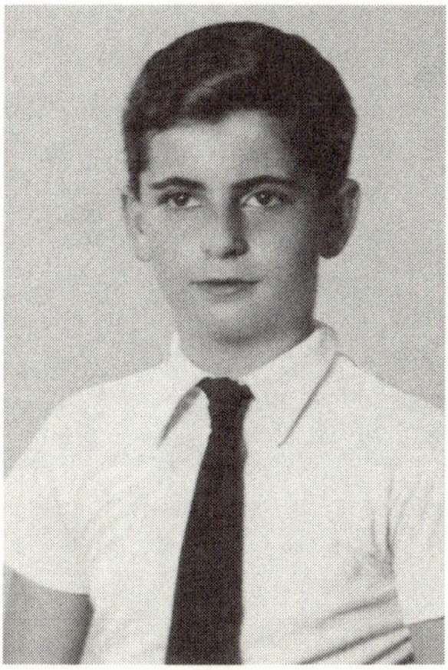

Otto Ullmann mit acht oder neun Jahren

Otto als Kleinkind mit seinem Vater Josef (Pepi)

Der kleine Otto in Tracht

Elise und Josef Ullmann in Tracht

Elise und Josef Ullmann mit unbekannter Frau

Otto mit seinen Eltern Josef (Pepi) und Elise (Lisl) kurz vor seiner Verschickung nach Schweden

Tante Grete (Margarethe Kollmann, Elises Schwester)

Tante Grete (Pepis Schwester, sie konnte vor dem Krieg nach London entkommen)

Tante Nuny (Adolfine, die zweite Schwester der Mutter)

Onkel Paul (Tante Nunys Mann)

Otto und sein Vater Josef (Pepi) in Wien

Otto und seine Mutter Elise (Lisl) in Wien

Otto am Donaukanal

Otto mit seinem Vater Josef (Pepi) und einer unbekannten Frau auf dem Tennisplatz

Josef, Elise und Otto Ullmann mit vermutlich Josefs Mutter in Wien

Otto mit seiner Familie beim Picknick im Wienerwald

Die Kinder standen nach Familiennamen sortiert. Viktor, Alfred und Erich sollten ins Kinderheim nach Tollarp – Erwin, Herbert, Karl, Sonja und Kurt ebenso. Gertrude sollte ebenfalls ins Kinderheim, während ihre kleinen Schwestern Ella und Erika zu verschiedenen Pflegefamilien in Nässjö kamen.

Ernst und Edgar sollten weiter nach Alvesta.

Helga und Heinz mussten sich trennen und wurden bei zwei Stockholmer Familien untergebracht. Die drei Geschwister Gerold, Gertrude und Gerda sollten ebenfalls auseinandergerissen werden und in verschiedenen Familien in Råsunda, Stockholm bzw. Södertälje wohnen.

Die Geschwister Ernst und Eva sollten in Nässjö aussteigen, während die Mädchen Ilse und Eva weiter nach Ljusdal fuhren. Hedi und Fritz, Eva, Herbert und Hugo hatte man bei Familien in Südschweden untergebracht, ebenso wie Ernst, Gerhard, Felix und Suli.

Peter war in letzter Minute dazugekommen. Sein Name stand mit Bleistift zuunterst auf dem Papier. Die ganze Liste wurde sorgsam abgehakt.

Otto war einer von denen, die zuerst aussteigen mussten, zum Weitertransport ins Kinderheim von Tollarp.

Neue Gegend. Eine andere Luft. Neue Geräusche. Salziger Wind.

Neue Bäume, die im Wind anders rauschten. Ein neuer Wind, der anders um die Bäume pfiff und anders um die Kinder. Sie stiegen aus dem Zug, und der Wind wirbelte um sie herum, ein anderer als in Wien.

Der Bahnsteig breitete sich aus, der Wind empfing sie und ihre weit offenen Gesichter. Die Bäume empfingen sie. Den Bäumen daheim vollkommen gleich und doch anders.

Zweiundzwanzig Kinder in mit ihren Initialen versehener Winterkleidung entstiegen dem Zug, zusammen mit Schwester

Martha und Fräulein Sommer. Sie gingen zum Parkplatz, und der Wind fegte zwischen ihnen hindurch und um sie herum. Die Erwachsenen hielten die kleinen Kinder an der Hand. Ältere Kinder hielten jüngere Geschwister an der Hand. Alle trugen ihre Koffer mit den Resten des Reiseproviants.

Sie sahen die Stadt. Nicht ihre, sondern eine andere. Trelleborg. Der Name war ungewohnt, wie die Gerüche und das Wehen des Windes. Die Kinder hielten einander an der Hand. Sechsunddreißig Zugstunden hinter ihnen lag das dunkle Wien, wohlbekannt wie die Arme ihrer Eltern. Hier standen die Bäume und warteten vor einem hellen Morgenhimmel. Allein der Wind war in Bewegung.

Der Pastor empfing sie in Hut und Mantel. Er sprach Deutsch. Die Kinder begriffen, sie hatten es ihm zu verdanken, dass sie hier waren. Neben dem Pastor standen auch ein paar Frauen. Sie sahen wohlhabend und freundlich aus. Blätter wehten aus den Haufen auf und wirbelten im Kreis. Der Pastor hatte bei den Fahrzeugen gewartet. Auf dem Weg zu ihm waren die Kinder über die Blätter gelaufen, und der Wind fuhr um sie herum, als wüsste er nicht aus noch ein.

Der Rest des Kindertransports wurde weiter ins Land hinauf gebracht. Sucht man in den Archiven, kann man noch immer die Zustimmung der Königlichen Eisenbahndirektion finden, dass »35 jüdischen Kindern im Alter von 6–15 Jahren« eine Fahrpreisermäßigung bewilligt wird.

Die Reise aber war nicht zu Ende damit, dass Otto und die anderen ausgestiegen waren. Sie nahmen in Fahrzeugen Platz und wurden nach Tollarp gebracht, mehr als fünfzehn Kilometer von Kristianstad entfernt. Dort lag das Haus, das eine Zeit lang ihr Zuhause werden sollte. Der Name Hemhult stand bogenförmig über dem Haupteingang, mit schmalen schwarzen Buchstaben direkt auf den Putz gepinselt. Die Kinder erfuhren, dass die Frauen, die an der Seite des Pastors gestanden hatten, einem Flüchtlingskomitee aus Lund angehörten und dass ihre Arbeit von Frau Eklundh geleitet wurde, die ebenfalls Deutsch sprach. Pastor Pernow sollte noch am selben Tag nach Stockholm zurückkehren, doch übergab er, bevor er abfuhr, die Verantwortung für die Kinderheimkinder dem Komitee von Lund und Frau Eklundh. Letztere werde in Kontakt mit dem Leiter des Kinderheims stehen, und ginge es um etwas besonders Wichtiges, könnten die Kinder ihr auch Briefe schreiben. Sie werde für eine Köchin sorgen und versprach, auch persönlich vorbeizuschauen. Später sollte sie bestätigen, dass Otto sie mit seiner Intelligenz von Anfang an beeindruckt hatte. Dieser Kontakt zwischen Frau Carola Eklundh vom Fredrika-Bremer-Verein in Lund und Otto sollte sich noch als bedeutungsvoll erweisen.

Kurz darauf, vielleicht bereits am nächsten Tag, war Fotografieren angesagt. Neun Sprossenstühle wurden aus dem Haus getragen und für die Kleinsten bereitgestellt, und dort saßen sie dann, in der ersten Reihe: neun Kinder, deren Füße den Boden nicht erreichten. Eins von ihnen – Sonja? – hatte seine Schuhe nicht anbekommen.

Hinter ihnen, in der mittleren Reihe, standen Otto und ein paar weitere Jungen. Linkisch, verlegen, in Größe und Alter weder das eine noch das andere. Zuhinterst standen jene, die schon Spuren von Flaum auf Oberlippe und Kinn aufwiesen, bereits ein Stück von der Kindheit entfernt, ohne sie deshalb verlassen zu haben. Auch drei Mädchen dicht nebeneinander, in verschiedene Richtungen blickend.

Ein wenig verfroren. Gerettet. Willkommen geheißen im februarrauen Schweden, wo die Hagebutten verschrumpelt an den Büschen hingen und die Dornen denen, die ihnen zu nahe kamen, in den Haaren hängen blieben.

Vor der schwarzen Kamera taten die Kinder, was von ihnen erwartet wurde. Ein jedes lächelte sein elternloses Lächeln.

Löwengasse 49. Frau Subak in der Wohnung darunter. Stets sagte sie dasselbe, wenn ihr sie um Entschuldigung wegen meiner lauten Spiele gebeten habt: Er ist doch ein Junge.

Wien, 4. Februar 1939
Mein innigst geliebter Bub. Deine Karte und Brief sind heute in unseren Besitz gelangt und haben uns große Freude bereitet. Wir haben Dich mit der Uhr in der Hand auf Deiner großen Reise verfolgt und, glaub uns, immer an Dich gedacht. Und wir werden auch weiter an Dich denken und täglich schreiben, sodass die Entfernung zwischen uns keine Rolle spielen wird. […]
Du weißt ja, dass wir Dich am liebsten nicht aus unserem Haus gelassen hätten. Wenn wir aber immer daran denken mussten, dass Du in kein Bad gehen, keinen Sport betreiben, keinen Park besuchen und auch nichts lernen konntest, dann ist uns wohl gar nichts anderes geblieben, als zu trachten, Dich wegzubringen, um Dir bessere Zeiten und ein besseres Leben zu verschaffen.
Du hast Dich beim Abschied so wunderbar tapfer gehalten, so brav, dass ich überzeugt bin, Du wirst Dich draußen in der Fremde, auch wenn wir nicht bei Dir sind, durchsetzen. […]
Hier erkundigt sich alles nach Dir. Deine Freunde Utas, Demner und Werner kommen täglich und sind neugierig, wo Du bist und was Du machst.
Heute will ich nicht viel schreiben, denn wir wollen den Brief gleich aufgeben, damit Du ihn bald hast. In den nächsten Tagen schreiben wir wieder und werden Dir dann auch Rückmarken beilegen. Für heute mache ich also Schluss. Ich grüße und küsse Dich vieltausendmal, und Gott schütze Dich! Dein Papa

Poor boy, you couldn't take your English lesson on Friday. Kind regards, uncle Paul

Wien, 5. Februar 1939
Mein lieber Bub. Du weißt gar nicht, welche Freude wir gestern hatten, als Dein erster Brief aus Schweden bei uns ein-

traf. Er kam überraschend, denn wir hatten nicht gedacht, dass die Laufzeit nur einen Tag betragen würde, und als der Briefträger am Nachmittag Dein Schreiben brachte, da waren weder Mutti noch ich zu Hause. Bald hat die ganze Löwengasse Nachricht von Deinen Zeilen, denn alle interessieren sich ja für Dich und wollen wissen, wie's Dir geht. [...]
Nachdem der Zug unseren Blicken entschwunden und wir getrennt worden waren, haben wir ununterbrochen an Dich gedacht. In der Früh stellten wir fest: »Jetzt ist er in Berlin«, und am Nachmittag, da sahen wir Dich vor uns auf der Fähre, zum ersten Mal das Meer sehend und die Möwen beobachtend, die ja wahrscheinlich das Schiff umflatterten. Und am Abend legten wir uns mit Sehnsucht nach Dir, aber doch mit dem großen Gefühl der Beruhigung nieder, dass Du nunmehr in Schweden, dem prachtvollen Lande mit den sympathischen und vor allem guten Menschen, bist und von nun an einer besseren Zukunft, als es hier hätte möglich sein können, entgegensteuerst. [...] Ich war noch niemals in Schweden; aber was ich alles von diesem Volk und Land gelesen habe, war begeisternd. Und unter solchen Menschen, in solcher Umgebung aufwachsen zu dürfen, kann nicht hoch genug geschätzt werden.
Du bist ein vernünftiger und gescheiter Junge, ich habe es immer gewusst, und die Weise, wie Du Dich in den letzten so schweren Stunden des Abschieds verhalten hast, hat mich noch mehr überzeugt, dass wir richtig gehandelt haben. Ich bin sicher, dass Du, der sich gut zu benehmen weiß, immer anständig und korrekt handeln und unseren Vorstellungen folgen wirst. Dann wird auch draußen in der Fremde alles gut gehen, auch dann, wenn nicht gleich die leitende Hand Deines Vaters oder Deiner Mutter mithilft. Aber wir werden immer im Geist bei Dir sein, da spielt die Entfernung keine Rolle, und unsere Wünsche werden Dich bei allem, was Du tust, begleiten. [...] Ich grüße und küsse Dich vieltausendmal,
Dein Papa

Pepi war voller Zuversicht. Jemand musste es ja sein, und seine im Normalfall optimistische Einstellung war ihm jetzt von Nutzen, wo Elise und er von ihrem einzigen Kind getrennt worden waren.

Bis zu dem Augenblick, als er aufgrund der Rassengesetze entlassen worden war, hatte er sich tagtäglich zu seiner Arbeitsstelle beim *Wiener Tag* in der Canisiusgasse 8 begeben. Siebzehn Jahre lang hatte er nach der morgendlichen Redaktionssitzung auf seinem Platz gesessen und auf seiner Maschine geschrieben. Damit gedachte er jetzt nicht aufzuhören. Da Otto nun in Schweden war, hatte er einen Entschluss gefasst. Er würde jeden Tag einen Brief schreiben.

[…] Es ist auch, um die Erinnerung an die vier Wände aufrechtzuerhalten, innerhalb derer Du durch Jahre gelebt hast, und an die Personen, mit denen Du immer und auch weiterhin verbunden bist.
Würdest Du heute bei der Tür hereinkommen, würde nichts anders aussehen. Noch immer steht im Zimmer die Ottomane von Tante Grete, nur dass die Grube in der Mitte noch tiefer geworden ist. Man kann zwar sehr gut darin liegen, aber es bedeutet schon einige Anstrengung, um von dort herauszukommen. Und auf dem breiten Tisch am Fenster, wo Du mit Deinen Freunden gesessen und gespielt hast, da sitze jetzt ich und mache meine Sprachaufgaben oder schreibe Dir. Noch immer steht Dein Bücherregal im Eck, aber der fehlt, der so wunderbar verstanden hat, darin Unordnung zu machen. Und wir im Zimmer sind die gleichen. Alles ist unverändert, nur still ist es – weil Du nicht da bist.

Die Frage ist, wie schnell der sprachbegabte Otto Schwedisch lernte, wie bald er anfangen konnte, die Lokalzeitungen zu lesen, und in welchem Umfang die Zeitung *Kristianstadsbladet* von dem, was sich abspielte, berichtete. Man möchte hoffen, dass er nur langsam vorankam, die Zeitung nichts schrieb.

Denn nur wenige Tage, bevor Otto und die anderen Kinder auf schwedischem Territorium an Land gingen, wurde eine der größten öffentlichen Debatten darüber eingeleitet, wem es erlaubt sein sollte, nach Schweden einzureisen, und wen man draußen halten sollte. Der Startschuss erfolgte in Stockholm durch *Svenska Dagbladet,* das am 28. Januar 1939 auf der Titelseite einen groß aufgemachten Artikel publizierte:

»Geplanter Ärzte-Import weckt Proteste.«

Der Hintergrund war, dass das Landesgesundheitsamt die Zustimmung der Regierung erhalten hatte, zehn, vielleicht auch zwölf medizinische Spezialisten ins Land zu bitten. Zahnärzte. Ärzte. Apotheker. Jüdischer Abstammung.

Zuweilen stolpert man über Wörter. Als könnten einige von ihnen nicht im selben Satz vorkommen. »Schwede« und »Nazi« zum Beispiel. Fast keine, sagt der eine. Weiß Gott genug, um die öffentliche Meinung zu beeinflussen, sagt ein anderer.

Es kann sein, dass der Artikel in *Svenska Dagbladet* das Ergebnis eines Hinweises von außen war, Teil einer Kampagne, die die schwedischen Nazis direkt nach den Novemberpogromen in Gang gesetzt hatten: Schiebt Moses einen Riegel vor. Doch selbst wenn dem nicht so war, sollte sich doch zeigen, dass die schwedische Gesellschaft über unterschiedliche parallel waltende Kräfte verfügte, die in dieselbe Richtung strebten. Da gab es die Prominenten, gut Ausgebildeten und Begüterten. Nicht unbedingt überzeugte Nazis, doch mit diesen, was Judenhass und die starke Sehnsucht anbetraf, die Grenze geschlossen zu halten, durchaus vereinbar.

Und es waren nicht nur Pelz- und Einzelhändler, die den Judenhass mit der Angst vor Konkurrenz verwoben, es war nicht nur der Gewerkschaftsverband. Es war auch der Landesverband Schwedischer Kleinunternehmer. Die Judenfrage habe zwar ausschließlich mit der Wirtschaft und dem Arbeitsmarkt zu tun, sagten die Vertreter des Verbandes, setzten Flüchtlinge jedoch im selben Atemzug mit Ungeziefer gleich. Wenige Wochen, bevor der Kindertransport Wien verließ, hielt der Landesverband »eine große öffentliche Versammlung gegen die Judeninvasion« ab, und eine Resolution wurde angenommen, die eine verschärfte Einwanderungskontrolle verlangte.

Am selben Tag, als Otto und die anderen Kinder nach Schweden kamen, schrieb die *Stockholms-Tidningen* auf der Titelseite, dass die schwedischen Krankenhäuser den Import ausländischer Ärzte ablehnten. Es war auch der Tag, als die Nazipartei Svensk socialistisk samling ein großes Treffen in Stockholm abhielt. Parteichef Sven Olov Lindholm sprach vor 1500 Personen:

»Wenn wir sehen, wie viele Zehntausende trotz alledem zu zielbewusster Opposition gegen Demokratie, Klassengeist und Judenherrschaft aufgerufen werden konnten, lässt uns das den Kampf mit größter Zuversicht weiterführen!«

Am folgenden Tag verlangte die Landsmannschaft Västmanland-Dala, dass die Studentenvertretung Uppsalas ein Studentenmeeting in der Stadt arrangieren solle, um die Frage des Imports intellektueller Arbeitskraft zu diskutieren.

Fünfundsechzig Kinder waren kürzlich über die Grenze nach Schweden gelangt. Es war verständlich, dass weder die Sozialbehörde, die Schwedische Kirche noch Pastor Pernow ihren Judenkindertransport ins Scheinwerferlicht rücken wollten – nur wenige wussten davon, keine Zeitung berichtete. Der Plan, zehn deutsche Ärzte einzuladen, war hingegen durchgesickert, und schon das reichte vollkommen aus.

Otto hielt sich jetzt seit vier Tagen im Land auf, als die erste nazistische Protestkundgebung »anlässlich des geplanten Imports jüdischer Zahnärzte, Ärzte und Apotheker« abgehalten wurde. Am 6. Februar kam man um neunzehn Uhr auf dem Östermalmstorg in Stockholm zusammen.

Mehrere Hundert Demonstranten mit weißen Studentenmützen und Fackeln zogen durch die Hauptstadt, und danach jubelten die Nazis in ihrer Zeitung *Den Svenske Folksocialisten:*

> *Montag, der 6. Februar, war ein bemerkenswerter Tag in der Geschichte des Schweden-Sozialismus. […] An diesem Tag marschierten 450 Studenten bei der Protestdemonstration des sozialistischen Studentenverbandes mit, die sich gegen den geplanten Import jüdischer Intellektueller richtete. An diesem Tag übernahm unser Studentenverband die Führung der studentischen Opposition, in unseren Reihen marschierten nicht nur Schweden-Sozialisten, sondern auch Studenten, zugehörig anderen politischen Bewegungen, sowie parteipolitisch nicht engagierte Akademiker. […] Nicht einmal in unseren kühnsten Träumen hätten wir uns vorstellen können, dass wir die Zahl von 450 Teilnehmern am Aufmarsch erreichen würden.*

Die Studenten beendeten ihren Marsch mit einer Kundgebung gegen »die Judeninvasion« und einer Resolution, in der gefordert wurde, dass als Ärzte, Zahnärzte und Apotheker ausschließlich Schweden tätig sein dürften – und das für alle Zeit.

Über die Demonstration wurde nicht nur in der heimischen schwedischen Presse, sondern auch im deutschen Rundfunk berichtet.

Am selben Tag, als die Stockholmer Demonstration stattfand, trafen zwei weitere Schreiben bei der Studentenvertretung von Uppsala ein. Diesmal waren es die Landsmannschaften Värmlands und Gästrikland-Hälsinglands, die den

Vorschlag unterstützten, ein Treffen zur schwedischen Flüchtlingspolitik zu veranstalten.

Die Studenten von Uppsala versammelten sich. Mitten unter ihnen die Nazis. Die Presse schrieb. Parallel verlaufende Bewegungen, Menschen trafen sich und ließen ihre Ansichten ineinander aufgehen, schöpften Kraft aus dem Gefühl, vereint dazustehen. Nichts lief im Verborgenen ab, niemand versteckte sich in der Dunkelheit. Alle marschierten mitten auf der Straße in ein und dieselbe Richtung, bei Tageslicht, ohne zu zögern, zogen sie auf ihr Ziel, die schwedische Regierung und den Reichstag, zu.

Der Herbst 1938 war für die schwedischen Nationalsozialisten eine Zeit der Hoffnung und Agitation.

Meeting um Meeting fand statt, um Mitglieder und Stimmen zu werben. Allein in Småland führte die Partei siebzig Treffen durch. Tausende kamen, um ihnen auf den Märkten von Alvesta, Bettnaryd, Eksjö, Jönköping, Kalmar, Ljungby und Högsby zuzuhören. Einer, der kam, zuhörte und sich beeindrucken ließ, war der zwölfjährige Ingvar Kamprad.

Er war ein rastloser und einfallsreicher junger Mann, der gern daheim bei Großmutter Fanny in der Küche des Holzhauses saß und ihre Nazizeitungen verschlang oder sich still im Hintergrund hielt und zuhörte, wenn Papa Feodor während des Bridgespiels mit dem Dorflehrer über Politik diskutierte. War er ein Kind? Ein Jugendlicher? War es eine Verirrung?

Ingvar Kamprad kämpfte mit seiner Dyslexie, mit dem Gefühl, anders zu sein, ohne zu wissen, auf welche Weise, und er fand Gefallen an der Zeitschrift *Signal,* herausgegeben von Onkel Hitlers gutem Freund Joseph Goebbels und seinem Propagandaministerium. Großformatig, auf glänzendem Papier gedruckt und mit leuchtenden Bildern, Farben wie ein Feuerwerk auf den Seiten. In langen Artikeln wurde ein Europa mit stolzen Truppen und willensstarken Menschen auf dem Weg voran beschrieben. Es fanden Begegnungen zwischen ernst blickenden Staatsoberhäuptern statt, und fesche Jugendliche versammelten sich in uniformierten Gruppen. Ingvar las und war beeindruckt.

Eine weniger farbenprächtige Publikation, die Ingvar ebenfalls täglich studierte, war *Jordbrukarnas Föreningsblad.* Für schwedische Bauern ebenso wichtig wie die *Prawda* für den Kreml, sagt Ingvar Kamprad heute. Und es kann in diesem Vereinsblatt gewesen sein – oder in *Signal* –, wo er die Annoncen fand, ausgestattet mit einem Coupon für die Zusendung von Parteibroschüren und Informationsmaterial. Den füllte Ingvar aus, schickte ihn ab und bekam, was er wünschte; die Zeitung der Nationalsozialisten *Den Svenske Folksocialisten.* Verantwortlicher Herausgeber war der Parteichef Lindholm persönlich, und niemand konnte in dem, was die schwedischen Nazis wollten, fehlgehen.

Der Zwölfjährige auf dem Hof Elmtaryd nahm vermutlich auch das nationalsozialistische Wahlmanifest und andere Reklameblätter der Lindholmer, wie man die Nazis nannte, in Empfang, um sie, auf Mama Bertas Fahrrad durch die Gegend sausend, im Dorf Agunnaryd und Umgebung zu verteilen.

Im Herbst 1938 fanden Wahlen statt, und dass die Svensk socialistisk samling ein schwarzer Abgrund rassistischen Denkens war, konnte niemand bezweifeln. Nur noch die Demokratie verursachte auf der Hass-Richterskala der Nazis denselben Ausschlag:

»Die Demokratie muss sterben, damit das Volk leben kann!«, stand als Schlagzeile über ihrem Wahlmanifest. Und das Ziel der Rassen- und Bevölkerungspolitik der Partei lautete:

Die Wiedererweckung des nordischen Rassebewusstseins. Gezielte Maßnahmen zur Erhöhung der Geburtenzahl. Beträchtliche Steuererleichterungen für kinderreiche, rassetaugliche Familien sowie Umstellung der Lohn- und Wohnungspolitik nach rassebiologischen Gesichtspunkten. Einrichtungsdarlehen für erbgesunde Eheleute zu günstigen Konditionen. Umfassende Unterstützung des Sport- und Freiluftlebens. Einwanderungsverbot für Juden und andere fremde Rasseelemente. Ausweisung von in jüngster Zeit eingewanderten, unerwünschten Fremden. Zuordnung der Juden unter das Fremdengesetz.

Der zwölfjährige Ingvar radelte ganz allein die sechzig Kilometer nach Moheda, um an dem beim Güterschuppen stattfindenden Nazitreffen teilzunehmen. Die Jugendlichen auf dem Platz trugen Uniform, man warb Mitglieder für die Partei, Fahnenträger und Trommler waren zur Stelle. Später begab er sich zu einem Treffen, auf dem der Parteichef Lindholm persönlich vor den Leuten sprach. Vielleicht war es in Eksjö, am 14. August desselben Jahres. Um dem schwedischen Führer in Uniform und Lederkoppel zuzuhören, fanden sich 300 Småländer ein, mit Hakenkreuzen auf den Fahnen und einem Gruß, der mit »Heil« begann.

Ingvar hatte einen Weg eingeschlagen, dem er in den kommenden Jahren weiter folgen sollte. Ganz in der Nähe, doch wie auf einer fremden, einsamen Insel, befanden sich die soeben an Land gegangenen Wiener Kinder mit ihren Kleidern und Koffern, beides gezeichnet.

War es schlecht in Hemhult? Vom Heimweh abgesehen keineswegs. Ebenso gut hätte sich Otto auf einem einwöchigen Ausflug befinden können, einer Klassenfahrt. Es war, als wohnte man in einer einfachen Pension mit lauter Kindern. Und mit ständigem Kirchenliedersingen.

Er musste zwar früh aufstehen, dann aber wurde heißer Kakao serviert. Erst wenige Tage waren vergangen, seit sie aus dem Zug gestiegen waren. Die Landschaft war sanft, neblig, die Stille jedoch war ungewohnt. Keine Straßenbahnen fuhren vorbei, keine Rufe von Zeitungsverkäufern oder hupenden Autos waren zu hören. Kaum ein Februarvogel machte den Schnabel auf. Doch sie konnten Fußball spielen, draußen. Das hatte er elf Monate lang nicht gedurft.

Das Zimmer zu teilen, in der Gruppe einzuschlafen und wieder aufzuwachen in der Gruppe, sich ständig in einer Kinderschar zu bewegen und sich aufzuhalten im Miteinander – das war nicht nur ungewohnt, das bedeutete auch, in der Menge zu verschwinden und seinen Stolz unterdrücken zu müssen. Otto tat all dieses. Er stand Schlange. Beim Putzen wischte er den Staub von den Simsen.

Niemand fragte mehr danach, was er wollte, und wenn er seinen Willen äußerte, hörte niemand genauer hin. Er aber akzeptierte die neuen Umstände und beschloss, sie zu meistern. Es zu ertragen. Lisl und Pepi würden schließlich kommen – später – und ihn holen. Noch waren erst fünf Tage vergangen, und sie waren sich einig, dass diese Zeit nur eine Episode war, die ein Ende nehmen würde, damit die nächste Zeit – die gemeinsame – beginnen konnte. Dennoch merkwürdig, wie sehr die Sehnsucht in den Muskeln schmerzte. Denn das war das Herz doch wohl, ein Muskel.

Die Haferflockensuppe war sicher nicht Ottos größtes Problem. Vielleicht aber konnte man in den Briefen nach Hause einfacher über Haferflocken als über das andere schreiben.

Wien, 7. Februar 1939
Liebster Otti. Heute langte Dein zweites Schreiben an, das ich gleich beantworte. Vor allem möchte ich sagen, dass es uns beruhigt hat, dass es Dir gut geht. Das Essen ist, wie ich Deinen Zeilen entnehme, reichlich, und die Haferflockensuppe, mein Gott, man gewöhnt sich an schlimmere Dinge. Ich esse sie, wie gesagt, auch nicht gerne. Es scheint halt eine Familienangelegenheit zu sein.

Ich nehme an, dass Du unsere drei Schreiben bereits erhalten hast. Du siehst, wir sind fleißig und wollen bei Dir keine allzu große Sehnsucht aufkommen lassen. Das fleißige Briefschreiben erhält die Verbindung aufrecht und bringt Dich uns nahe, ganz nahe, bis eben auf das eine, wir können einander nicht sehen und in die Arme schließen. Aber auch das wird eines Tages wieder möglich sein, und es wird sich Gelegenheit finden, dass wir wieder miteinander boxen oder – zum Schrecken der Mutti – im Zimmer Fußball spielen. Aber wer weiß, wo wir in Zukunft Fußball spielen, Hauptsache wird sein, dass es einmal wieder der Fall sein wird.

Ich stimme Dir zu, dass es ein wunderbares Leben wäre, wenn Du nur die Familie bei Dir hättest. Vorläufig müssen wir aber zufrieden sein, dass der Jüngste der Familie draußen ist und etwas Besseres gefunden hat als das Leben hier. Egon Bock, du weißt, hat nichts anderes zur Auswahl, als den ganzen Tag auf der Straße herumzulaufen oder daheim zu bleiben.

Ich muss es Dir immer von Neuem sagen, dass, so gerne wir Dich um uns hätten, wir doch froh sind, dass wir Dir dieses wunderbare Land ermöglichen konnten, wo Du wieder ein ganzer und vor allem geachteter Mensch bist.

Eines Tages werden wir wieder zusammenkommen, das ist jetzt unsere Hoffnung, und bis dahin müssen wir alle unsere Wünsche und Sehnsüchte zurückdrängen, denn ich bin überzeugt davon, dass Du weißt, was geschehen ist, war nur zu

Deinem Besten und dass die Entfernung unsere Liebe nicht schmälert. [...]
Jetzt warten wir jeden Tag auf den Briefträger, der, wenn er etwas von Dir hat, es uns schon entgegenschwingt, und mit uns warten auch Deine Freunde, die sich ständig nach Dir erkundigen, Deine Tanten und Onkel. Du bist, seitdem Du weg bist, noch mehr zum besonderen Gegenstand des Interesses aller geworden, werde nur nicht gar zu stolz darauf.
Also, lieber Bub, schreib uns fleißig, so wie ich es tue, schreib über alles, was Du machst ... Und sei vieltausendmal geküsst von Deinem Papa

Lieber Otti! Über Dein Schreiben habe ich mich sehr gefreut. Und wie Papa schreibt, spielt die Entfernung keine Rolle. Wir sind in Gedanken immer bei Dir. Schreibe fleißig. Deine Mutti

Viele Grüße von Milosch, und schreibe mir bald. Ich warte schon!!

Liebes Otterl. Voll Neid ersehe ich aus Deinem Brief, dass Du Dich wie ein Engländer um 5 h zum »dinner« setzt. Unsereins kann sich das gar nicht vorstellen. Schreib uns, woraus sich so ein Menü zusammensetzt, damit wir, die so wenig zum Beißen haben, wenigstens lange Zähne bekommen. Kannst Du übrigens schon mit ein paar schwedischen Brocken protzen? Dein Freund Paul

8. Februar 1939
Mein lieber Junge. Heute trafen zwei Briefe von Dir ein, beide mit dem Poststempel vom 6. Februar. Ich nehme an, dass der eine vom Sonntag und der andere vom Montag war. In der Zwischenzeit musst Du aber von uns schon eine ganze Reihe

von Briefen erhalten haben, sodass wir ja von Dir bald Bestätigungen haben werden.
Wir haben uns außerordentlich gefreut zu hören, dass es Dir gut geht, und der Brief vom Montag war besonders nett und lustig geschrieben. Du scheinst zufrieden zu sein, bis auf die Sehnsucht. Aber Sehnsucht ist eine Krankheit, die sich nicht so ohne Weiteres heilen lässt, es ist eine Sache des Zusammengehörigkeitsgefühls, das bei den Menschen, wenn sie ein Herz haben, eben nicht schwindet und nicht wegzureißen ist. Wenn es sonst nichts anderes bei Dir zu klagen gibt als Sehnsucht, so wollen wir zufrieden sein. Auch bei uns ist die Sehnsucht nach Dir immer gleich stark und wird es auch so bleiben, bis wir Dich wiederhaben. Das Wichtigste aber ist, dass Du noch mit Deinen Kameraden zusammen bist, dass Ihr spielen und vor allem arbeiten könnt und natürlich auch lernen. Dein Freund Milosch, dem wir Deine Briefe zu lesen gaben, meinte zwar, »Haferflockensuppe und Schwedisch lernen, das ist ein bisschen viel«, aber ich glaube, dass Dir beides kaum Sorgen machen wird. […]
Wir freuen uns über jeden Brief, den Du schreibst, auch wenn es nur ein paar Zeilen sind. Nur zu wissen, wie es Dir geht und dass Du zufrieden bist, das ist unser heißer Wunsch.
Hier gibt es jetzt wunderbar schöne Tage. Und es erfüllt uns mit Freude und Genugtuung, dass Du nicht länger hier sein musst, sondern stattdessen wieder draußen in Gottes freier Natur als freier Mensch herumgehen und Dich auch so fühlen kannst. Es erfüllt uns mit Freude, auch wenn Du nicht bei uns bist und mit Deinem manchmal kecken Schnabel Deinem Liebling, der »Bladen«, für irgendeine Dummheit eine aufs Dachel schmierst. Wir können wahrlich nicht genug Gott danken, dass er für Dich eine Möglichkeit gefunden hat, von hier wegzukommen. Das weißt Du ja!
Und nun, lieber Otti, wieder und noch einmal, gib acht auf

Dich. Denk an uns in Deinen freien Stunden und schreibe uns. Viele tausend Küsse von Deinem Papa

Lieber Otti! Es bleibt mir ja gar nichts übrig zu schreiben, da Papa schon alles geschrieben hat. Von früh bis abends denke ich immer an Dich, was Du jetzt machst, was Du machen wirst und wie Deine Tage aussehen. So vergeht die Zeit, bis wir wieder einen Brief von Dir haben und alles erfahren. Wenn Du Landarbeit machst, so ist das sehr gesund, und gib schön acht, dass Du auch gesund bleibst. Heute habe ich Deine Adresse an Frau Lubatz gegeben, damit ihre Buben an Dich schreiben können. 1000 Küsse, Deine Mutti

Es gab nur eine unbegreifliche Sache, ein Rätsel, für das Otto keine Lösung fand und das ihn nicht in Ruhe ließ. Weshalb hatten er und ein paar andere aus dem Transport schon in Trelleborg aussteigen müssen, während die meisten Kinder weitergefahren waren? Warum war er in einem Kinderheim gelandet, wenn die anderen umgehend zu Pflegeeltern gekommen waren?

Nach dem ersten Sonntag in Hemhult spitzte sich die Frage weiter zu und versetzte seinen Gedanken Stiche. Mehrere Familien aus der Gegend waren ins Heim gekommen, und die Kinder hatten fein ordentlich im Zimmer mit der Tretorgel sitzen müssen. Die Erwachsenen waren eingetreten und hatten sich umgeschaut, dann miteinander geflüstert und einander zugenickt. Somit waren einige der Kinder ausgewählt, hatten gepackt und die Besucher nach Hause begleitet. Otto aber nicht.

Ansonsten war alles gut, beinahe schön.

14. Februar 1939
Mein lieber Junge. Heute ist noch kein Brief von Dir da, das ist aber wahrscheinlich auf den Sonntag zurückzuführen,

dafür erwarten wir nachmittags oder morgen Deine Zeilen. Deine gestrige Karte habe ich gelesen, sie kam gerade, als ich meinen Brief fertig hatte. Wir haben uns über die Menü-Zusammenstellung vollkommen beruhigt und sehen, es besteht keine Gefahr, dass Du Hunger leidest.
Nachmittags war Mutti bei der Schwedischen Mission, wo sie Schwester Martha sprach, die ja mit Euch nach Schweden hinauffuhr, aber bereits zurückgekehrt ist. Sie hat erzählt, dass Ihr auf der Reise sehr brav gewesen seid. Die Einteilung für Stockholm oder Tollarp ist nicht nach irgendwelchen besonderen Gesichtspunkten erfolgt, sondern auch die weitergefahren sind, kamen dort in ein Heim, so wie Ihr in Tollarp. In den Heimen bleibt Ihr nur so lange, bis Ihr etwas Schwedisch könnt, und dann werdet Ihr zu Pflegeeltern kommen. Bis dahin musst Du Dich also, lieber Junge, noch gedulden. Ich glaube im Übrigen, dass auch das Leben im Heim nicht gerade ein Unglück ist. Vielleicht mag Dir hier und da fad sein. Du wirst uns ja wohl noch schreiben, wie es dort aussieht. Schwester Martha sagte, dass Tollarp sehr schön ist.
[…]
Gestern haben wir die Familienaufnahmen erhalten, die Ingenieur Honigman anlässlich Deines Abschieds gemacht hat. Ich schicke sie Dir anbei, damit Du etwas zum Lachen hast. Du bist auf beiden Bildern noch am besten getroffen. Die Mutti macht einen etwas leidenden Eindruck. Ich hingegen habe auf dem Bild eine schöne Fassade aufgesetzt und sehe wie ein satter, zufriedener Bürger aus. Die Tante Nuny jedoch hat einen Kropf erhalten, sie lächelt leise darüber, während meine Schwester Grete, die hinter Dir steht, wohl ernsthaft über eine häusliche Arbeit nachdenkt. Paul scheint in der entgegengesetzten Zimmerecke etwas entdeckt zu haben, denn er blickt anklagend gen Himmel. Und Dein Liebling, die andere Tante Grete, hat Dir zu Ehren den Mund noch breiter gemacht und außerdem die Lippen fest zusammengepresst, als wollte sie

gerade das »M« zum Mucki-Pucki aussprechen. So – da hast Du die ganze Familie beisammen.
Milosch hat uns gestern wieder besucht. Er war etwas müde, weil ein anderer Deiner Favoriten, Professor Klein, ihn 50-mal tiefe Kniebeugen machen ließ. Es soll sehr gesund sein, aber Milosch meinte, dass es besser wäre, jetzt nicht mehr hier zu sein und stattdessen in einem anderen Land zu turnen. Die Kniebeugen dem Prof. Klein vorzumachen, habe er keine Lust. Für ihn rührt sich vorläufig noch gar nichts. Hingegen fährt Diamant morgen, also genau 14 Tage nach Dir, weg. Er will noch auf einen Sprung zu uns kommen, um sich zu verabschieden.
14 Tage sind es also morgen schon, dass Du weggefahren bist. Wenn wir daran denken – nicht nur jetzt, sondern oft und oft während des Tages, in jedem Gespräch und in jedem Gedanken –, klingt die Sehnsucht nach Dir auf. Aber da sehen wir auf Dein Bild, das wir uns haben vergrößern lassen, und sind gleich wieder ruhig. Denn wir wissen Dich unter guten Menschen in einem schönen Land wohlgeborgen, wir sehen für Dich die Möglichkeit, als freier Mensch aufzuwachsen und einer besseren Zukunft entgegenzuarbeiten. Das wollen wir natürlich auch für uns, aber das Wichtigste ist jetzt erst einmal, dass Du – unser Stolz und unsere Hoffnung – vor allen Fährnissen behütet bist. Wir werden, so Gott will, auch einmal von hier wegkommen und dann das Wiedersehen mit Dir vorbereiten können. Aber vorläufig müssen wir uns, das weißt Du ja – denn Du bist ein gescheiter Junge –, noch gedulden.
Und wenn Dein Heimweh einmal gar zu stark werden sollte, dann denke an alle Deine Freunde, die noch immer hier sind und sich danach sehnen hinauszugelangen. Denke daran, dass sie Dich alle beneiden, und schließlich – neben allen anderen Unannehmlichkeiten, die Deiner hier harren würden – denke auch an den Prof. Klein. Der war ja nicht gerade Dein Fa-

vorit. Ihn losgeworden zu sein, mag wohl ein bisschen Heimweh wert sein.
Liebster Otti, ich erwarte bald von Dir wieder Interessantes zu lesen. Lasse es Dir gut gehen. Es küsst Dich vieltausendmal Dein Papa

Lieber Otti, Dein Papa hat nur von den 50 Kniebeugen gesprochen, die Dein Freund machen musste, scheint aber nicht zu wissen, dass sie von einer Riesenwatschen begleitet waren. Eigentlich hat Georg Werner die Watschen verdient. Er hat sich gestern als vorletzte Karte den Mond abfangen lassen! Wie sagst Du immer? »Und so was schnappt nach Sauerstoff!« Herzlichst, Paul

Lieber Otti! Es bleibt mir gar nichts zum Schreiben übrig, da Papa alles Interessante wegschnappt. Auf Deine Überraschung bin ich schon sehr neugierig, was mag das wohl sein? Ich denke täglich an Dich und hoffe, dass Du auf Dich achtgibst, damit Du gesund bleibst und ich mir diesbezüglich keine Sorgen machen muss. Also Schatzi, viele Küsse, Deine Mutti

[…] Trink nur die wunderbare Milch weiter, mein lieber Wutzi. Das ist ein sehr schöner Name, ganz nach meinem Geschmack und passend für meinen Mucki-Pucki, nicht wahr? Wie läuft es mit dem Schwedischen? Verstehst Du schon ein paar Worte? Nun will ich schließen, herzliche Grüße, Tante Grete

Großmutter Fanny Kamprad. Nicht vieles konnte sie zum Weinen bringen. »Streng« ist das richtige Wort.

Doch weinte sie über den Versailler Frieden. Und darüber, dass die deutschen Verwandten Tschechen werden mussten. Sie weinte über deren Armut, vielleicht auch, weil das Leben nicht so geworden war, wie sie geglaubt hatte.

Ingvar sah die Tränen. Großmutter Fanny schickte Pakete an die arme Sippe im Sudetenland. Da galt es viele Formulare auszufüllen, und ihr Schwedisch reichte nicht weit, also musste der Briefträger am Küchentisch des großen Hauses von Elmtaryd Platz nehmen und helfen. Auch da weinte sie. Vor Zorn.

Und einfallsreich war Ingvar. Hatte er zum Beispiel im Hühnerhof einem Huhn den Hals umgedreht, wurde Vater Feodor böse. Nicht immer war dafür aber Bockmist vonnöten. Feodors Stimmung schwankte, plötzlich konnte er wütend werden und wollte Ingvar versohlen. Da gab es nur eine Richtung, in die er rennen konnte – zur Großmutter.

Zu dem Holzhaus, gestrichen in Grau und Weiß, Großmutters Reich. Es bot Sicherheit und Bonbons. Dort, in der Küche mit den Zeitungen von einer anderen, größeren Wirklichkeit, schien das Leben Ingvar ein wenig näher zu sein und bestand aus mehr als dem Kirchdorf Agunnaryd.

Er selbst sagt, er sei ein Einzelgänger gewesen, der seiner Einsamkeit entfliehen wollte, dem dumpfen Gefühl, unpassend zu sein, hinein in die Zusammengehörigkeit und Wärme anderer. Dass er aus diesem Grund auf die Annonce der Lindholmer geantwortet und begonnen habe, nazistische Zeitungen zu lesen. Es ist nicht schwer, die Angelegenheit mit seinen Augen zu sehen, jetzt im Nachhinein. Eine Dreieinigkeit hatte sich gebildet, und die sollte viele Jahre für ihn bestimmend bleiben: Fanny und Ingvar und Deutschland. Wo fing die Liebe zu dem einen an, und wo hörte die Liebe zu dem anderen auf?

Ingvars jüngere Schwester Kerstin ging nebenher und registrierte alles. Wenn Ingvar auf dem Schoß saß, stand Kerstin an der Tür. Wenn Ingvar einen Bonbon bekam, bekam sie etwas zu erledigen.

»Sie vergötterten einander, Großmutter und Ingvar«, sagt Kerstin heute, siebzig Jahre später. »Nur einmal durfte ich auf Großmutters Schoß sitzen, und das war bei einem Unwetter, als sie Angst vor Blitz und Donner hatte.«

In der Gegend nannte man sie Nazis. Kerstin bekam es zu hören, obgleich sie das, was die Bauernkinder in Agunnaryd ihr auf dem Nachhauseweg von der Schule hinterherriefen, kaum verstand. So aber war es. Alle wussten, wie es um Großmutter Fannys und ihres Sohnes, des Gutsherrn Feodor Kamprads, Einstellung in dieser Sache stand und wem ihre Sympathien gehörten. Keinen verwunderte es, dass Ingvar denselben Weg einschlug.

Als loyaler Parteianhänger empfing Ingvar Plakate mit der Post. Dann radelte er ins Kirchdorf und hängte sie auf: große Bilder des Führers Lindholm.

Das geforderte Studententreffen in Uppsala, die Diskussion über die Flüchtlingspolitik, sollte nun stattfinden. Ein Komitee war zusammengetreten, und obgleich die Teilnehmer sich keineswegs einig waren, hatten sie am Ende einen Resolutionsvorschlag erarbeitet, über den man die Studenten abstimmen lassen wollte:

Anlässlich des Problems, die Einwanderung intellektueller Flüchtlinge nach Schweden betreffend, welches in diesen Tagen zunehmend aktuell geworden ist, wollen die auf einem öffentlichen Meeting versammelten Studenten Uppsalas Seiner Königlichen Majestät die untertänigste Bitte unterbreiten, dass die künftigen Existenzmöglichkeiten der akademischen Jugend nicht gefährdet werden mögen, indem fremde intellektuelle Arbeitskraft auf Posten platziert wird, die mit qualifizierten schwedischen Männern und Frauen besetzt werden könnten.
Mit zunehmender Beunruhigung verfolgen die Studenten Uppsalas diese Entwicklung. In der jetzigen Situation sehen wir es als unser Recht und unsere Pflicht an, unsere Meinung kundzutun, nämlich, dass das natürliche Mitgefühl mit den Leiden anderer nicht zu Maßnahmen führen darf, die, was Schweden anbelangt, bisher ungekannte Probleme verhängnisvoller Art nach sich ziehen müssen.

Als Erstes sollte die Leitung der Studentenvertretung den Text absegnen. Nichts daran wurde geändert, alle Wörter blieben in gleicher Reihenfolge stehen. Nur ein halber Satz wurde hinzugefügt, ein Nebensatz Empathie: die Versicherung, dass die Studenten Uppsalas die schwierige Lage der Flüchtlinge durchaus verstünden. Wie um die Konturen des Textes ein wenig weicher zu zeichnen, dessen Nein zu mildern.

Am Freitag, dem 17. Februar, war es so weit. 1500 Studenten fanden sich zu der Zusammenkunft in der Tennishalle des Korps ein, mehr, als die Organisatoren erwartet hatten. Und nach einem Abend, an dem Beamte das Problem näher erläutert und man die einzige Rednerin ausgelacht hatte, weil ihr das Manuskript aus den Händen gefallen war, sich überhaupt alles in die Länge gezogen hatte, kam die Abstimmung schließlich zustande. Sollte die Resolution angenommen werden?

Es stellte sich nun heraus, dass nicht nur einer, sondern zwei Resolutionsvorschläge existierten, die unter den Zuhörern kursierten. Der eine enthielt die von der Studentenvertretung hinzugefügten Worte des Verständnisses, in dem anderen fehlten diese.

Von den 897 Studenten, die zum Zeitpunkt der Abstimmung noch anwesend waren, gab die Mehrheit ihre Stimme für den Text ab, der kein Verständnis für die schwierige Lage der Flüchtlinge ausdrückte. Der härtere Text gewann.

Nun ja. Studenten. Ein leicht zu lenkender Haufen, schrieb ein Kolumnist in der Zeitung *Social-Demokraten* und fuhr fort:

»Das jämmerliche Heldenstück der Studenten Uppsalas einen schwedischen Standpunkt zu nennen, ist eine Schande für den Namen Schwedens.«

Auch der Leitartikel von *Dagens Nyheter* kommentierte das Zusammentreffen der Studenten:

»Das Flüchtlingsproblem geht jedoch alle Schweden mit humanistischer Tradition an. Es ist schmerzlich, mit anzusehen, dass das junge Uppsala – ein so großer Teil der dortigen Studentenwelt – sich von diesem Gedanken distanziert.«

Jugendliche Sorge um die eigene Karriere – das war vielleicht alles, was hinter dem absoluten Nein der Studenten zu fremden intellektuellen Arbeitskräften steckte. Als hätte der Kampf um die zehn Ärzte damit ein Ende gefunden.

In Nazideutschland wurde am Dienstag, dem 21. Februar, die Anordnung erlassen, dass die Juden Schmuck, Edelsteine und Gegenstände aus Edelmetall den Behörden zu übergeben hatten.

Am selben Tag versammelten sich die Medizinstudenten in Stockholm, um ihrerseits eine Kundgebung zu organisieren. Dabei konstatierten sie, dass die Frage bezüglich der deutschen Ärzte eine ganz und gar fachliche Angelegenheit sei – Arbeitsstellen drohten zu verschwinden – und dass der humanitäre Aspekt aus der Diskussion herausgehalten werden müsse.

Das aber ließ sich nicht recht machen. Ein wiederkehrendes Argument betraf das Inhumane an dem Akt, die Ärzte überhaupt erst ins Land zu lassen – wie *Dagens Nyheter* auf seiner Titelseite am 23. Februar berichten konnte:

»[Er] unterstrich mit aller Energie, es seien eben humanitäre Gründe, aufgrund derer man die zehn um Exil ansuchenden Ärzte nicht hereinlassen wolle – man müsse den Begriff Humanität nur richtig deuten und ihn auf die Kranken hier im Land und das schwedische Gesundheitswesen anwenden.«

Mit überwältigender Mehrheit – 263 stimmten gegen die Flüchtlinge, 18 für sie – nahmen die Medizinstudenten in Stockholm eine Resolution an, die der von Uppsala glich. Um sicherzugehen, dass die Frage nach herrschenden objektiven Gesichtspunkten behandelt wurde, durften sich Studenten jüdischer Abstammung nicht äußern.

Auch in der Ärztezeitung fand eine hitzige Debatte statt, und obgleich es Mediziner gab, die für Humanität und gegen »das Eigeninteresse« von Ländern eintraten, deklarierten andere offen, es gehe nicht um den Arbeitsmarkt schwedischer Ärzte oder darum, dass neue Absolventen Schwierigkeiten bekämen, eine Anstellung zu finden. Sondern es gehe um die Rassenfrage. Wie beispielsweise Axel Odelberg schrieb:

Bisher haben wir in unserem Land keine Judenfrage gehabt; wollen wir uns eine solche nun zulegen? Unsere schwedischen Kollegen von mehr oder weniger semitischer Extraktion haben dieselbe ethische Auffassung gehabt wie ihre rein nordischen Kollegen, es lag keinerlei Widerspruch darin, dass viele von ihnen eine Zierde für unseren Beruf und unsere Gesellschaft darstellten. Wir wissen indessen, dass in einer Vielzahl von Ländern, nicht allein in Zentraleuropa, ähnlich gute Bedingungen nicht bestanden, und zwar bereits lange vor der Verschärfung der Gegensätze in den vergangenen fünf Jahren. Genau das ist der Kern der Frage. Den gilt es zu diskutieren. Es nützt nichts, wenn wir vor uns selbst und der Öffentlichkeit all das zu verbergen suchen, was unsere Gedanken unentwegt beschäftigt hat.

Milde, neblige Tage kamen und gingen. Hemhult war nun Ottos ganze Welt, und die Tropfen, die an allen Zweigen hingen, waren seine nächsten Nachbarn.

Es war, als wäre er durch die Abreise geboren, aber nicht entbunden worden. Als wäre er noch nicht geboren gewesen bis zu jenem Mittwoch um acht Uhr morgens, als er Elises und Pepis Hände losließ, über die Stufen in den Zug stieg und rasch zum Fenster eilte, das zum Bahnsteig wies, wo die beiden standen. Dort war er geblieben, das Gesicht an sein vergangenes Leben gepresst, und hatte die Kindheit langsam aus dem Blickfeld entschwinden sehen.

Am Ende der Zugfahrt hatte ein anderes Leben gewartet, ein kälteres Licht. So als verharrte das Land Schweden immer im Februar, wechselte niemals zum Frühling, und als erinnerte nicht das Mindeste an die sonnenwarmen Steine, die er über die gemächlich fließende Wasserfläche der Donau hatte springen lassen.

Papa und Mutti waren zurückgeblieben. Zurück in Tagen, die ihnen das Arbeiten nicht erlaubten, zurück auf Straßen, wo sie aufgegriffen werden konnten. Zurück im Warten darauf, dass es vorüberging. Der Heimathafen vom Sturm verheert. Jetzt wollten sie ihre Tage an ihm vertäuen. Sie schrieben und schrieben.

Otto wusste nicht, wie es kam, doch sosehr er sich nach ihnen sehnte, nach seinen großen, ihm Geborgenheit gebenden Eltern, war da auch etwas in ihrer Umarmung, das ihn zu fest presste. Etwas in ihrem Blick, der ein wenig zu lange auf ihm ruhte, eine Zärtlichkeit, die einen Vorwurf enthielt. Er las ihre Briefe, bemerkte auch das, was nicht dastand. Er wusste, dass sie ihn vor ihrer Wirklichkeit schützten, den mit immer mehr Dankbarkeit verbundenen Besuchen bei ihrem Freund, dem Metzger, daheim im Laden. Er wusste, dass sie sich immer umzingelter fühlten. Im Gegensatz zu ihm selbst. Weshalb also fühlte er sich nicht frei?

Ihm und den anderen Hemhultkindern wurde eine Arbeitsaufgabe erteilt. Sie sollten den Boden hinter dem Kinderheim umgraben. Otto war erbost, weil er sich mit etwas beschäftigen sollte, das für ihn keinen Sinn ergab. Vielleicht aber sollte daraus ein Küchengarten werden. Vielleicht brauchten die Kinderheimkinder auch etwas zu tun. Nun gut. Er tat sein Bestes.

Nach einem Tag Arbeit auf der Wiese – erst den Spaten in den Lehmboden stoßen, dann ihn aufbrechen, indem man sein Gewicht auf den Stiel verlagerte, die Grassoden heben, wenden und sie in die Schubkarre werfen – war es leichter, die Briefe der anderen zu lesen; von Tante Grete, Nuny und Paul. Die Luft war etwas klarer, die Scherze spitzer. Sie achteten nicht im gleichen Maße darauf … wie soll man sagen? Ihn zu erziehen. War das der Grund, warum der Schmerz im Herzen nach der Lektüre nicht stundenlang drückte, sondern ihm einfacher erschien? Wie eine Nadel durch die Haut, gemildert durch ein Lächeln.

9. Februar 1939
Lieber Otti! Heute schreibe ich auch auf der Maschine, da es mir leichter geht und ich auch nicht aus der Übung komme. Ich freue mich sehr, dass Du Dich landwirtschaftlich betätigst. Für Onkel Paul wäre das wohl nichts, da er sich nicht bücken kann, trotzdem behauptet er, auch eine Wiese ruinieren zu können.
Hier geht alles den gleichen monotonen Weg. Heute war Familie Glass beim Englischlernen und Tante Hansi beim Mittag. Wir hatten Schinkenfleckerln – Fleischversteckerln. Der Papa suchte die schwarze Katz, pardon, das Fleisch, und Paul musste sich die Brille aufsetzen, damit das Fleisch für ihn sichtbar wird.
Gerhard, der wahrscheinlich ans Konservatorium nach Jerusalem, vielleicht aber auch nach Brüssel kommt, will so rasch

als möglich weg, um die schönen sonnigen Tage genießen zu können.
Schreib uns auch, ob Du Dich bereits mit einem Jungen angefreundet hast – ich will doch nicht hoffen mit einem Mädchen –, ob Du schon Fußballfavorit bist, ob die Wiesen, auf denen Ihr spielt, noch mit Schnee bedeckt sind, ob Du noch Bettsteigerln hast und ob die Batterie noch funktioniert.
Heute kommt Werner, um sich nach Deinen Nachrichten zu erkundigen. Der Arme hat noch gar keine Aussicht wegzukommen. Er macht jetzt einen Umschulungskurs, nicht in Tarock, das kann er ja, und Demner würde auch ein Umschulungskurs in Tarock nichts nützen.
Ich mache nun Schluss und lasse Tante Grete und Onkel Paul die Feder ergreifen. Bis zum nächsten Brief grüßt Dich herzlich Tante Nuny

Ich habe Dich schon einmal angeschrieben und warte auf Antwort von Dir. Bevor Du mir nicht schreibst, bekommst Du keinen Brief von mir. Mit vielen herzlichen Grüßen, Dein Milosch

Du weißt gar nicht, wie sehr Du von allen beneidet wirst. Ich beneide Dich, weil Du Deine Tanten losgeworden bist, mit denen ich mich hier ärgern muss. Am liebsten würde ich Dir die Tante Grete als Muster <u>ohne Wert</u> schicken. Herzlichst, Onkel Paul

Liebster Otti! Ich hätte gar nichts dagegen, wenn mich Onkel Paul als »Muster ohne Wert« zu Dir schicken würde, das wäre ganz nach meinem Wunsch! Sehr gern hätte ich Dich bei der Arbeit auf der Wiese gesehen; aber Du wirst schon geschickter werden, und die Wiese wird sich bis zum Frühling wieder erholt haben. Wie ist die erste Unterrichtsstunde in Schwedisch ausgefallen? Ich glaube, das Lernen wird Dir gar nicht so schwerfallen. Manches ist dem Deutschen sehr ähnlich. Also liebster »Mucki-Pucki« gib schön acht auf Dich und sei viele tausend Mal gegrüßt und geküsst von Deiner Tante Grete

16. Februar 1939
Mein lieber Otti, Deine lieben Zeilen, an mich gerichtet, haben mir viel Freude bereitet. Aus Deinen Briefen an die lieben Eltern, welchen Du so fleißig schreibst, erfahre ich ja alle Neuigkeiten. Du weißt ja, ich bin sehr neugierig.
Das Leben in Eurem Heim muss sehr, sehr schön sein. Glänzen die von allen geputzten Schuhe auch? Welchen »Posten« hast Du beim Fußballspiel? Vielleicht Tormann? Auf dem wirklichen Fußball-Spielplatz spielt es sich wohl nicht so leicht wie vom Speisezimmer ins Schlafzimmer zu Hause?
Haben Dir die Subaks aus London schon geschrieben? Ihre Mutti erkundigt sich sehr oft nach Dir. Hast du schon neue Freunde draußen? Den beigeschlossenen Rückschein musst Du nicht für mich verwenden, sondern schreibe damit an einen Deiner Wiener Freunde, die gerne von Dir Nachricht haben wollen. Von zu Hause berichte ich nichts, denn das schreiben Dir Deine lieben Eltern, und dabei komme ich immer »schlecht« weg. Mein lieber Otti, schreibe immer so brav, bleibe gesund mit Gottes Hilfe, Deine Tante Grete
PS: Was sagst Du zu den Bildern?

Wenige Tage zuvor hatte Otto zwei Fotos erhalten. »So – da hast Du die ganze Familie«, hatte der Vater geschrieben.

Ja, da standen sie. Otto, Pepi und Elise auf einem Bild, und die ganze Familie als Gruppe versammelt auf dem anderen. Die Fotos waren vor seiner Abreise aufgenommen worden.

Man hatte die Gardinen in einem der Zimmer sorgfältig zugezogen, und ebenso sorgfältig hatte Ingenieur Honigman zwei Lampen aufgebaut. Weißes, nacktes Licht fiel direkt auf die sieben Menschen, nahm Maß an Gesichtern und Körpern und transportierte ihre Lichtflecken, Schatten und ihre Schwärze direkt ins offene Auge der Kameralinse.

Im Vordergrund zwei Stühle. Lisl saß in dem einen, in Schwarz gekleidet, so als trüge sie Trauer. Otto, für den Anlass sorgfältig gescheitelt, saß neben ihr. Ein Dreizehnjähriger, noch immer umgeben von der Wärme seiner Familie. Auf dem Foto ist er leicht unscharf, mitten in einer Bewegung, mit verschwommenem Blick. Er war derjenige, der, seinem Vater zufolge, auf dem Bild am besten getroffen war. Hat Pepi an dem Jungen jemals irgendwelche Mängel gesehen?

Elise wirkt ein wenig leidend. Das kann Zufall sein. Vielleicht Zahnschmerzen. Oder war sie nicht gut darin, das Gesicht zu wahren, fehlte ihr die Kraft, den Gedanken abzuwehren, dass Otto und sie bald getrennt würden? Pepi beschreibt sich selbst, er sehe aus wie ein satter, zufriedener Bürger. Seine Augen sind hell, vielleicht grau, und man kann ein Lächeln erahnen.

Ottos Tante Nuny steht der Mitte der Gruppe zugewandt, und dieser Winkel unterstreicht ihr Doppelkinn. Pepi schreibt, sie lache auf dem Bild. Vielleicht war sie heiteren Gemüts. Sie war verheiratet mit dem sieben Jahre älteren, hageren, grauhaarigen Paul, der mit den Jahren zu Ottos Freund und zusätzlichem Sprachlehrer geworden war. Nach all den gemeinsamen Stunden mit griechischer Grammatik und Übungsblättern war zwischen den beiden eine besondere Bindung entstanden, und Paul erklärte gegenüber allen, die es hören wollten, den dreizehnjährigen Otto zu seinem Lieblingsschüler. Auf dem Foto blickt er zur Decke.

Pepis Schwester Grete sieht jünger aus als ihr Bruder, sie ist schlanker und ernster. Bald sollte sie ein Loch im Netz finden und Wien und dieser Geschichte entkommen.

Schließlich steht dort noch Ottos Tante Grete, die Schwester seiner Mutter, eine Hand in der Rocktasche, mit Brille, Barthärchen am Kinn, ein wenig nachlässig gekleidet. Sie war als Buchhalterin tätig, war unverheiratet und schien mit ihrer Rolle als Gegenstand des allgemeinen Spotts gut zurechtzukommen. Tante Grete nannte Otto Mucki-Pucki, kaufte ihm gern Süßigkeiten, kniff ihn in die Wange und gab ihm einen Schmatz.

»So – da hast du die ganze Familie.« Es war ein betrübliches Bild. Sämtliche Familienmitglieder verewigt von ihrer schlechtesten Seite. Unbegreiflich missglückt. Sehr unterhaltsam, könnte man auch sagen. Unter anderen Umständen.

Das Bild ist nicht erhalten. Alles, was es noch gibt, sind die Buchstaben im Brief, die Maschinenschrift, die zu Pepis Stimme wird, als er seinem Sohn das Familienfoto beschreibt, und nun dieser Text; eine Wiedergabe seiner Worte, die eine verschwundene Aufnahme einer Familie beschreibt, die nicht mehr existiert.

Die Frage wartete auf ihn, wenn er aufwachte, folgte ihm allabendlich in den Schlaf: Alle anderen schienen Pflegefamilien zu finden – warum er nicht? Er gehörte bereits zu denen, die am besten Schwedisch sprachen. Warum wurde er nicht ausgewählt? Und als wären es siamesische Zwillinge, stand auch das Heimweh neben der lastenden Frage und brachte sich ständig in Erinnerung. Die Briefe aus Wien spendeten keinen Trost.

Liebster Otti. [...] Du schreibst, dass Du gerne schon bei Pflegeeltern wärest, teilst uns aber nicht mit, ob von den 20, die mit Dir noch im Heim waren, einige schon weggekommen sind. Vielleicht schreibst Du uns auch einmal, wie diese Transferierung vor sich gehen soll, überhaupt, was Du von den Dingen weißt, wann Du wegkommen sollst usw. Wir haben ja hier keine rechte Ahnung und möchten doch gerne von Dir Genaueres wissen.

Jedenfalls, was immer auch sein mag, ob es einmal fad ist und ob Dich da das Heimweh stärker packen mag und Du lieber gerne bei uns wärest, eines lass Dir immer gesagt sein – dass Du es besser hast als alle Deine Freunde, die noch in Wien herumlaufen und, abgesehen von dem vormittägigen Schulbesuch, nicht wissen, was sie mit der Zeit anfangen sollen. Ihr dürft wenigstens eine Wiese ruinieren, indem Ihr sie bearbeitet, hier dürfen Deine Freunde auf Wiesen nicht einmal recht spazieren gehen. Das ist ein ganz gewaltiger Unterschied. [...]

Was macht Dein Schwedisch? Wir erwarten von Dir bald einen Brief, ich bin überzeugt, dass Du auch diese Sprache bald erlernen wirst, wenn Du Dir ein bisschen Mühe gibst. Und Du hast ja, wie ich weiß, Ehrgeiz.

Deine Ankündigung von der Überraschung für Mutti hat bei uns allgemeines Kopfzerbrechen ausgelöst. Wir raten herum, was das wohl sein kann. Vielleicht ist es ein schwedischer Brief

oder eine Fotografie? Na, wir werden ja bald darauf kommen. Jedenfalls sind wir hier zu Hause sehr neugierig geworden, aber neugierig war man hier ja immer.
Hier ist nicht viel los. Das Wetter ist schlecht, es regnet bei heftigem Wind, sodass das Gehen auf der Gasse kein Vergnügen ist. Die Tante Grete hat soeben wieder ihre melodische Stimme ertönen lassen und singt in der Wohnung, sodass auch das Bleiben zu Hause nicht angenehm erscheint. Wohin also? Am besten wäre es, nach Schweden zu Dir zu fahren und gemeinsam auf die Tante Grete zu schimpfen. [...] Lieber Junge, bleib mir mit Gottes Hilfe weiter gesund and send us a nice letter again for enjoying us. Viele Grüße und Küsse, Dein Papa

Mein liebes Kind! Jetzt werde ich jeden Tag neugierig sein, was für eine Überraschung mich erwartet. Papa schrieb Dir schon, dass ich jetzt zu den Schweden gehe, um für einen Besuch bei Dir zu sorgen. Du weißt, wie gerne ich Dich sehen möchte. Aber ich weiß auch, dass Du ein gescheiter Junge bist und Dir denken musst, dass es Dir überall besser geht als hier. Jeden Tag treffe ich Mütter, und die laufen herum, damit die Kinder wegkommen. Das Leben ist unerhört grausam. Doch manchmal kommt das Wiedersehen früher, als man es sich vorstellt. Also Schatz, ich küsse Dich. Bleib mir gesund, Deine Mutti

Der Gedanke tröstete.

Dass Mama zu Besuch nach Hemhult kommen würde, verdrängte für eine Weile die anderen Gedanken, es war wie eine Umarmung, wie eine zusätzliche Decke in kalter Nacht. Und Elise, sie wollte ihren Sohn wiedersehen. So lange Zeit waren sie noch nie getrennt gewesen.

Sie schrieb, sie werde zu den Schweden gehen, um für einen Besuch bei ihm zu sorgen, und ihr Ton war hoffnungsvoll, fast siegesgewiss. »Manchmal kommt das Wiedersehen früher, als man es sich vorstellt.«

Was hatte sie vor Augen?

In Otto Ullmanns Akte sind keine Einträge vorhanden über ihre Begegnung mit den Schweden im Missionshaus in der Seegasse, eine Begegnung, die aller Wahrscheinlichkeit nach Mitte März 1939 stattfand. Der Mann aber, den sie aufsuchte, Pastor Göte Hedenquist, korrespondierte fleißig mit Pastor Pernow in der Stockholmer Zentrale in der Idungatan. Dieser Monat bildete keine Ausnahme. Kinder wie Otto und Eltern wie Elise machten ihm Sorgen.

> *Was die Kinder angeht, so schreiben sie ja so allerlei an ihre Eltern. Nicht wenige haben Heimweh, und da versuchen sie die Verhältnisse so darzustellen, dass die Eltern sie wieder heimholen müssten, was schließlich unmöglich ist. Wir haben deshalb oft eingehende Gespräche mit diesen Eltern zu führen. Zum überwiegenden Teil aber sind sie froh und dankbar, Eltern wie Kinder. Eine Schwierigkeit ist, die Eltern zu veranlassen, nicht so häufig zu schreiben. Ziemlich viele haben ja noch ein wenig Geld und nichts anderes zu tun, als sich mit den Ihren zu beschäftigen. Allmählich wird das aber wohl besser laufen.*
> *Deine Bemerkung, wir hätten die Eltern nicht ausreichend darüber informiert, dass sie keinesfalls nach Schweden kommen können, wenn ihre Kinder sich dort aufhalten, entspricht natürlich nicht den Tatsachen. In jedem einzelnen Fall habe ich ihnen unsere Bedingungen persönlich ausführlich erläutert und erklärt, dass wir erwarten, dass sie die Kinder in einem Jahr oder so wieder abholen, wenn die Eltern selbst eine Existenzgrundlage in einem anderen Land gefunden haben.*

Bedingungen. Der Pastor hatte den Eltern in jedem einzelnen Fall die Bedingungen der Mission mitgeteilt.

Mochte es gewesen sein, wie es wollte. Die Begegnung in der Schwedischen Mission jedenfalls hatte die beabsichtigte Wirkung. Lisl erwähnte mit keiner Silbe mehr, dass sie ihren Sohn in Schweden besuchen wolle. In keinem einzigen der Briefe.

Otto konnte früh aufstehen, wenn es notwendig war. Er konnte seine Sachen am Abend zusammenlegen. Er putzte seine Schuhe blank. Er befreundete sich mit Erich und Gerhard. Ihm wurde warm ums Herz beim Anblick von Gertrudes langen, dunklen Zöpfen.

Die Erwachsenen, Fräulein Sommer aus Wien und die alte schwedische Schwester Cecilia, taten ihr Möglichstes für die Kleinsten, die nachts meist weinten.

Otto begriff, dass er hier sein musste, meistens jedenfalls. Nur manchmal, bevor er richtig wach wurde, erschien es ihm so, als läge er daheim in seinem eigenen Bett und als rührten die Geräusche aus den anderen Kinderheimzimmern eigentlich von der lieben Mizzi her, die in der Küche hantierte oder Mamas und Papas Bettdecken zum Lüften auf den Balkon hängte. Er konnte sich vorstellen, wie er aufstand, Mutti und Tante Grete in der Küche antraf, wie sie umherliefen, diskutierten, was es zu Mittag geben sollte, und ärgerlich wurden. Wie er sich einmischte, um zu vermitteln (dabei zu beachten versuchte, wen er am Tag zuvor unterstützt hatte, um Gerechtigkeit walten zu lassen), oder wie er über sie lachte.

Wie Tante Nunys Gesang misstönend aus einem der Zimmer erklang und Tante Gretes genauso misstönend aus einem anderen. Wie Papa bei sich drinnen noch immer faul im Bett lag und das Aufstehen bis zum letzten Moment hinauszögerte.

Dann ging Tante Grete Tante Mina besuchen, und wenn sie rechtzeitig zum Mittagessen zurückkam, sagte sie stets, das Wetter sei wunderbar gewesen, ob es nun regnete oder die Sonne schien, und dann seufzte sie wegen ihres schlimmen Fußes. Nach dem Essen wuschen sie gemeinsam ab, und anschließend bekam Papa bei Paul seine Unterrichtsstunden in Hebräisch oder Englisch.

Und Otto selbst, er stellte sich vor, wie er seine Schulbücher und seinen Ball nahm und ins Treppenhaus ging, wo die Schritte auf dem Steinfußboden widerhallten, und wie er mit der linken Hand auf dem seidig lackierten Geländer immer zwei Stufen auf einmal nahm. Wie er ganz unten an dem an der Wand installierten Wasserhahn, dann an der Tür des netten Hausbesorgers vorbei durch die hohen Flügeltüren mit jeweils vier Glasscheiben bis zur Eingangstür ging, sie öffnete und auf die Straße trat. So wie er es immer getan hatte. Die Metzgerei hatte geöffnet, die Straßenbahnen rumpelten vorbei, und ganz oben am Eckhaus schräg gegenüber saß der Steinlöwe und wachte über seinen Häuserblock.

Doch sobald Otto die Augen aufschlug, war er zurück in Hemhults Kinderheim in Tollarp. Vor dem Frühstück die Hände waschen. Er sprach bereits ein wenig Schwedisch. Bekam mehr zu essen als seit Langem. Versuchte, sich an das süße Brot zu gewöhnen. Alles war gut.

Nicht weit vom Kinderheim versammelte man sich ums Hakenkreuz. Tatsache ist, dass Otto und die anderen Kinder in jenem Teil Schwedens gelandet waren, in dem es die meisten Nazis gab.

Doch nicht nur Schonen, auch angrenzende Teile Smålands waren nazireich, und dort versammelte man sich ebenfalls. So wie am 5. März, als Nordisk Ungdom, der Jugendverband der Nazipartei, seine Gebietshauptversammlung in Växjö abhielt. Sie wurde im Stadshotellet eröffnet, in dem man ein Souper einnahm. Nach dem Essen fand eine weitere Versammlung statt, auf der C. P. Ossbahr, Rechtsanwalt und Hauptmann des Landsturms, seit Langem obendrein Mitglied des Deutsch-Schwedischen Vereins, sprach. Anschließend begab man sich in geschlossenem Marsch zum Teatertorget von Växjö, wo Reden gehalten wurden, und danach fand die Zusammenkunft mit einem Ball im Stadshotellet ihren Abschluss.

Am selben Tag versammelten sich in Stockholm rund achtzig Mitglieder des Verbands der jüngeren Ärzte Schwedens, um die Einwanderung von zehn Ärzten aus Deutschland zu diskutieren. Nachdem sie Informationen rund um die Frage erhalten hatten, beschlossen sie, dem Ärzteverband den Auftrag zu erteilen, ihr Nein an die Asylsuchenden weiterzuvermitteln. Die Leitung des Ärzteverbands folgte dem Willen seiner Mitglieder. Ein ums andere Mal widersetzte sich der Verband dem Antrag jüdischer Ärzte, in Schweden praktizieren zu können.

Bereits einen Tag später wurde ein neues Meeting abgehalten, das im ganzen Land für lange Zeit seinen Widerhall finden sollte. Inspiriert vom Fackelzug, den die Jungnazis in Stockholm veranstaltet hatten, sowie vom Treffen der Studenten Uppsalas, organisierten nun die Studenten in Lund eine Zusammenkunft aus Protest gegen den Vorschlag, den medizinischen Spezialisten im Land Schutz zu bieten.

Am 6. März versammelten sich die Studenten am Gebäude der Akademischen Vereinigung in Lund. Wie schon in Uppsala wollte man zuerst diskutieren, um sich anschließend auf eine Resolution zu einigen und somit seine Ansicht der Öffentlichkeit mit einer tausend Mann starken Stimme kundzutun.

Es gab drei Stimmenthaltungen. Eine große Mehrheit, 731 an der Zahl, stimmte gegen die Flüchtlinge. So kam es, dass die Studentenvertretung Lunds hinter den Worten stand:

»Im Anschluss hieran wollen wir indes feststellen, dass eine Immigration, die zur Folge hat, dass ein fremdes Element in unser Volk Aufnahme findet, von uns als schädlich und gegenüber der Zukunft als nicht verantwortbar betrachtet wird.«

Die Zeitung *Kristianstadsbladet* füllte ihre Spalten mit den neuesten Neuigkeiten und einigem mehr. Nicht nur Auktionen beweglicher Güter oder reihenweise Filmannoncen wurden publiziert. Sowohl an innenpolitischen Fragen als auch an Nachrichten aus aller Welt gab es Tag für Tag eine reiche Auswahl. Otto und die anderen Halbwüchsigen konnten zum Beispiel Landesführer Rosenbergs Rede bezüglich der Judenfrage in Deutschland nachlesen, in welcher der Landesführer feststellte, dass auch das geringste Zugeständnis als ein Zeichen der Schwäche ausgelegt würde und man die Frage erst als gelöst betrachten könne, wenn der letzte Jude das Land verlassen habe. Sie konnten von Kurt Leeser in Nürnberg lesen, der wegen seiner Liebesbeziehung zu einem arischen Mädchen zu acht Jahren Zuchthaus verurteilt wurde. Ende März veröffentlichte die Zeitung ein großes Foto von dem verwüsteten Geschäft eines Samuel Eckstein mit der Überschrift »Ein jüdischer Laden«. Auf einer gepflasterten Straße in Pressburg standen Menschen und starrten stumm auf zersplitterte Scheiben und weitere Zerstörungen, und die Bildunterschrift konstatierte, dass nun auch die Juden in Böhmen und Mähren in die gleiche Situation wie ihre Rassenfreunde in Deutschland geraten waren. In Elises Heimatstadt Brünn wurde der Freiheitsplatz in Adolf-Hitler-Platz umgetauft. Für jemanden, der es wissen wollte, stand nahezu alles im *Kristianstadsbladet* zu lesen.

Otto war gefragt worden, ob er sich um die Blumen kümmern wolle, und er hatte Ja gesagt. Das hieß, raus aus dem Kinderheim, Nachmittag für Nachmittag zum Gewächshaus und zum Gärtner des Dorfs. Der Alte redete nicht viel, doch spielte das weiter keine Rolle. Otto verstand sein Tun besser als seine Worte, verstand seine derben Hände, die zeigten, wie es ging.

Einfacher war es mit dem Jungen dort. Otto hatte mit ihm bereits eine schweizerische gegen eine schwedische Marke getauscht. Es würden noch mehr kommen, hatte er versprochen. Sie würden sich wiedertreffen, hatte der Junge im Gegenzug versichert. Sie hatten einander verstanden, zwei Briefmarkensammler unter sich.

Und mit den Mädchen. Sie sammelten keine Briefmarken, Otto aber verstand sie trotzdem, alle beide. Ihr Vater, der Gärtner, ließ sie machen.

Liebster Otti, heute, Montag, ist in Wien Feiertag als Gedenktag für den Anschluss. Es gibt also keine Post, und auch die Geschäfte sind alle geschlossen. Das Wetter ist nicht sehr feiertäglich, denn es ist trübe und kalt, und zeitweise schneit es. Das soll mich aber alles nicht hindern, Dir wie immer den gewohnten Brief zu schicken, damit Du über alles informiert bist. […]
Onkel Karl und Tante Berta haben mich heute angerufen und mir mitgeteilt, dass sie in ein bis zwei Tagen, also voraussichtlich Mittwoch, nach Stockholm fahren. […]
Vor ein paar Tagen sind auch Tante Sophie und Onkel Kassler in die Schweiz abgereist. Zum Schluss werden wir allein hier bleiben, denn uns will scheinbar niemand haben. Aber darüber will ich mich nicht kränken. Es wird auch bei mir eines Tages irgendetwas gedeichselt werden. […]
Etwas wollte ich Dich schon lange fragen: Gibt es in Tollarp ein Kino, oder ist der Ort so klein, dass er kein Kino verträgt?

Schreib uns, wie sich jetzt, da Ihr doch mit den Dorfbewohnern zusammenkommen könnt, das Leben gestaltet. Deine letzten Briefe sind wieder allen Neugierigen herumgereicht worden. Alle loben Deinen guten Stil und Deine gewählte, kluge Schreibweise. Bleib nur weiter so dabei.
Jetzt wirst Du ein guter Gärtner, ein guter Briefschreiber, ein guter Fußballspieler, mit einem Wort, alles, was Du machst, ist gut. Da wirst Du Dich im Leben schon durchschlagen, auch wenn es einmal einen Rückschlag oder eine Enttäuschung geben sollte. Das ist ja im Leben jedes Menschen unvermeidlich. Man muss nur den Willen haben, sich durchzusetzen, und man setzt sich, immer gewisse Fähigkeiten vorausgesetzt, auch durch.
Ich bin überzeugt, dass Du Dich bemühen wirst, verschiedenes zuzulernen, sodass Du im Leben mal ganz Deinen Mann stellen kannst. Dazu hat es aber, Gott sei Dank, noch seine Zeit. Was alles jetzt geschieht, ist ja nichts anderes als eine spielerische Vorbereitung für den wirklichen Lebenskampf, für den Du noch zu jung bist und von dem Du erfreulicherweise bisher noch nichts weißt. Aber es ist niemals schlecht, wenn man auch in Spiel und Freude, den angenehmen Seiten des Lebens, nicht vergisst, dass es auch andere Kapitel gibt. Du hast ja im Laufe des letzten Jahres selbst manche mit uns durchblättern müssen.
Aber jetzt genug über den Ernst, gehen wir wieder zum Vergnügen und zum Spiel. Unterhalte Dich weiter wie bisher so gut und sei vergnügt und freue Dich der Tatsache, ein Mensch unter Menschen sein zu können. Und vergiss nicht diejenigen, die nicht dieses Glück genießen können. Wir denken ständig an Dich und freuen uns, dass es Dir unberufen und Gott sei Dank gutgeht. Wir warten auf neue Briefe, die uns Dein Wohlbefinden anzeigen. Also lass uns nicht lange warten.
Dein Papa

Liebes Kind, Papa hat jetzt Englischstunde, und ich benütze die Zeit, um ein paar Zeilen hinzuzuschreiben. Papa kann schon so viel, dass ich nicht nachkommen kann. Du wirst jetzt bald gut Schwedisch können, da Du mit Schweden sprechen kannst.

Sonst weiß ich nichts zu berichten, da der Papa schon alles mitgeteilt hat. Ich freue mich auf Dein nächstes Schreiben und grüße und küsse Dich viele Male. Deine Mutti

Der Winter zögerte, ging aber nicht. Die Kinder aus Wien hatten ihre Koffer ausgepackt und sich allmählich an die Betstunden im Kinderheim gewöhnt.

In Nazideutschland gab es zehn Menschen mit Zahnarztausbildung, der Approbation als Apotheker oder Arzt und mit Berufserfahrung. Zehn Menschen, die niemand mehr beim Namen nennen kann, durch die sich die Frage nach Schutz und Aufenthalt in Schweden gestellt hatte, weil das Zentralamt für Gesundheitswesen sie einzuladen wünschte. Die öffentliche Meinung (Tausende Menschen, die jungen) war dagegen. Debatten, Demonstrationen, Resolutionen, das Nein nahm an Stärke zu. Und die Antwort der schwedischen Behörden: eine Zählung der Ausländer. Der Monat Februar hatte all das im Gepäck.

Freilich fand die Volkszählung alle zehn Jahre statt, die Behörden wussten also annähernd Bescheid – nun aber ging es plötzlich darum, genau Bescheid zu wissen. Also wurde die Zählung so gestaltet, dass sie die größtmögliche Wirkung erzielte. Oder, so könnte man auch schreiben, größtmögliches Stillschweigen.

Eigentlich war es ja nicht das Ziel, Ausländer zu zählen, sondern Juden. Deshalb wurde das übliche Formular mit ein paar Fragen ergänzt. Außer der Nennung von Namen, Nationalität und Konfession sollte der Ausländer die Fragen beantworten »Vater Jude?« und »Mutter Jude?«. Das Ganze wurde mit der Anweisung vervollständigt: »Bei der Beantwortung der Frage ist die Abstammung der Eltern in Betracht zu ziehen, ungeachtet dessen, ob sie sich zum mosaischen Glauben bekennen.«

Ein Bekenntnis, worüber die schwedische Regierung Bescheid zu erhalten wünschte: die Rasse.

Ja, genau. Das Ergebnis?

»Von den Ausländern können 3420 als Juden (Vater, Mutter oder beide Juden) bezeichnet werden.«

Und die öffentliche Meinung war ein wenig beruhigter, der Sturm abgeflaut, die Angst vor einer Invasion nicht mehr so furchtbar groß.

Jeden Morgen dasselbe Gefühl. Sein Körper glaubte noch immer, zu Hause zu sein, und das Aufwachen begann mit einer Hundertstelsekunde der Regulierung. Die Sprache musste auf Schwedisch umgestellt werden nach den deutschen Träumen der Nacht, er war nicht mehr das Kind im Zentrum aller Blicke und Liebesbezeugungen, sondern allein in der Gruppe, und er verlangte von sich selbst, der Tüchtigste unter den Kinderheimkindern zu werden.

Wie ein weites, flaches Meer lag der Tag mit seinen Arbeitsaufgaben und Schreibstunden vor ihm. Denn er schrieb nach Hause. Er wusste, wie sehr sie warteten, und sein großer Auftrag – abgesehen davon, sich gut zu betragen, beliebt zu werden und in der Gärtnerei zu arbeiten – war, Ereignisse für die Briefe zu sammeln, solche, die Freude bereiten und Ruhe schenken konnten. Tagtäglich watete Otto hinaus mit dem Kescher in der Hand. Wenn er sich dann nachmittags eine Stunde zum Schreiben niedersetzte, reihte er seine Fundstücke sorgfältig vor sich auf; unerwartete Glücksfälle wie das Wetter, eine schöne Umgebung, ein gefundenes Zehn-Öre-Stück, ein geplanter Kinobesuch. Er zählte auf, wie oft ihm zugelächelt wurde, und berichtete, wie seine Armmuskeln von der körperlichen Arbeit anschwollen.

Jeden Morgen bekam Otto Haferflocken und heiße Schokolade. Dann folgten Unterricht in Schwedisch und die Betstunde, danach verschiedene Arbeitsaufgaben, und am Nachmittag gab es schließlich Zeit zum Briefeschreiben. Sie kümmerten sich um ihre Zimmer, und sonntags zogen sie ihre besten Sachen an und kämmten ihre Haare glatt, denn da kamen Leute aus der Umgebung, um auszuwählen und mit nach Hause zu nehmen.

Die Jüngsten wurden zuerst ausgewählt. Dann verschwanden die Mädchen zu Pflegefamilien. Vielleicht wurden sie zu Töchtern der Familie, häufiger jedoch zu Hausmädchen. Danach kamen die Jungen mit den hellsten Haaren an die

Reihe. Otto und ein paar andere blieben zurück. Jedes Mal dasselbe.

Und obgleich das, was geschah, sich nicht in Worte fassen ließ, erinnerte alles an etwas, das schon einmal geschehen war. Ausgeschlossen von den anderen. Eingesperrt im Heim. Als wäre es nicht möglich, aufs Neue geboren zu werden, trotz der langen Reise hierher. Otto war erst dreizehneinhalb, diese Erfahrung aber war ihm bereits bekannt. Die hatte er schon gemacht. Er, anders. Geborener Österreicher, aber kein echter. Ein dunkler Einschlag, andersartig. Und jetzt, in Schweden: etwas, das mit »un« beginnt. Unschwedisch. Ungewöhnlich. Otto, der Unrichtige. Als sähe man sich selbst ständig mit den Augen anderer. »Un« wie in nie sicher.

Wien leerte sich langsam von bestimmten Menschen, in erster Linie Kindern und Jugendlichen. Diejenigen, die in Österreich und Deutschland zurückblieben, waren meist arm, mittleren Alters oder alt. Die Männer wurden zur Zwangsarbeit verpflichtet, und immer mehr Familien waren von der Unterstützung durch die jüdischen Gemeinden abhängig, da ihnen nicht erlaubt war zu arbeiten. Aus den ländlichen Gebieten wurden die Leute nach Wien hinein vertrieben, wo die Gemeinden gezwungen waren, Tag für Tag 20 000 Personen zu beköstigen. Weitere 10 000 erhielten Geld für Nahrungsmittel.

Pepi, Elise und Tante Grete wagten sich kaum auf die Straße. Stattdessen saßen sie daheim und taten nichts oder irgendetwas, egal was, dachten an alles, woran sie nicht denken wollten, webten Träume aus Zukunftsfäden, flickten den Alltag mit Fantasien, verdeckten die Mängel mit Gedankenspielen.

Mein liebster Bub. […] Hier zu Hause tut sich nichts Besonderes. Tante Grete ist nach wie vor im ungestörten Besitz der Löcher in ihrer Weste. Sie findet, dass dieses Kleidungsstück Museumswert hat und deshalb auch nicht gerichtet werden darf. Ansonsten singt und quietscht sie in alter Frische. Nur ihr Deutsch verliert an Glanz, seitdem Du weg bist; denn jetzt ist die Möglichkeit, auch etwas Wiener Dialekt der Sprache beizumischen, geschwunden. Mit einem Wort ein Prachtexemplar. Im Übrigen hat sie beschlossen, sich jetzt täglich zu rasieren, denn der Bart wächst offenbar, aus Sehnsucht nach Dir, jetzt rapide. Diese Barttracht ist im Übrigen eine Eigenschaft, die auch den anderen Familienmitgliedern weiblichen Geschlechts anhaftet. Alle Augenblicke stehen sie vor dem Spiegel und zupfen die Barthärchen aus.
Schreib an meine Schwester Grete in der Taborstraße. Sie ist jetzt krank, aber sie erkundigt sich immer nach Dir. Das ist auch ein Auftrag, den Du gelegentlich erledigen wirst, nicht wahr?

Deine Freunde kommen nach wie vor auf ein Sprüngerl her, einesteils, um sich nach Dir zu erkundigen, ich glaube aber auch, um mit Deinem Onkel und teacher eine Kartenpartie zu arrangieren. [...] Der arme Milosch, kannst Dir dann vorstellen, was er bekommt?
Diamant hätte gestern nach England wegfahren sollen, aber im letzten Augenblick hat etwas nicht gestimmt, und das Ganze musste wieder auf einige Tage zurückgestellt werden. Der Transport geht auf Sammelpass, und bei einigen war die Unbedenklichkeit nicht in Ordnung. Nun soll aber die Angelegenheit bis Samstag geregelt werden und an diesem Tag die Reise losgehen.
Apropos, was ist mit Deinem Pass? Hast Du ihn, oder wird er von der Heimleitung aufgehoben? Du musst auf dieses Dokument sehr achtgeben, denn Du brauchst es ja für Deine Weiterreise.
So, jetzt hab ich wieder zu viel geschrieben. Die anderen wollen ja auch noch etwas schreiben, also muss ich schließen. Sei weiter so frisch bei Humor und so fesch wie bisher und schreibe wieder so nett. Viele tausend Grüße und Küsse, Dein Papa

Lieber Otti! Das Beste kommt immer zuletzt. Ich brauche Dir ja nur einige Worte zu schreiben, da Du ja weißt, dass ich auch ohne viele Worte immer an Dich denke. Bleib mir nur gesund und bei gutem Humor. Was macht denn der Edlauer? Seid Ihr noch Freunde? Spielt er auch Fußball? Liebes Schnuckilein, ich küsse Dich viele, viele Male. Deine Mutti

In ihrer rastlosen Unruhe kamen Lisl und Pepi beständig auf denselben Punkt zurück. Allabendlich vor dem Einschlafen trafen sie sich an einem gemeinsamen Platz ihrer ineinander verketteten Erinnerungen: dem Moment, als sie Ottos Hände losließen. Der Morgen des 1. Februars stand plastisch vor ihnen, und sie näherten sich zögernd der Sekunde, in der sie ihn gehen ließen. Dann, wie sie ihn mit dem Koffer in der Hand auf den Bahnsteig hinaustreten sahen, wie er die drei Stufen hinaufstieg und in der schwarzen Öffnung des Zugs verschwand. Sein halbwüchsiger Körper und ihre unendlich starke Liebe.

Gemeinsam malten sie sich die Szene aus. Den Bahnsteig. Die Tauben. Sein Proviantpäckchen. Ottos Blick. Die uniformierten Wachposten. Ottos Hand. Das schwere Schnaufen des Zugs. Die dunkle Öffnung. Wie sie sich nicht trennen wollten. Wie sie ihn schnell losschicken wollten. Schwester Marta von der Mission, die freundlich aussah. Die Lampen. Ottos Blick. Der Schatten unter ihren Füßen.

Sie öffneten die Tür zu diesem Abschied, traten gemeinsam ein, bauten zusammen, was jeder von ihnen gesehen hatte, sodass sie am Ende dasselbe sahen, sich an dasselbe erinnerten. Mit vereintem Willen und vereint strömender Liebe konnten sie ihren Sohn einen kurzen flackernden Augenblick herbeirufen, einem Hologramm gleich, einem Geheimnis. Das ließ sie den Mut nicht verlieren.

Nach Schweden war er am 2. Februar gekommen. Mehr als zwanzig Tage waren seitdem vergangen. Wie hieß es doch, ein Menschenjahr entsprach sieben Hundejahren?

Hier, in schonischer Zeitrechnung, wurde jeder Tag zum Jahr. Zwanzig Tage gleich zwanzig Jahre: Flüchtlingsjahre, Kind-ohne-Eltern-Jahre. Die Tage liefen langsam, aber kamen weit.

War er jemals woanders gewesen? Kaum dass er es sich vorstellen konnte. Dennoch wirbelten ihm die Erinnerungen an eine Stadt, an Straßen und Parkbäume durch den Kopf wie Träume nach einer unruhigen Nacht. Hatte er jemals etwas anderes gehört als die ungelenke Sprache, die ihm in den vormittäglichen Unterrichtsstunden dargeboten wurde? Die zuweilen nachgab, sich öffnete. Die er verstehen sollte.

Er und die anderen Kinderheimkinder sprachen Deutsch miteinander. Das klang natürlich und vertraut wie das Gurren der Tauben im Baum auf dem heimischen Hof. Es spielte keine Rolle, was sie sagten, nicht einmal, wie sie es sagten. Nur, dass sie es sagten. Sie benutzten die »Wiener Melodie«, und das beruhigte, ließ ihn den Boden unter den Füßen spüren, weckte die Erinnerung an Zimmer mit weichen Teppichen, wo es keine Grenze gab zwischen denken und reden. Doch die Erwachsenen, die das Sagen hatten, erlaubten ihm nicht, dort umherzuschlendern. Er wurde müde. Mutti, wo bist du?

Dann aber hörte Otto Gerüchte: die Schwestern und Pastoren der Schwedischen Mission hätten nie die Absicht gehabt, ihn und die anderen Jungen in Pflegefamilien unterzubringen, eine Schule, in der sie lernen konnten, würde es nie geben. Auf dem Land fehlten Arbeitskräfte, die schwedischen Bauern brauchten Leute. Der Junge, der das berichtete, schien zu wissen, wovon er sprach, und die Bestimmtheit, mit der er das sagte, ließ die Ruhe zur Unruhe werden. Otto erfuhr, dass die Schwedische Mission systematisch Judenjungen als Arbeitskräfte auslieh und dass sie die schwersten Arbeiten verrichten mussten, man ihnen nicht einmal eine Unterkunft gab. Stattdessen mussten sie zusammen mit den Tieren in Koben und Verschlägen schlafen.

Fuchsteufelswild schrieb er mit dem Bleistift an Mutti und Papa, die ihn hierher ins Kinderheim, zu Zähneputzschlange und Arbeitskleidung, geschickt hatten. Die geglaubt hatten, er würde ein nettes Zuhause und einen ordentlichen Schulbesuch erhalten. Die ihn gezwungen hatten, wegzufahren von der heimischen Straße, den warmen Frühlingsspaziergängen in der Stadt, dem Unterricht in Latein und Englisch bei Paul, hinaus in den matschigen Spätwinter Schonens. Die so dumm gewesen waren, sich an der Nase herumführen zu lassen.

24. Februar 1939
Liebster Otti! Dein heute eingetroffener Brief vom 22. ds. hat uns nicht ganz befriedigt, weil er Dich uns in schlechter Laune gezeigt hat. Vor allem glaube ich, dass es ungerecht ist zu behaupten, dass man der Mutti hier in der Israelmission einen »Schmäh« aufgebunden hat. So sind die Leute hier nicht. Es mag ja sein, dass man in Stockholm etwas anderes entschieden hat, als die Leute hier wissen, keineswegs erfolgt die Auskunftserteilung aber gegen besseres Wissen.
Nun zu Deiner großen »Beschwerde«. […] Der Zweck dieser Unterbringung war auch Dir klar. Hier in Wien konntest Du gar nichts unternehmen, vor allem konntest Du nichts lernen und damit auch nichts werden. Draußen hast Du die Möglichkeit, etwas zu erlernen, und es ist eigentlich ganz gleichgültig, was das wird. Aber gelernt müsste werden, und das würde Dir auch »zustoßen«, wenn Du einmal zu Pflegeeltern kommst. Was entgegen Deinen Mitteilungen auch der Fall sein wird.
[…]
Du zeigst Dich ganz entsetzt über die Möglichkeit, dass Du zu einem Bauern kommen könntest. Das, was Du hier mutmaßt, von ausnützen usw., ist natürlich gar nicht richtig, aber denke

einmal ganz ruhig nach. Alle oder besser gesagt die meisten Auswandernden sind gezwungen, sich in der Fremde auf die Landwirtschaft zu werfen. Alle müssen Kolonisten werden, aber um das zu werden, muss man es auch erlernen. Nehmen wir an, dass Du ein Farmer wirst – Du wärest ein ganz fescher –, so müsstest Du natürlich das alles gelernt haben.
Du bist im Irrtum, wenn Du glaubst, dass die Jungen in Deinem Alter in England auch spazieren gehen können. Entweder sie werden, wenn sie genügend Sprachkenntnisse besitzen, in die Schule gesteckt, wo sie weiter lernen, oder sie kommen auf Farmen oder zu Bauern, um dort etwas in der Landwirtschaft zu lernen. Das ist in England, das ist in Holland der Fall. Auch in Palästina. Und das wird vielleicht auch in Schweden kommen, ohne dass gleich an Gehunztwerden gedacht werden muss. […] Es wird sicher interessant sein, das Arbeiten des Bauern auf der Scholle zu erlernen, und da Du und Deine Freunde keineswegs schon Athleten seid und auch nicht genug Erfahrung besitzt, so wird die Last der Arbeit keineswegs gar zu arg drücken. […]
Wir werden uns jedenfalls noch einmal bei der Mission erkundigen, und ich werde auch Dr. Schwarz ersuchen, sich an seine Bekannten in Schweden in Deiner Sache zu wenden. Aber sicher ist, dass man auch in Schweden, gleichgültig wer auch immer man sein mag, zu irgendeiner Arbeit angehalten werden wird. Denn niemand könnte die große Verantwortung auf sich nehmen, einen fast vierzehnjährigen Buben beschäftigungslos zu lassen. Also sei nicht grantig, es wird keineswegs so sein, wie Dir Deine authentische Quelle mitgeteilt hat, denn das tun die Schweden bestimmt nicht, dass sie Kinder ausnützen. Das musst Du Dir ganz entschieden aus dem Kopf schlagen. Wie gesagt, wir haben hier gehört, dass Ihr zu Pflegeeltern kommen werdet, und es besteht kein Anlass, an den Versicherungen zu zweifeln.
Also, lieber Junge, vor allem Kopf hoch! Ein Ullmann lässt sich

nicht so leicht unterkriegen. Er kann schon einmal schlecht gelaunt sein, das können wir, ja, aber dann kommt schon wieder der starke Wille zum Durchbruch, sich nicht unterkriegen zu lassen. Vorläufig ist für Dich kein Anlass vorhanden, sich gegen irgendeine Gefahr wehren zu müssen. Vorläufig genießt Du Gott sei Dank noch immer ein freies schönes Leben, und das wird so bleiben, gleichgültig, welche Arbeit auch immer Du verrichten wirst.

Ich bin im Übrigen überzeugt, dass wir von Dir im nächsten Brief schon wieder Besseres zu lesen bekommen.

Ich mache jetzt Schluss. Da gestern eine Massenflut von Briefen an Dich abgegangen ist, wirst Du in der Zwischenzeit genug zu lesen haben. Alle hoffen, dass Du an der Beantwortung all dessen arbeitest – es ist eine Plag mit der Verwandtschaft!

Sei herzlich gegrüßt und geküsst, Dein Dich liebender Papa

Lieber Otti! Deinen lieben Brief haben wir erhalten, und Papa hat Dir ja schon alles auseinandergesetzt. Ich kenne mein Kind und weiß, dass er so gescheit ist, um zu wissen, dass man draußen nur das Beste mit ihm vorhat. Momentan stellst Du Dir alles schrecklich vor, und wenn Du etwas nachdenkst, so wirst Du ja schon wissen, dass alles anders kommt, als man es sich gewöhnlich vorstellt.

Wenn Ihr etwas Schwedisch könnt, werdet Ihr wahrscheinlich zu Pflegeeltern kommen. Inzwischen will man Euch natürlich beschäftigen, und Du kannst versichert sein, dass man einen 13 ½-jährigen Jungen nicht übermäßig anstrengen wird. Also sei nicht ungeduldig, verliere nicht Deinen guten Humor, und ich hoffe, dass der nächste Brief schon ganz anders lauten wird. Papa und ich würden viel dafür geben und jede Arbeit machen, wenn es uns gelänge, dort, wo Du bist, unterzukommen. Heute oder morgen wirst Du Post bekommen, und da hast Du mit Schreiben viel zu tun. Das Briefpapier werde ich Dir, falls man es schicken kann, heute noch senden. Ich grüße und küsse Dich vielmals, Deine Mutti

Lieber Otti! Ernst Utas lässt Dir sagen, alles ist besser als griechische Grammatik. Herzlichst, Onkel Paul

Wer ist an der Nase herumgeführt worden, wer hat sich an der Nase herumführen lassen? Ohne es zu wissen, hatten sowohl Otto als auch seine Eltern recht, obgleich sie gegensätzliche Standpunkte vertraten. Die Unterbringung Ottos und der anderen zwanzig Wiener Kinder im Kinderheim geschah mit der Absicht, sie danach in private Haushalte aufzunehmen und sie vielleicht sogar die Volksschule besuchen zu lassen, wenn sich der Aufenthalt in Schweden in die Länge ziehen sollte.

Doch Redakteur Josef Ullmann hätte den Quellen seines ausgeschickten Sohns dennoch mehr vertrauen sollen. Die Wahrheit war, dass die meisten privaten Haushalte, die sich bei Pastor Pernow wegen der Aufnahme eines Kindes meldeten, ausschließlich Mädchen wünschten. Sie wollten billige Kinderbetreuung und Hilfe im Haushalt, am liebsten in Kombination mit Dankbarkeit und geringem Appetit. Und die Nachfrage überstieg auch weiterhin das Angebot. Pastor Birger Pernow und seine Mitarbeiter in der Mission nahmen Brief um Brief in Empfang.

Bruder! Mit unseren Judenmädchen in Ljusdal läuft es gut, und ich glaube, sie fühlen sich wohl. Nun gibt es eine weitere Frau in Ljusdal – beim Förster –, die nachfragt, ob sie auch ein Judenmädchen bekommen könnten – im Alter von 12 oder 13.

Fremd wirkende, dunkle halbwüchsige Jungen mit starkem Appetit, aber schwacher Muskelkraft waren nicht begehrt. Dass der dreizehnjährige Otto und seine Eltern hier mit einem großen Problem zu tun hatten, konnten sie kaum wissen. Doch war es so, dass sich Pastor Pernow nur wenige Wochen bevor Otto seinen bitteren Brief an Mutti und Papa schickte, in einem seiner vielen Schreiben selbst äußerst beunruhigt über die Angelegenheit gezeigt hatte.

»Wenn ich Anmeldungen von 8–10 Familien, am liebsten für Jungen, bekäme, könnte die ganze Frage als gelöst betrachtet werden. Das Traurige ist nämlich, dass sämtliche Bewerber, mit Ausnahme von etwa 10, Mädchen haben wollen, weshalb es ziemlich schwierig sein wird, die Jungen unterzubringen«, schrieb Pastor Pernow besorgt.

Mitunter fand er eine Lösung. Mitunter löste sich diese schon auf, bevor sie überhaupt verwirklicht war. In einem von vielen Briefen guter Christen in den Monaten Januar und Februar 1939 erhielt Pernow u. a. Grüße aus Fjugesta:

> *Bezüglich eines Judenjungen*
> *Als Dr. Karl F. mich anschrieb, glaubte ich eventuell Verwendung für einen jungen Burschen im Viehstall zu haben. Derjenige nämlich, der die Stelle jetzt innehat, beabsichtigte damals, im Frühjahr von hier fortzugehen. Bei meiner Nachfrage, wie es damit stünde, änderte er jedoch seine Absicht und hat sich nun entschieden, bis zum Herbst zu bleiben, weshalb ich keine Gelegenheit habe, Ihrem Wunsch zu entsprechen. Juden in dieser Gegend unterzubringen, sieht nicht sehr hoffnungsvoll aus.*

Was der Landwirt aus Närke ausdrückte, galt nicht nur für seine Gegend – das hätte auch der dreizehnjährige Otto in Schonen bestätigen können, und sein Retter, Pastor Pernow aus Stockholm, hätte es unterschrieben. Es galt für das ganze Land: Juden in dieser Gegend unterzubringen, sieht nicht sehr hoffnungsvoll aus.

Otto tat sein Bestes. Lächelte, lernte die Wörter, blieb sauber und ordentlich. Aber keine Pflegeeltern entschieden sich für ihn, keine höhere Schule öffnete ihre Pforten. Stattdessen bekam er vom kalten Wasser rissige Hände. Hinter dem Gewächshaus wies man ihm seinen Platz bei großen leeren Töpfen zu, die gesäubert werden mussten, bei Grabegabeln und Spaten. Wozu man Lehrlinge eben hat. Die Arme schmerzten. Obendrein sollte er, als wäre er ein Kind, dem grobschlächtigen Alten auf den schlurfenden Fersen bleiben, um zu lernen.

Die Privatstunden, die er erhalten, die langen Hausaufgaben, die er abends brav erledigt hatte, sein wacher Verstand und seine umfangreichen Sprachkenntnisse – alles schien vergebens. Doch er wusste, dass der Rettungsplan Grimm ausschloss, dass das Wort, das man von ihm wieder und wieder erwartete, danke war. So wie er Briefmarken sammelte, sorgfältig in Alben sortiert, sammelten sich nun reihenweise Ungerechtigkeiten an, schmerzten und brannten.

25. Februar 1939
Mein liebes Kind! Aus Deiner letzten Karte habe ich ersehen, dass Dir nicht alles so geht, wie Du willst. Ich kenne das und kenne Dich ganz genau. Wenn Du hier wärest, könnte ich das mit Dir in aller Ruhe besprechen, so will ich Dir halt alles schreiben.
Du weißt, mein Liebling, Du bist in einem freien, gesunden Land, das Dich gastfreundlich aufgenommen hat und in wirklich edler Weise alles tut, um Euch Kindern ein freies Leben zu bieten. Aus allen Deinen früheren Briefen war das auch zu ersehen. Nun bist Du ungeduldig geworden. Warum? Weil Du Dir einbildest, zu Pflegeeltern kommen zu müssen, und es momentan nicht geht. Man hat mir hier gesagt, dass Ihr erst etwas Schwedisch können müsst, da Ihr Euch sonst nicht verständigen könnt.

Ich bin überzeugt, dass Du wieder guten Humors bist und dass das Ganze nur die schlechte Laune eines Kameraden war, die Dich angesteckt hat. Lasse Dich niemals von irgendjemand beeinflussen. Denke nach, und Du wirst darauf kommen, dass es Dir besser geht als allen Kindern, die noch hier bleiben müssen. Demner sagt mir gerade, dass er gerne mit Dir tauschen und gerne bei einem schwedischen Bauern arbeiten würde. Du weißt auch, dass ich und Papa, wenn wir draußen sein werden, jede, auch die schwerste Arbeit übernehmen werden, trotzdem wir es nicht gewöhnt sind. Wir leben leider in einer Zeit, wo das Leben kein Spiel ist, aber wir sind Gott sei Dank an Leib und Seele gesund und werden durchhalten.
Du bist ein kluger Junge. Ich kenne Dich. Du bist ehrlich und gerecht und wirst erkennen, dass man es mit Dir wirklich nur gut meint. Also die nächsten Briefe werden wieder humorvoll sein, dann freuen wir uns mit all den anderen, denen wir Deine Briefe zeigen. Da Georg noch dranschreiben will, schließe ich und küsse Dich viele, viele Male. Deine Mutti

Lieber Otti – ich habe gehört, Du bildest Dir ein, es geht Dir schlecht, aber ich kann Dir versichern, ich wäre froh, wenn es mir so ginge wie Dir. Im Übrigen kann ich Dir schreiben, dass es wahrscheinlich mit meinem Englandfahren nichts wird. Ich werde jetzt wahrscheinlich in die Schule eintreten müssen, da ich noch keine achte Klasse absolviert habe. In der Schule sind jetzt nur mehr sehr wenig Schüler, wie ich von Milosch gehört habe. Der Herr Professor Klein ist sehr nett!!!!!!!!!!! Ich halte es auch nicht für sehr fein, wenn man wegfährt und noch Schulden hat. Für heute schließe ich mit herzlichen Grüßen, Dein Dich liebender Georg

Mein lieber Mucki-Pucki! Für heute nur tausend Grüße und Küsse. Tante Grete

Du weißt nicht, wie gut es Dir geht. Du musst nicht mit Georg und Milosch Tarock spielen. Wie ich mich ärgern muss!! Herzlichst, Onkel Paul

Für mich bleibt kein Platz! Also nur viele Grüße & Küsse, Tante Nuny

Otto besann sich. Sagte sich, dass alles, was heimisch war, jetzt woanders lag, und dass das, was hier Heim hieß – Kinderheim –, etwas Fremdes war. Sagte sich, dass die Wörter, als er den Ort wechselte, dasselbe getan hatten.

Zuweilen vergaß er Dinge, die er in Erinnerung behalten sollte. Wie den Schneider, den er fast jeden Tag auf dem Weg von der Schule besucht und der mit ihm stets über Spielergebnisse und Fußballtraining geplaudert hatte, wie derselbe Schneider schon am Tag nach dem Anschluss an seinem Motorrad Hakenkreuzwimpel angebracht hatte. Wie er vergnügt auf Ottos Reaktion beim Anblick derselben gewartet und dann gelacht hatte. Über ihn. Nicht mit ihm.

Otto war keineswegs überzeugt, dass der Junge, der ihn über den Zustand der Dinge informiert hatte, im Unrecht war, ganz im Gegenteil. Aber er wollte keinen Ärger machen. Das Einzige, was sie von zu Hause aus tun konnten, war, voller Sorge nächtelang wach zu liegen. Er beschloss, das Problem auf eigene Faust zu lösen.

Otto schrieb einen kurzen Brief an Papa und Mutti, Tante Nuny und Onkel Paul, Tante Grete und die Freunde, denn er wusste, dass sie alle seine früheren Briefe gelesen hatten und alle auch das lesen würden; seine Bitte um Verzeihung.

27. Februar 1939
[…]
Lieber Junge, Deine Bemerkung, dass Du unseretwegen alles ertragen willst, hat uns tief gerührt. Glaube mir aber, das ein-

zige und große Opfer, das wir und Du auf uns genommen haben, ist die Trennung. Alles andere ist im Vergleich zu diesem einen geringfügig, wenn man berücksichtigt, dass Du das eintönige und für Dich vollkommen wertlose, ja äußerst schädliche Leben hier mit dem Aufenthalt in einem besseren Land eintauschen konntest, wo Du alles hast.
Sicher mag das eine oder andere nicht nach Deinem Wunsche sein. Aber das alte Sprichwort, dass es zu Hause immer am besten ist, dürfte unter den gegebenen Verhältnissen für uns außer Kurs gesetzt sein. Denn heute heißt es, überall ist es besser als hier, und das musst Du Dir immer sagen. […]
In Deinem Brief vom 25. schreibst Du, wie die Auswahl der Kinder durch Pflegeeltern vor sich geht. Aber im Allgemeinen scheint Ihr ja noch immer vollzählig beisammen zu sein, da Du von 20 Kindern sprichst? Wenn die Pflegeeltern etwas auf das Aussehen geben, dann wirst Du sicher drankommen, denn wenn Du Dich hältst und Dich pflegst, wirst Du es mit den anderen schon aufnehmen können. […] Sei viele hunderttausendmal gegrüßt, Dein Dich innig liebender Papa

Liebling, Dein Brief hat uns sehr froh gemacht. Ich weiß, was für ein guter, gesunder Kern in meinem Jungen steckt. Im Übrigen bin ich schon sehr neugierig auf Deine Überraschung. Ich umarme und küsse Dich, Deine Mutti

Liebes Otterl – Du möchtest gerne wissen, ob ich nach wie vor als teacher beschäftigt bin. Nun, über Schülermangel kann ich nicht klagen. Mein jüngster pupil ist der kleine Löwi, mein ältester wird von morgen an Richter Massarek sein, der siebzig Jahre alt und fast taub ist. Ich weiß nicht, ob Du Herrn Bernstein schon gekannt hast, der nimmt auf einmal zweieinhalb Stunden und bezeichnet das Lernen als sein größtes Vergnügen (ganz wie Du). Jetzt mach ich Schluss, denn Dein Papa kann die Englischstunde kaum erwarten. Herzlichst, Onkel Paul

Liebster Mucki-Pucki! Es freut mich, dass Du so fleißig bist. Nur schade, dass ich nicht bei Deinen Arbeiten zusehen kann. Tausend herzlichste Grüße, Tante Grete

Die Sonntagnachmittage mit den Bauern, die sich Arbeitskräfte aussuchen wollten, wurden nie mehr so, wie sie zuvor gewesen waren. Sobald sich eine Gelegenheit bot, verließen Otto und sein Freund Gerhard gemeinsam den Raum. Sie fielen den Erwachsenen ins Wort. Bohrten sich in der Nase, sorgten für zerwühlte Haare. Sie sorgten dafür, nicht ausgesucht zu werden. Sie waren fast vierzehn Jahre alt und wollten unter keinen Umständen Knechte werden und bei den Tieren schlafen.

Pastor Pernow stand in engem Briefkontakt mit seinen Mitarbeitern in Wien und mit all den Familien, die Pflegekinder wünschten, hatten oder tauschen wollten.

In den Papieren, die noch heute von der emsigen Arbeit des Pastors zeugen, steht kaum etwas von Schulbesuch. Die Absicht war schließlich, die Kinder nur vorübergehend dazubehalten. Außerdem waren diese Kinder ja gerettet worden und waren deshalb zu Dankbarkeit verpflichtet. Die jüngeren durften zur Schule gehen, die älteren aber, von dreizehn Jahren an aufwärts, sollten ihrer Verpflichtung nachkommen. In einem Schweden, das auf dem Lande unter Arbeitskräftemangel litt, wurde die bäuerliche Provinz im Süden ihr neues Zuhause, körperliche Arbeit eine Art der Rückzahlung.

Die Kinderheimkinder von Hemhult sollten nicht nur die schwedische Sprache lernen, auch fachlich kundige Leute wurden hinbestellt, um Grundkenntnisse in beispielsweise Pflanzenzucht und Blumenbinden zu vermitteln.

Otto konnte, wenn er wollte. Er lernte Sträuße zu binden und Ansteckblumen zu gestalten, die er als Geschenke und als die versprochene Überraschung nach Wien schickte.

Lieber Otto! So wie Du zweimal die Woche schreiben darfst, habe ich mir vorgenommen, einmal, und zwar jeden Mittwoch, zu schreiben. Ich komme daher auch erst heute dazu, Dir allerbestens für die Ansteckblume zu danken. Sie gefällt mir sehr gut, sogar Tante Hansi ist entzückt von derselben, und das will was heißen, denn sie ist eine sehr tüchtige Blumenmacherin. Ich habe mir die schwarz-weiße behalten, da sie besser zu meinem Mantel bzw. Kostüm passt. Aus Deinem letzten Brief entnehme ich, dass Dir die Augen für Mädels aufgegangen sind. Drei Liebeserklärungen – das ist ein bisschen viel. Ist das Mädchen wenigstens hübsch? Deine Tante Nuny

Er war wieder verliebt. Ausgewählt aber wurde er nicht.

Sudety, Kraj sudetów, Sudetenland. Geliebtes Land trägt viele Namen.

Böhmen, Mähren und Schlesien, Sachsen und Bayern waren sämtlich Relikte aus einer Zeit vor den Nationengrenzen, als man die Welt stattdessen in Landstriche, Sprach- und Kulturgebiete unterteilte. Solange die imposante Österreich-Ungarn-Monarchie existierte, gehörten sie zu ein und demselben deutschsprachigen Raum. Dann aber, nach dem großen Krieg. Nach dem Versailler Frieden.

Europas Karten wurden wertlos, als die Grenzlinien neu gezogen wurden. Menschen ungarischer Sprache befanden sich nun außerhalb der Grenzen Ungarns, Menschen rumänischer Sprache außerhalb Rumäniens, Deutschsprachige außerhalb Deutschlands. Ordnung?

Keine Ordnung.

Reichskanzler H. verstand die Sache so darzustellen, dass die Leute auf der einen Seite der Grenze zur anderen wollten. Doch sollten sie ihren bestellten Boden, ihre fruchtbare Heimat nicht verlassen. Stattdessen wollte er sich darum kümmern, dass die Grenze verlegt würde. Der Staat, der lediglich über ein begrenztes Gebiet verfügt, sei zum Untergang verurteilt, nur durch eine Erweiterung des Lebensraums sei Überleben möglich, so klang die Logik. Streben nach Osten. Sehnsucht nach Osten. Einnehmen, kämpfen, ostwärts wollen. Drang nach Osten.

Gleich unsichtbaren Luftströmungen trieben die Ideen von Boden, Land, Nation umher und fanden Einlass in die Köpfe der Menschen. Einige, wie die Herren Heß, Himmler und Hitler, agierten als Windfänger und ließen es weiterwehen, bestimmten die Richtung.

Der Bauer wurde vergöttert. Er war Saft und Kraft der Nation. Lebte ein gesundes Leben. Konnte zwischen Wichtig und Unwichtig unterscheiden, zwischen altbekanntem Landleben und unorganisierter Großstadt. Der Bauer war ein

Mann, und er bestellte seinen Acker. Schweißperlen flossen, Blut vermischte sich mit Boden, und die hervorschießenden Früchte entsprangen gleichsam seinem starken Leib.

Als der Reichskanzler im Gefängnis saß und sich mit seinem Buch abmühte, schrieb er: »Vergesst nie, dass das heiligste Recht auf dieser Welt das Recht auf Erde ist, die man selbst bebauen will, und das heiligste Opfer das Blut, das man für diese Erde vergießt.«

Sudetenland, also: nahezu drei Millionen Deutschsprachige, die laut Friedensvertrag nach dem Ersten Weltkrieg zu einem belastenden Teil der damaligen Tschechoslowakei geworden waren. Drei Millionen Menschen, die sehen wollten, dass Deutschland über die Grenze hereinwuchs, um sie in seinem Territorium aufzunehmen. Sie setzten ihre Hoffnung auf Reichskanzler H.

An geheimen Orten wurden Intrigen gesponnen und Pläne ausgeheckt. Ein Nationalsozialist mit Namen Henlein sollte die Vertretung der drei Millionen Deutschsprachigen übernehmen und von der Führung der Tschechoslowakei die Autonomie des entsprechenden Gebiets sowie die volle Freiheit zur Ausübung des Nationalsozialismus fordern. Bei einem Ja könnten die Sudetendeutschen sich Deutschland anschließen. Bei einem Nein (natürlich würden sie ein Nein erhalten) folgte …

Reichskanzler H. rechnete kalt damit, dass Frankreich wegen des kleinen Landstücks nicht in den Krieg ziehen und auch nicht allein gegen Deutschland Position beziehen würde. Er war überzeugt, dass Großbritannien den Frieden um jeden Preis erhalten wollte. Er wusste, dass Mister Chamberlain diesen Vereinigungswunsch eigentlich für angemessen hielt, und vermutete, der britische Premierminister vertraute ihm, Adolf, als er sagte, alles, was er wünsche, sei, dass das Sudetenland deutsch würde. Danach nichts mehr.

Herr Chamberlain – Mister Chamberlain, wenn ich bitten darf – kehrte aus Deutschland mit absolut intaktem Augenlicht zurück. Keinerlei ärztliche Untersuchungen ließen etwas anderes vermuten. Dennoch war er blind. Am 30. September 1938 verließ er sein Flugzeug auf dem Heston Aerodrome mit einem Dokument in der Hand. Noch am selben Morgen hatte er mit Reichskanzler H. gesprochen und seine Unterschrift auf einem Vertrag erhalten, der besagte, dass die Vereinigung des Sudetenlands mit Deutschland friedlich erfolgen würde. Vor der jubelnden Volksmenge und der versammelten Presse schwenkte Mister C. das Dokument in der Luft und wiederholte diese Prozedur wenig später am Tag vor der Tür der Downing Street Nummer 10.

»I believe it is peace for our time.«

Am Tag darauf marschierten die Truppen des Reichskanzlers ins Sudetenland ein.

Es war ein Tag der Freude, ein Tag des Jubelns und des Kaffeetrinkens. Jedenfalls in der grauweißen Villa, genannt das große Haus, auf dem Hof Elmtaryd in Agunnaryd, in der Nähe des smäländischen Älmhult. Den Feiernden wurden Hefezöpfe, Kekse und Kochkaffee mit Sahne aufgetischt. So ausgelassen hatten sie Fanny Kamprad zuvor noch nicht gesehen, so großzügig war sie sonst nie. Nun war aber auch etwas ganz Besonderes geschehen, das verstand man deutlich, trotz ihres starken deutschen Akzents. Endlich hatte ihr Adolf getan, was er versprochen hatte, worauf sie und ihre Verwandten im Süden so viele traurige Jahre gehofft und wofür sie gebetet hatten. Endlich hatte er dafür gesorgt, dass sie nicht länger im Exil leben mussten, als Fremde in einem anderen Land, endlich waren sie eins mit ihrer Nation – und das, wenn überhaupt etwas, war wohl das aufwendigste Kaffeetrinken wert. Großmutter Fanny war erhört worden.

Die Staatschefs von Großbritannien, Frankreich und Italien hatten beschlossen, Reichskanzler H. zu glauben, als er versprach, nie noch mehr von Europa zu verlangen. Sie waren damit einverstanden, dass er den deutschsprachigen Teil der Tschechoslowakei annektierte. Sie hatten ihm geglaubt, als er versprach, danach die Grenzen der Tschechoslowakei zu respektieren. Fünf Monate waren seitdem vergangen, fünf Monate und ein Kaffeefest, und nun scherte sich der Reichskanzler einen Teufel um das, was er versprochen hatte.

Am 15. März 1939 besetzten deutsche Truppen die restliche Tschechoslowakei. Der westliche Teil wurde zum deutschen Protektorat erklärt und dem deutschen Reich einverleibt. Die Slowakei, der östliche Teil, wurde zum autonomen Staat im Bündnis mit Deutschland.

Am selben Tag schrieb Pepi an seinen Sohn. Es war um halb elf Uhr vormittags, auf den Tag genau ein Jahr nachdem er seine Arbeit als Sportredakteur beim *Wiener Tag* verloren hatte wegen der Verordnung über die Blutsverwandtschaft und des komplizierten Linienwerks auf den Rassenkarten, Grenzen, zwischen Mensch und Mensch gezogen.

15. März 1939
Heute sind wir sehr enttäuscht und traurig, denn es gab keine Post; wir hoffen aber, dass sie vielleicht später kommen wird. Übrigens erhielt auch Frau Edlauer von ihrem Sohn keinen Brief, es handelt sich also wahrscheinlich eher um ein Versehen, das bei der Post liegen dürfte. Ich weiß ja auch nicht, ob Du unsere Briefe jetzt so prompt erhältst.
Augenblicklich gibt es nämlich wieder Spannungen zwischen der Tschechoslowakei und Deutschland – vielleicht habt Ihr draußen davon auch gehört, und die Züge sollen, wie der Briefträger gesagt hat, nicht so ordnungsgemäß wie bisher verkehren. […] Hoffentlich wird das alles bald vorübergehen und wir wie bisher in ständiger Verbindung sein. […]

An etwas anderes als eine Poststörung denken wir nicht; wir hoffen, dass Du nach wie vor gesund bist und kein anderer Umstand die Verzögerung der Nachricht bedingt. Wir wissen ja, dass Du auf Dich achtgibst, nicht bloß in Deinem, sondern auch in unserem Interesse, denn wir möchten in diesen schweren Zeiten, da so furchtbar viel auf uns einstürmt, nicht noch um Dich zittern müssen. […]

In einigen Wochen sollte Josef Ullmann sechsundvierzig Jahre alt werden. Er saß an dem breiten Tisch, der am Fenster stand. Draußen schneite es, und der Tag war so dunkel, dass er überlegte, die Lampe anzuschalten. Er notierte, dass es trostlos und kalt war. Mitten im Zimmer stand die Ottomane mit der Kuhle in der Mitte des Sitzpolsters, die alle in der Familie Tante Grete zuschoben. In einer Ecke des Zimmers stand noch Ottos Bücherregal mit Abenteuergeschichten und Schulbüchern in einer Ordnung, die niemand mehr durcheinanderbrachte. Dennoch schrieb er an seinen Sohn, dass alles wie immer war. Vielleicht weil er sich weigerte, etwas anderes zu glauben. Die Annexion der Tschechoslowakei bezeichnete er als »neue Verhältnisse«. Und dann die Beschwörung, die von mehr als tausend Presseberichten übertönt werden würde: »Hoffentlich wird das alles bald vorübergehen.«

16. März 1939
Liebster Otti, heute ist endlich Dein Brief gekommen und hat uns von einer Sorge befreit. Durch die neuen Verhältnisse, von denen Ihr draußen wahrscheinlich auch schon gehört haben werdet, ist der Verkehr augenblicklich etwas gehemmt. Dazu kommen noch Schneeverwehungen, die Verspätungen herbeigeführt haben. Die Hauptsache aber ist, dass Dein Brief jetzt da ist und wir wieder ruhig sind. […]
Das ist wirklich eine feine Sache, die Du jetzt machst. Gärtnerei ist ausgezeichnet. Erstens wird Dir das auch körperlich

guttun, dann aber hat es auch praktischen Wert. […] Wie lange arbeitest Du? Ich nehme an, dass Du nur vormittags dort bist. Oder auch nachmittags? Berichte uns jedenfalls in Deinem nächsten Schreiben genau, wie es dort zugeht. Was machen die anderen aus dem Heim? Arbeiten die nichts? Wir nehmen an, dass ja alle ein wenig beschäftigt werden. Jedenfalls ist Gärtnerei aber eine gute Sache.

Hast Du schon viele Bekannte unter den Schwedenjungen? Ich sehe, dass Du mit ihnen gut angefreundet bist. Jedenfalls wirst Du durch den Verkehr auch Deine schwedischen Kenntnisse wesentlich verbessern. […]

Der Film Meuterei auf der Bounty *ist ja ein ganz großer Film, da hast Du Dich sicher sehr gut unterhalten. Die Schauspieler und die Ausstattung sind fabelhaft. Jetzt werdet Ihr wahrscheinlich auch öfters ins Kino gehen, was ja eine sehr gute Abwechslung darstellt. Wart Ihr alle zusammen? […]*

Dass Du das Heimweh nicht unterdrücken konntest – lieber Junge, das geht nicht so leicht, und das sollst Du auch gar nicht. Wenn man viele Jahre wo lebt, und man hat dort seine Familie, seine Freunde, man kennt jeden Baum in der Nähe, jedes Haus, sozusagen jeden Stein, dann kann man, einmal weg, nicht alles wie ein Stück Papier wegwerfen und sagen, vorbei. Umso mehr, als man natürlich schöne Zeiten nicht vergessen kann. Aber in die Erinnerung an die schönen Tage, die Du mit uns verbracht hast und die, so Gott will, hoffentlich bald wiederkommen werden, müssen sich ganz nüchterne Gedanken mischen, die die Trennung weniger fühlbar machen.

Diese Gedanken kennst Du. Es ist die Unmöglichkeit für junge Menschen, hier zu leben und etwas zu werden, es ist die Unmöglichkeit überhaupt für uns weiterzukommen. Dass Du von uns wegmusstest, war schmerzlich, aber notwendig. Und gerade jetzt in diesen Tagen sehen wir doppelt, wie gut es war, dass es uns gelungen ist, Dir ein schöneres Land zu verschaffen, wo Du zwar nicht mit Deinen Eltern und nicht mit Deinen

Freunden sein kannst, wo Du aber ein freier Mensch bist und eine Umgebung vorfindest, die Dir zugetan ist. Welch ein großer Unterschied zwischen dem Leben, das Du draußen, und dem, das Deine Freunde hier führen! Schon in dem Umstand, dass Du ins Kino gehen kannst und sie hier nicht, hast Du schon ein ganz klein wenig von den Umständen, die das Leben hier nicht günstig gestalten.
Deshalb denke weiter an uns, so wie wir es täglich bei Dir machen. Denke daran, dass Du augenblicklich besser daran bist, wenn Du nicht mit uns bist. Die Zeit, da wir wieder zusammen sind, wird kommen. Wir müssen halt tapfer die Gefühle, die uns am nächsten sind, also die Sehnsucht nacheinander, unterdrücken und uns sagen, dass die Trennung notwendig war.
Auch durch Meere getrennt, werden wir einander nicht vergessen und immer aneinander denken, so lange, bis wir eben wieder ein gemeinsames Heim und ein gemeinsames Leben führen werden. Vielleicht werden wir dann irgendwo in einem Häuschen in fremdem Land leben, und Du wirst, dank den Kenntnissen, die Du Dir erworben hast, unseren Garten pflegen.
Also, das Wichtigste ist jetzt aushalten! Das wirst Du, ich kenne Dich viel zu gut, auch sicher besorgen. Liebster Junge. […]
Sei herzlich gegrüßt und geküsst, Dein treuer Papa

Das Wichtigste ist aushalten.

Einundsiebzig Jahre nach dem Tag im März, als Pepi seinen wortreichen Brief abschloss – einundsiebzig Jahre nachdem er an dem breiten Tisch saß, an dem Otto so viele Male gesessen, geschrieben, Karten oder mit anderen Dingen gespielt hatte –, lese ich seine Worte und frage mich, ob er sie an seinen dreizehnjährigen Sohn richtete. Oder an sich selbst.

Auch das muss vorübergehen.

Am selben dunklen, schneereichen Vormittag, am Tag nach der Besetzung der Tschechoslowakei durch Deutschland, schrieben auch Paul und Tante Nuny an Otto. Sie taten, was sie konnten, um die Wirklichkeit und die Gewalttätigkeit der Welt draußen zu lassen.

Mein liebes Otterl, Du kannst Dir gar nicht vorstellen, wie sehr wir uns über Deinen Brief vom 13 ds., der hier infolge der außerordentlichen politischen Geschehnisse verspätet ankam, gefreut haben. Denn es ist ein wahres Glück für Dich, in einen der schönsten Berufe eingeführt zu werden. Du kannst Dich den ganzen Tag im Freien aufhalten, trittst in engste Fühlung zur Natur und kannst das Werden und Wachsen der Pflanzen vom Samen bis zur Frucht täglich beobachten.
Ich selbst habe ein leider nur theoretisches Interesse für die Gärtnerei, aber verfolge eifrig die Artikel in den englischen Zeitungen, die sich damit befassen. So habe ich unlängst gelesen, dass es für das Gedeihen mancher Gemüse von größter Bedeutung ist, dass sie bei wachsendem Mond gesät werden.
Du darfst aber nicht glauben, dass alles, was Du hier gelernt hast, überflüssig war. Du weißt nur heute noch nicht, von welchem Nutzen es Dir später einmal sein wird. Davon abgesehen, dass Du durch das Studium ein intelligenter Bursche geworden bist, der sich vorteilhaft von den Jungen Deiner Altersklasse unterscheidet.
Du Glückspilz darfst ins Kino gehen, das uns hier verboten ist. Außerdem kannst Du solche hochklassigen Filme sehen, wie die Meuterei auf der Bounty, *den wir hier leider versäumt haben.*
Von Deinen Kollegen kommen nur Georg und Milosch her. Letzterer hat sich in Tarock ein wenig gebessert. Der arme Ernst muss sich noch mit Latein und Griechisch plagen, an manchen Tagen habe ich für ihn nur abends Zeit, da ich mit Englischstunden sehr beschäftigt bin.

Mein liebster Bub, heute habe ich mich etwas länger mit Dir unterhalten können. Wenn ich auch nicht oft schreibe, so kannst Du sicher sein, dass ich Dir meine Liebe und Treue bewahrt habe, dass ich Dich nicht vergessen habe und nie vergessen werde. Mit sehr vielen herzlichen Grüßen, Onkel Paul

Lieber und teurer Otti, teurer aus dem Grunde, da ich heute bemüßigt bin, den Brief mit einer 40 Pf. Marke zu versehen, damit Du den Satz komplett hast.
Onkel Paul geht seit Erhalt Deines Briefes mit einer langen Nase herum. Erstens, weil er in kein Kino gehen kann, und zweitens darfst Du Blumen betreuen, er aber nur Menschen Englisch beibringen. Fein wird das werden, wenn Du Blumen pflanzen wirst, bis jetzt hast Du ja nur immer uns gepflanzt. Tante Hansi und Gatte wohnen ab 1. April bei Frau Reiner. Everl Rakower geht schon Ende ds. Mt. nach England. Sonst gibt es nichts Neues zu berichten. Das Wetter ist hundsmiserabel, aber auch bei schönem Wetter bin ich immer zu Hause oder in der Nähe auf einem Tratsch. Es grüßt und küsst Dich Deine Tante Nuny

Nun wurden auch die tschechischen Juden verfolgt. Antijüdische Gesetze brachten sie um ihre bürgerlichen Rechte. Man beschlagnahmte ihr Eigentum. Synagogen wurden verwüstet. Menschen jüdischer Abstammung wurden Schikanen ausgesetzt, auf den Straßen überfallen und festgenommen.

Daheim in der Löwengasse 49 herrschte ein Alltag, der zugleich neu und uralt war. Alles hatte sich verändert, und alles war sich gleich. Die Menschen bewegten sich in dem Raum dazwischen. Dass der Junge, ihr Otto, sich jetzt anderswo befand, versuchte der Rest der Familie aus den Gedanken zu verbannen. Die ließen sich zumindest steuern. Hin und wieder. Der Alltag aber. Zu viel war bereits geschehen, jetzt hingegen geschah nichts, und sie konnten sich nicht entschließen, ob das ein gutes Zeichen war oder ein schlechtes. Sie liefen in den Zimmern umher. Aßen ein wenig. Machten kürzere Spaziergänge zum Postamt an der Ecke. Kehrten ins Haus zurück. Liefen in den Zimmern umher. Warteten auf den Briefträger.

Pepi schrieb: »Du weißt ja, wie es ist. Am Morgen hört man Geräusche aus Tante Gretes Zimmer, dann aus der Küche, wo unsere ›Damen‹ zusammentreffen und über die Einkaufsliste reden oder geräuschvoll mitteilen, dass sie unterschiedlicher Meinung sind. Dann muss ich leider aufstehen, obwohl ich sehr gern liegen bliebe. Die Zimmer werden unter Gesang geputzt, und dargebracht mit Tante Gretes und Nunys wunderbaren Stimmen, klingt der zuweilen richtig gut.«

In der Küchendiskussion war auch Otto gehört worden, jetzt aber fehlte seine Stimme, die »immer dazwischengezwitschert hatte«. Stattdessen versuchten die Erwachsenen, die Rolle des Kindes selbst zu übernehmen.

Pepi saß später am Tisch mit der massiven schwarzen Schreibmaschine vor sich und verfasste Brief um Brief. Täglich an seinen Sohn, danach unaufhörlich an Freunde, Bekannte von Bekannten, Kontakte, die er durch seine Arbeit als Journalist erworben hatte. Gab es eine Tür, dann wollte er sie finden.

Elise stopfte Strümpfe. Nuny war ständig da, war an den Mahlzeiten beteiligt, dem Nichtstun, den ewigen Gesprächen darüber, wer seine Kinder aus dem Land hatte schicken können oder wem es misslungen war, der täglichen Erörterung, wer seine Koffer packte und wie er vorgegangen war, um das Schlupfloch zu finden. Paul war derjenige, der noch immer Arbeit hatte, da viele von denen, die auf eine Möglichkeit zum Verlassen des Landes warteten, jetzt Englisch lernen mussten. Ab und an kamen Ottos alte Freunde, Ernst und Milosch, auf ein Kartenspiel vorbei. Und man besuchte andere in der unmittelbaren Nachbarschaft, Besuche, bei denen die Eltern einander laut aus Briefen vorlasen, Schrift, Ausdrucksweise und Erfahrungen der Kinder verglichen. War England besser, war das Essen reichlicher in Schweden, wie schwer mussten sie in Palästina arbeiten? Wie war die Situation in Schanghai?

Mizzi hatte als Hausgehilfin aufhören und sich eine andere Arbeit suchen müssen, weil Juden niemanden, der Arier genannt wurde, anstellen durften, doch kam sie Tag für Tag treu vorbei. Als wäre alles wie immer. Einen Lohn konnten Lisl und Pepi nicht mehr zahlen, und auf diese Weise wechselte der Schwerpunkt ihrer Rollen. Mizzi war nun diejenige, die am meisten besaß. Sie konnte sich frei bewegen. Ihre Zuteilungskarte sah für sie mehr und bessere Waren vor. Selbige war nicht in sanftem Rosa gehalten und gemustert mit Hunderten roter Buchstaben, die das Wort Jude ergaben. Mizzi konnte Läden betreten, in denen es ihnen verboten war einzukaufen, und sie war diejenige, die den Inhalt der Lebensmittelpakete von ihren Eltern auf dem Land mit ihnen teilte. Nicht mehr sie sagte Danke.

Otto begann sich vielleicht zu gewöhnen. Seine Tage waren angefüllt mit den Routinen und Regeln des Kinderheims, obgleich die Schlange zum Klo jetzt kürzer war, weil weniger Kinder hier wohnten. Er wurde Lehrling. Er wusste, dass ihm nichts anderes übrig blieb, als das Beste aus der Situation zu machen. Die Gärtnerei war groß, mit einer unendlichen Anzahl an Töpfen, die von Schlamm und Wurzeln frei zu schrubben waren. Erde wurde ausgetauscht. Zwiebeln gesetzt. Drei Stunden am Vormittag und zwei am Nachmittag.

Sich unwohl fühlen war nicht die richtige Bezeichnung, doch auch nicht sich wohlfühlen. Im Gegensatz zur Erinnerung an die Straße, die Bäume und die Familie in Wien war sein tägliches Leben in Schonen eine unverkennbare Tatsache. Und nur eins ließ sich aus den Gedanken schieben.

23. März 1939
Liebes Otterl! Wie immer habe ich mich sehr gefreut, von Dir zu hören, dass es Dir gut geht, kein Wunder, wenn man mit Mäderln, die, wie ich annehme, hübsch sind, ins Kino gehen darf. Versteht Dich das Mäderl, wenn Du Englisch sprichst? Verstehst Du sie? Also, am Vormittag pflanzt Du Blumen, am Nachmittag Mädeln.
Milosch und Georg kommen nach wie vor her, und was das Verbot des Tarockspiels betrifft, so weißt Du, wie das gehandhabt wird – wir spielen doch.
Wir sind alle sehr neugierig, wie Du Dich als Stepptänzer bewähren wirst. Ich glaube, Du wirst dort Aufsehen erregen. Für heute Servus, liebster Bub. Behalt uns weiter in guter Erinnerung und sei vielmals gegrüßt, Onkel Paul

23. März 1939
Liebster Otti, heute ging der Briefträger wieder an unserer Tür vorbei. Das betrübt uns ein wenig, aber wir sind nicht beunruhigt, weil wir aus Deinen Briefen wissen, dass Du nicht

immer Zeit und Kraft hast zu schreiben, dass Du manchmal zu müde bist. Hoffentlich bekommen wir Deine schönen Briefe, die uns so viel Freude machen, bald wieder. Überall, wo wir sie zeigen, machen sie Eindruck, weil Du oft so lustig, klug und gut schreibst. Das Einzige, was ich zuweilen auszusetzen habe, ist, dass sie nicht sehr ausführlich sind. Aber wenn Du etwas mehr Zeit hast, wirst Du das bestimmt ändern, nicht wahr? Von uns gibt es nichts Neues. Gestern hat sich Helleberg, Burchis Papa, verabschiedet. Heute fährt er zuerst in die Schweiz und dann nach England. Wann Harry Schein fährt, weiß ich nicht genau. Er hat es uns nicht gesagt. Ich vermute, dass Du nicht sehr neugierig auf ihn bist. Es ist aber nicht unmöglich, dass er zu Dir Kontakt aufnehmen wird, wenn er draußen ist. […] Sei vielmals gegrüßt und geküsst, Dein Papa

Als Otto noch jünger war, hatte er im Herbst Kastanien von der Erde aufgelesen, sie in die Taschen gestopft und mit zu Lisl heimgenommen. Sie hatte sie in eine Schale auf dem Esstisch getan, und dort lagen sie dann schwer, blank und ebenso kühl wie die Erde, von der er sie aufgehoben hatte. Immer aber war es dasselbe. Einen Tag später hatten sie ihren Glanz verloren und waren schrumplig. Und obwohl er gewusst hatte, dass die Runzeln gewissermaßen im Innern der schimmernden Schale warteten, war es ihm unmöglich, sich das vorzustellen. Ebenso unmöglich, wie sich den Hunger vorzustellen, wenn man satt ist. Oder seine Eltern als machtlos.

Die eine der Gärtnertöchter war ebenfalls dreizehn Jahre alt. Sie und ihre Schwester machten es ihm leichter, seine Arbeitstage durchzustehen.

25. März 1939
[…] Heute habe ich ein Jubiläum zu berichten. Du erhältst von mir nämlich bereits den 50. Brief. So lange bist Du schon

weg, aber die Zeit vergeht im Fluge. Ich muss allerdings sagen, dass ich fleißiger war als Du. Während ich jeden Tag schrieb, hast Du Dir besonders in der letzten Zeit sehr viel »Luft« gelassen. Heute haben wir wieder vergeblich auf den Briefträger gewartet […]. Hoffentlich wird er uns aber noch bei der zweiten Post oder am Nachmittag mit einem Brief von Dir erfreuen.
So gar keine Post zu haben, ist wirklich unangenehm. Man möchte doch gar zu gerne wissen, was der liebe Wutzi macht, ob er wirklich schon schlanker geworden ist oder ob das nur so eine wilde Drohung war. Ob die Arbeit im Garten ein Vergnügen ist, das durch die Anwesenheit der beiden Gärtnertöchter noch erhöht wird. Ob das Kino nett ist und wie sich die Leute in Tollarp zu den feschen Wiener Jungen stellen, zu denen ja auch Du gehörst. Man möchte ja dies und jenes wissen, aber man erfährt nichts, weil die Post sehr selten geworden ist. […] Hast Du wirklich so viel zu tun?

Hurra! Soeben – ½ 12 Uhr vormittags – brachte der Briefträger Deinen Brief vom 13., der uns wenigstens anzeigt, dass Du gesund bist.
Du armer Bub! Müde bist Du, das kann ich mir vorstellen, aber das wird sicher besser werden, wenn Du erst entsprechende Kraft in den Muskeln haben wirst. Wir wollen Dich dabei nicht bedauern, denn wir denken uns, dass alles, was Du machst, einmal zu Deinem Vorteil ist. Jetzt schreib auch einmal, ob der Gärtner ein jüngerer Mensch oder ein alter Herr ist. Da er zwei Töchter in Deinem Alter hat, wird er ungefähr so wie ich sein, nicht wahr? Vielleicht schickst Du uns einmal eine Fotografie von der ganzen Gärtnerei samt Inhalt, also auch mit Wutzi. Geht das? […]
Harry Schein ist noch immer hier, der Transport ist wieder verschoben worden. Er hofft aber, noch im März wegzukommen. […]

Lieber Junge, die Mutti sitzt bereits neben mir und will schreiben. Sie schimpft zwar immer, dass ich ihr den ganzen Platz wegnehme, aber wie ich sehe, kommt sie mit dem Rest, den ich ihr lasse, immer aus. Also macht das nichts, wenn ich manchmal etwas mehr schreibe. Sei herzlichst gegrüßt und geküsst, Dein Papa

28. März 1939
Liebster Otti, heute haben wir keine Post erwartet, denn am Dienstag kommt ja niemals ein Brief, aber Du sollst Dein tägliches »Futter« doch bekommen. Neues gibt es allerdings nichts zu berichten. Es herrscht sehr schlechtes Wetter draußen, Regen, wenn auch warm, aber doch das richtige Wetter, um daheim zu bleiben. […]
Gerade ist Harry Schein bei uns. Er hat sich das schwedische Visum direkt verschafft und wartet nicht auf den Transport, sondern wird versuchen, allein zu fahren. Er glaubt, dass er in den nächsten Tagen von Wien abreisen wird. Näheres werde ich Dir noch mitteilen. Jedenfalls wird auch er Dir, sobald er draußen ist, schreiben. Dass er nach Uppsala geht, teilte ich Dir bereits mit. […]
Deine Arbeit hat sich wohl, wie wir hoffen wollen, nicht erweitert. Drei Stunden vormittags und zwei Stunden nachmittags sind ja im Allgemeinen nicht viel. […] Dass wir Dich sehr, sehr gern bei uns hätten, weißt Du ja. Aber derzeit sehnen sich alle Kinder, von hier wegzukommen. Auch die Eltern sehnen sich danach, ihre Kinder irgendwo im Ausland unterzubringen. Denn hier ist gar nichts, aber schon gar nichts los. Für junge Menschen in Deinem Alter ist es geradezu der Ruin, weil sie gar nichts anfangen könnten und nur verderben und verfaulen. So gut wie dort draußen könntest Du es wirklich nicht haben. Deshalb begnügen wir uns damit, an Dich zu denken. Für den Augenblick können wir nichts anderes tun. Wir sind froh, dass wenigstens einer aus der Familie es besser

getroffen hat und es vielleicht in absehbarer Zeit zu etwas bringen wird. […] Jetzt wäre nur der eine Wunsch offen, dass wir uns wiedersehen, aber das wird auch werden. Sei weiter guten Mutes, bleib gesund und sei vieltausendmal gegrüßt und geküsst von Deinem Papa

Lieber Otti! Morgen werde ich wieder glücklich sein, wenn Dein Brief ankommt. Außer Egon und Kurt ist jetzt schon alles weg, nur die Eltern sind meistens noch da. Aber es wird schon werden. Nur müssen wir etwas Geduld haben. Also, Schatzi, auf morgen! Sei herzlichst gegrüßt und geküsst, Deine Mutti

1. April 1939
Mein liebster Junge! […] Wir bedauern es wirklich sehr, dass Du nach der Arbeit so müde bist, aber wir hoffen, dass Du Dich nicht überanstrengen wirst. Es ist halt noch eine ungewohnte Sache, aber hoffentlich wird sich in einiger Zeit die Müdigkeit legen. Ich bin bedrückt, dass ich Dir nicht helfen kann, aber wie Du weißt, ist gerade das jetzt nicht möglich. So müssen wir halt auf bessere Zeiten hoffen. […]
Harry Schein hat sich nun auch schon seine Fahrkarte nach Uppsala verschafft und wird in den nächsten Tagen allein nach Schweden fahren. Der arme Junge hat sich in den letzten Tagen viele Stunden angestellt, damit er die Karte erhält (bei der Gemeinde in der Seitenstettengasse), und hat schon ein schlechtes Aussehen bekommen. Aber er hat Energie und schließlich alles durchgesetzt. Er dürfte Anfang nächster Woche abreisen.

Wie vertraut und dennoch fremd es war, vom Leben daheim zu lesen, dass es genauso verlief wie früher. Doch ohne ihn. Otto wurde berichtet, dass Tante Minas Foxterrier mit seinem alten, schweren Gummiball spielte, den er früher Fußball genannt hatte, und dass der Hund sich überhaupt nicht mehr einkriegte, wenn ihm der Ball auf die Schnauze fiel.

Wie konnte das vor sich gehen, ohne dass er dort war? Wie konnte er sich hier im Kinderheim neben dem Buchenwald aufhalten, umgeben von tiefbraunem Ackerboden und Schotterstraßen, weit entfernt von Straßenbahnen und Auspuffgasen – wie konnte er sich hier befinden, ohne dass dort alles zum Erliegen kam, seine Dimensionen verlor, zu Schattenspiel und Silhouetten wurde?

Die Sehnsucht nach dem Hund packte ihn, die Sehnsucht nach dem hässlichen Ball, nach den verhedderten Teppichfransen, nach Muttis Verärgerung, wenn er für Unordnung sorgte, nein, nicht an Mutti denken, nur an den Hund, wie er alles vollspritzte, wenn er aus dem Napf im Treppenhaus trank, und wie Mizzi es aufwischte, nein, nicht an Mizzi denken.

Die Briefe, die Tag für Tag eintrafen, waren sowohl Rettungsleine als auch Stacheldraht, Wiedersehen und Abschied, zuerst machten sie ihn froh, dann hatte er genug von ihnen, es war einfach kein Platz für alles. Von Tante Minas Foxterrier wollte er überhaupt nichts lesen, so sehr sehnte er sich danach, auf dem Fußboden zu liegen und mit den Fingern durch sein kräftiges Fell zu fahren.

Liebster Otti, morgen ist Posttag, da werde ich schon in der Früh auf den Briefträger warten. Sonst ist es hier wirklich sehr langweilig, und ich würde mir ehrlich wieder einen Deiner schlimmen Tage wünschen, damit es hier wieder etwas lauter wird. Am Ende wirst Du inzwischen so gesittet sein, dass Du mich gar nicht mehr ärgern wirst. So ändern sich die Zeiten.

Jetzt möchte ich gerne wieder mit Dir schimpfen können, aber das wird auch wiederkommen, und darauf freue ich mich sehr. Dann werden wir nicht genug Zeit haben, um alles zu erzählen. Also, mein Liebstes, morgen hoffen wir alle auf Post! Sei viele, viele Male gegrüßt und geküsst, Deine Mutti

5. April 1939
[…] Heute abends fährt Harry Schein allein nach Uppsala. Er hat sich Deine Adresse notiert und wird Dir von Uppsala nach der Ankunft schreiben. Da hast Du wenigstens einen von der Gilde oben. Er freut sich schon sehr, endlich wegzukommen, und sieht auch schlecht aus. Ich bin überzeugt, er wird sich droben bald erholen.

Im Jahr 1939 hielt der Reichskanzler insgesamt vierundzwanzig größere Reden, etwa zwei im Monat. Der April bildete keine Ausnahme. Am 28. stand er vor dem uniformierten Reichstag und sprach anlässlich eines Briefs des amerikanischen Präsidenten Franklin D. Roosevelt, in dem dieser für die Vermeidung von Waffengewalt, die Vermeidung eines Angriffs – ja, eines Kriegs plädierte.

Reichskanzler H.:

»Herr Roosevelt verlangt endlich die Bereitwilligkeit, ihm die Zusicherung zu geben, dass die deutschen Streitkräfte das Staatsgebiet oder die Besitzungen folgender unabhängiger Nationen nicht angreifen und vor allem nicht dort einmarschieren würden. Und er nennt als dafür infrage kommend nun: Finnland, Lettland, Litauen, Estland, Norwegen, Schweden, Dänemark, Niederlande, Belgien, Großbritannien, Irland, Frankreich, Portugal, Spanien, die Schweiz, Liechtenstein, Luxemburg, Polen, Ungarn, Rumänien, Jugoslawien, Russland, Bulgarien, Türkei, Irak, Arabien, Syrien, Palästina, Ägypten und Persien.«

Das Lachen der versammelten Männer im deutschen Reichstag klang mit jedem erwähnten Land lauter, füllte das Reichstagsgebäude in Berlin und verbreitete sich mit der Geschwindigkeit der Ätherwellen in alle Wohnzimmer und Küchen, in denen der Radioapparat eingeschaltet war.

Heute war Führer-Rede. Wir sind jedenfalls froh, dass es nicht zum Krieg gekommen ist. Es wäre für uns furchtbar gewesen, wenn wir vielleicht nicht hätten in Korrespondenz stehen können. Aber andererseits waren wir doch froh, dass Du in diesen kritischen Tagen nicht hier bist. Was immer geschehen wäre, wärst Du draußen wahrscheinlich doch sicher gewesen, auf alle Fälle sicherer als hier. Und was immer auch vielleicht noch sein mag, wir können uns auf Dich verlassen. Du wirst Dich schon durchschlagen, bis wir wieder zusam-

menkommen. Man muss im Leben mit allen Eventualitäten rechnen, denn man kann nie wissen, wie sich etwas entwickelt.

Der Spätwinter schmolz zum Frühling. Otto pflückte Himmelsschlüsselchen auf einer Lichtung, presste sie und schickte sie heim, für jeden eine Blume mit der Hoffnung, dass sie Glück bringen möge.

Als es wärmer wurde, gingen die Kinderheimkinder an den Fluss hinunter. Beim Umziehen halfen sie einander, sich mit Handtüchern zu bedecken, so wie sie es von daheim gewohnt waren, einer hielt dem anderen das Handtuch um, während die Hüllen fielen. Das Wasser nahm ihre blassen Leiber in Empfang. Schwimmstöße brachen den Wasserspiegel. Danach Kekse und Saft aus den Flaschen im Korb.

Eine Handvoll Kinder an einem Sommertag im Wasser, eine Gruppe Kinder danach in der Sonne. Das Bild lässt sich nicht anders beschreiben, als dass das Leben gut war. Nicht verwunderlich, dass sich Schwermut einstellte.

Otto lag mit geschlossenen Augen am Ufer des Flusses, die Sonne über ihm strahlte warm und färbte die Welt hinter den Augenlidern hellrot. Wenn er die Augen weiterhin nicht öffnete, die ihn umgebenden Kinder im wohlbekannten Wiener Dialekt reden hörte, wenn er das letzte Jahr wegdachte, die letzte Zeit, die Zugfahrt, den Hunger daheim, den Abschied, das, was an Muttis Geburtstag geschehen war – dann war er zurück an einem anderen Tag an einem anderen Ufer, nicht mehr als ein Jahr her und zugleich eine Unendlichkeit weit fort.

Wie sollte er über die Sonnenwärme, den grünen vorbeiströmenden Fluss schreiben können? Wie sollte er sie verstehen lassen, wie es war, zur selben Zeit zu trauern und zu genießen. Papa.

Wien, den 26. Mai 1939
Mein liebster Bub, gestern ging ich, nachdem ich den Brief an Dich fertig geschrieben hatte, vom Hause, und nachher kam Dein Brief, der den Inhalt meines Schreibens zum Teil illusorisch machte. Ich bekam Deine Zeilen erst am Abend zu Gesicht und will Dir daher sofort antworten.
Ich möchte Dir vor allem sagen, dass ich Dir für Dein Schreiben herzlichst danke. Nicht nur ich, sondern alle im Hause und auch andere, denen wir Deinen Brief zu lesen gaben, waren gerührt. Du hast uns wieder einmal einen Otto in Erinnerung gebracht, den wir so geliebt haben, der ein guter und auch ein gefühlvoller Junge ist und der uns, wie ich schon so oft geschrieben habe, immer wieder fehlt. Und wenn ich so Deine Zeilen lese, dann schäme ich mich nicht, Dir zu sagen, dass meine Sehnsucht nach Dir übergroß zu werden droht. Aber dann lese ich die Sätze, in denen Du vom Bad im Fluss, von der Sonne, von dem Vergnügen, Obst essen zu können, sprichst, und dann denke ich wieder ruhiger und freue mich, dass Dir in diesen für uns so traurigen Zeiten doch so manches gegeben ist, was anderen in Deinem Alter versagt bleibt. […]
Dass Du schon um 6 Uhr aufstehen musst, mag am Anfang unangenehm gewesen sein, aber jetzt ist es ja schon Ende Mai, und es ist hell. Wenn man sich an das früh Aufstehen gewöhnt hat, dann wirkt die frische Morgenluft besser, als man meint. Es ist natürlich kein Trost, und ich bedauere Dich wirklich, Du Armer, dass Du so zeitig aufstehen musst, aber ich hoffe, Du hast Dich jetzt schon daran gewöhnt. Schreib uns darüber, wie Du Dich fühlst. Was macht Ihr eigentlich in der Früh? Du gehst doch erst um 9 Uhr in die Arbeit, nicht?
Mache Dir keine Gedanken, dass Du uns ein paar Tage nicht geschrieben hast. Wir waren zwar etwas beunruhigt, aber da wir nun den Grund wissen, sind wir zufrieden. Wir verstehen es vollkommen, dass Du müde bist, und wir wollen auch nicht, dass Du von Deiner freien Zeit an schönen Tagen

etwas abknappst, um zu schreiben. Aber wir machen Dir einen Vorschlag. Wenn Du viel zu tun hast, dann schreib uns nur eine Karte, und wenn auch nur ein paar Worte darauf stehen, wenn wir nur daraus lesen können, dass Du gesund bist. Wir werden uns auf die Kürze schon einen Reim machen und eben annehmen, dass Du zu stark beschäftigt bist, dass Du müde und eben nicht dazu gekommen bist. Mache Dir also nichts daraus, wir sind Dir für Deinen letzten Brief, der jetzt wieder von Hand zu Hand geht und den natürlich jetzt auch Herr Götz bekommen wird – vielleicht verwendet er ihn für sein Buch, weil er so schön ist –, dankbar und freuen uns auf den nächsten.

Wie ich Dir früher sagte, auf der einen Seite habe ich mich so sehr gesehnt nach Dir und mich gekränkt, dass Du nicht bei uns sein kannst, aber auf der anderen Seite freue ich mich. Denn wenn ich lese, dass Du Obst essen kannst und Tomaten usw., dann kann ich nur sagen, dass Du draußen besser dran bist. Denn Obst gibt es hier fast überhaupt nicht, und wenn, so teuer, und auch mit dem Gemüse ist es nicht einfach. Du hast da also mit vielen anderen, die Ihr draußen seid, Vorteile gegenüber den Leuten hier, die gar nicht zu ermessen sind. [...]

Mit besonderer Rührung habe ich Deine Erinnerung an die schöne Zeit gelesen, da wir zusammen in Ischl in der Sonne gelegen sind. Auch wir haben damals nicht gedacht, dass wir Dich werden von uns gehen lassen und in die Fremde schicken müssen. Aber heute sehen wir mehr denn je, dass es sein musste; dass wir Dich gesund erhalten wollen; dass wir Dir jede Unannehmlichkeit, Demütigung und Schmerz ersparen wollen, das hast Du ja gewusst.

Gerade in einer Zeit, da Du ein fescher Junge geworden bist, aufgeweckter, gescheiter, empfindlicher im Denken und Fühlen und empfindlicher auch für jede Kränkung, war es gut, dass Du in ein anderes Land gegangen bist. In ein Dir fremdes

Land, aber mit Menschen so gut und anständig, dass es wieder nicht fremd empfunden werden kann.
Und so traurig es ist, es sagen zu müssen, so muss man es immer wieder sagen: Wir haben Dich viel zu gerne, und wir lieben Dich viel zu sehr, als dass wir solche Egoisten wären, um Dich hier in Wien zu behalten.
Wir sind glücklich, dass Du ein freier Mensch bist, und ich bin sicher, es wird die Zeit kommen, da wir alle wieder vereint sein können. Hoffentlich haben wir dann wieder die Gelegenheit, alle zusammen in der Sonne zu liegen und uns unseres Lebens zu freuen.
Du hast das Leben von einer anderen Seite kennengelernt. Du bist in die Fremde gekommen, bist selbständig geworden. Wenn Du manchmal an die Stunde des Abschieds denkst, damals auf dem Ostbahnhof, so möchte ich Dir sagen, dass auch wir das tun. Während wir Dir mit nassen Augen winkten, sagten wir in unserem Innern, da zieht er hinaus, unser goldiger Junge, in ein besseres Land und in eine bessere Zukunft. Und so wird es hoffentlich auch sein. Wir wollen heute nichts anderes, als in uns die Hoffnung tragen, Dich recht bald und gesund wiederzusehen. Also gib acht auf Dich, beim Obstessen ebenso wie beim Baden. Viele tausend Grüße und Küsse, Dein treuer Papa
PS: Tante Grete schickt Dir ein Briefpapier, damit Du ihr auch einmal schreiben kannst. Sie hat sich nicht geändert und ist nach wie vor meschugge.

Die Briefe zwischen Wien und Schweden wanderten hin und her, waren wie weiße Fenster. Die Erwachsenen schauten hinaus und sahen alles, was sie vermissten. Otto bekam Einblicke in ein Leben, seltsam ähnlich dem, das er bisher gelebt hatte, und doch nicht mehr seines.

Pepi bestand darauf, Tante Grete eine dumme Gans zu nennen, und regte sich unentwegt über ihre Kleidung auf, über die Töne, die sie von sich gab, und ihre Miene. Er machte seine täglichen Spaziergänge, blieb jedoch in der Nähe ihrer Straße, und er schrieb weiter Brief um Brief an sein Kontaktnetz, auf der Jagd nach jemandem, der als ökonomischer Garant im Ausland fungieren und jedem von ihnen sein Affidavit zukommen lassen könnte. Das Warten führte zu Gereiztheit. Erst richtete er sie gegen Tante Grete – wen sonst –, dann gegen Lisl. Sie schalt zurück, aber keiner wurde froher davon.

So, liebster Junge, heute habe ich wieder einmal einen ernsten Brief geschrieben, vermutlich weil es draußen so schön ist und ich deutlich spüre, wie gut es ist, dass Du nicht mehr hier sein musst. Aber kümmere Dich nicht um den Ernst, sei weiter froh und unbekümmert. Ich kann nicht immer lachen und lustig sein, ich grüble viel zu viel. […]
Hast Du schon was von Harry Schein gehört? Er ist in Uppsala und hat uns seinerzeit vor seiner Abreise gesagt, dass er Dir von oben gleich schreiben würde. Wenn er es nicht getan hat, ist auch nichts dabei, zu Deinen intimen Freunden hat er ja nicht gezählt, und Du würdest es verschmerzen, von ihm vergessen zu sein.

Als man ihre Tage des Inhalts beraubt hatte, blieb allein die Zeiteinteilung übrig. Die Sekunden vergingen, die Minuten ebenfalls. Den Stunden aber schienen Anfang und Ende zu fehlen. Sie verschmolzen miteinander und waren unmöglich auseinanderzuhalten.

Lisl und Nuny meldeten sich zu einem Kochkurs unter der Regie der Jüdischen Gemeinde an. Lisl hatte ihr ganzes Leben mit Hausmädchen verbracht und nie eine größere Mahlzeit zubereiten müssen. Doch jetzt, vor der Emigration und mit einer anderen, weniger privilegierten Zukunft als Emigrantin vor Augen, musste sie Maßnahmen treffen. Pepi tat das Seine, indem er unter Pauls Leitung Englisch lernte. Zu einigen festen Terminen in der Woche hatten sie frei vom Nichtstun.

Mutti ist bis jetzt 6 Uhr abends von der Kocherei noch nicht zurückgekommen. Wahrscheinlich ist der Strudel nicht gelungen … Krach, man soll nicht verleumden. Kaum habe ich das geschrieben, so öffnet sich die Türe und Mutti kommt herein, und der Strudel ist auch schon da. Also ich ziehe alles zurück, ob das Essen was wert ist, werde ich Dir morgen schreiben.

Das Ergebnis, hinsichtlich Muttis Mohn- und Nusskuchen, Strudel usw., ist nicht schlecht, aber ich glaube, dass alles von der Lehrerin gemacht wurde. Mutti war zwar beleidigt, aber unter uns gesagt, die Kuchen sind gut, und da sie beim Kochen geschickt zu sein scheint, wirst Du hoffentlich bald an ihren Kochkünsten teilhaben können. Das hoffen wir!

Blatt um Blatt wurde mit Tinte und Sehnsucht gefüllt, und schon bald hatte Pepi mehr als hundert Briefe verfasst. Die Tasten der Schreibmaschine für die Buchstaben des Wortes Geduld waren allmählich abgenutzt, so viele Male hatte er es wiederholt.

Das Wetter ist heute prachtvoll schön, sehr warm, eigentlich das erste Badewetter, und demzufolge sind die Straßenbahnen, die in den Prater führen, sehr stark besetzt. Wir machen nicht viel. Mutti und Tante Nuny sind im Kochkurs, ich habe jetzt eine Stunde zu nehmen, und dann treffe ich mit einem Kolle-

gen in seiner Wohnung zusammen. Für unsereinen ist ja auch im Allgemeinen nicht viel zu unternehmen. Wenn es so schön ist, machen wir trotzdem nichts, denn überall sind zu viele Leute, und man weiß nicht.

Die Welt rundum sah genauso aus wie immer, doch nichts war wie zuvor. Der Laden des Metzgers lag noch immer an der Ecke, und er und seine Familie grüßten erfreut – vielleicht aber war ihr Ton ja herzlicher, wenn sonst keine Kunden da waren.

Die Pläne, zu Pepis Bruder nach Montevideo zu emigrieren, mussten aufgegeben werden, da Uruguay jede Einwanderung stoppte. Doch Pepi schrieb weiter, fest entschlossen, eine Umgebung zu verlassen, die nichts lieber wollte, als dass er sich fortbegab.

Um die Mittagszeit schaute die Sonne heraus, und das Wetter wurde gut genug für das geplante große Volksfest der SA auf der Jesuitenwiese. Doch dann gegen fünf ging es los, ein Unwetter nach dem anderen, auch Wolkenbruch, und die Leute rannten aus dem Prater und schafften es nicht, schnell genug Schutz zu finden, sondern wurden nass bis auf die Haut. Natürlich nicht wir. Wir blieben im Haus. Selbst wenn das Wetter schön gewesen wäre, wären wir nicht nach draußen gegangen. Es macht keinen Spaß, sogar im Prater vom Stuhl verjagt zu werden.

Der strahlende Sommer machte es nicht leichter. Ihre Gesichter wurden blass. Sie konnten den Unterschied selbst sehen, wer sich ohne jede Einschränkung in der Sonne bewegen durfte und wer nicht.

Auch die Stunden voller Gold, weißem Marmor und gemeinsamer Freude, die mehrere Abende der Woche ausgefüllt hatten, damals, als noch alles wie immer gewesen war, gab es nicht mehr. Sie hatten sich festlich gekleidet, hatten nach Parfüm gerochen und waren voller Erwartungen gewesen. Pepis älterer Bruder Egon war ein bekannter Journalist und Chefredakteur und hatte über eine eigene Opernloge verfügt, in der Pepi, Lisl und Otto dann saßen, ein Vogelnest aus rotem Samt, ein zweites Zuhause. Waren die Vorstellungen wagnerlang, hatten sie als Proviant für die Pausen Hühnchen mitgebracht.

Jetzt standen der pensionierte Egon und seine Frau ohne Opernloge, ohne Wohnung und Pension da und waren, völlig verarmt, aus purer Barmherzigkeit bei Bekannten untergekommen. Nun wurden alle Abende daheim verbracht. Lisl und Pepi gingen schon um neun schlafen.

Jetzt dürfen wir auch nicht mehr in den Prater gehen, und da heute diese Verordnung herausgekommen ist, freuen wir uns hier doppelt, dass Du nicht mehr hier und diesen Beschränkungen nicht unterworfen bist. Wir sind ja ohnehin nicht viel weggegangen, hie und da habe ich einen Gang durch die Rustenschacherallee gemacht, das fällt jetzt auch weg. Es kränkt und berührt mich nicht, da dies ja nur selten der Fall war.

Otto schrieb zurück, versuchte sie mit Anekdoten und beruhigenden Informationen zu erfreuen. Eine Tatsache aber war, dass er sich langsam zu gewöhnen begann. Nicht nur an die Haferflocken, das süßliche Brot mit Margarine zum Abendkakao, an das Heimweh, das ihn im Schlaf überfiel, wenn er sich nicht wehren konnte. Allmählich gewöhnte er sich auch an das Schuldgefühl, das gleich einem Schatten an ihm festhing. Damit ihm die Fahrradtouren zur Gärtnerei und zurück nicht zu sehr gefielen. Auf dem staubigen Sandweg. Zwischen den dort umherflatternden Schmetterlingen.

Da sie das meiste vermissten und er alles hatte.

Fünfhundert Briefe.

Sie liegen in Stapeln, sorgfältig sortiert nach Jahreszahl und Datum. Zuerst Maschinenschrift auf dünnem Papier – Buchstaben in langen geraden Reihen, wie ein Monolog ohne Pausen. Dann immer kürzere Grüße, handgeschriebene Versuche, die Hoffnung am Leben zu erhalten. Verschiedene Hände haben die Feder geführt, was Unterschiede im Tonfall erkennbar macht, Unterschiede im Temperament. Zuweilen wechseln die Zeilen die Richtung, und die Wörter schlängeln sich den Rand hinauf.

Die vielfältige Weise der Schreibenden, die Buchstaben zu formen, die Neigung der Handschrift oder wie viel Platz zwischen den Wörtern gelassen wird, sagt vielleicht etwas über Alter, Persönlichkeit, den Stil derselben aus; Mutti Elise scheint pflichtbewusst zu sein, ihre ältere Schwester Grete schreibt groß und regelmäßig wie in einem Lehrbuch für Schönschrift, während die jüngere Schwester Nuny impulsiv wirkt, rascher, lebendiger.

In einigen Fällen wird deutlich, dass Pepi unter großem Druck steht oder in Eile ist. Er schreibt mit der Hand, der Text ist schwer entzifferbar und anders als sonst. Auf den allerletzten Postkarten hingegen scheinen die Worte mühevoll zu Papier gebracht, mit Langsamkeit und ohne Freude.

Die Namen, die die Briefe abschließen, gefüllt bis zum Rand mit Grüßen und Sehnsucht, bilden ein Muster aus Freundschaft, Irritation und Wärme; Papa. Mutti. Tante Nuny. Paul. Tante Grete.

Diejenigen, die geschrieben haben, sind tot. Das Material aber, Papier und Tinte, existiert noch. Würde ich ein spezielles Licht auf sie richten, fände ich sicher Fingerabdrücke, einige von ihnen vor mehr als siebzig Jahren hinterlassen.

Die Briefmarken kleben noch auf den Kuverts. Manchmal ist Hitler braun, manchmal dunkelblau. Zuerst kostete er zehn Pfennig, doch mit den Jahren wurde er etwas teurer.

An wie viele derer, die vor uns gelebt haben, erinnern wir uns? Wer kann erwarten, dass er in Erinnerung bleibt? Und – wer kann sich an alle erinnern?

Wie eine Antwort liegen die fünfhundert Briefe vor mir auf dem Tisch und singen im Chor, jeder mit seiner eigenen Stimme; eine Fuge, die im Mord endet.

Gab es euch? Lisl, Pepi, immer treu. Ich. Euer geliebter Junge. Hasse euch. (Nein. Ich hasse nicht.)

Am 1. September war die ganze Seite drei im *Kristianstadsbladet* mit Deutschlands Kriegserklärung an Polen ausgefüllt: »Hitler ruft zu den Waffen«.

Am Tag darauf bekam Otto die Neuigkeit mit Nachdruck bestätigt: »Polnisch-deutscher Krieg in vollem Gange«. Und: »Französisch-britisches Ultimatum an Berlin: Rückzug der Truppen aus Polen, andernfalls Krieg«.

Krieg.

Mit der Abenddämmerung wurde es schwarz vor Augen. Ganz Wien lag verdunkelt. Doch spielte das weiter keine Rolle. Nuny, Paul, Elise und Pepi durften sich, einer neuen Verordnung zufolge, nach acht Uhr abends ohnehin nicht draußen aufhalten.

Am 23. September wurde ihnen der Besitz von Radios verboten. Ullmanns gaben ihren Apparat ab, doch wie alle anderen kauften sie natürlich einen neuen.

Es erging die Weisung, dass Juden nur bei »verlässlichen« Ariern Lebensmittel erstehen durften, manche Händler wagten es aus Angst vor Missverständnissen und Repressalien dennoch nicht, jüdische Kunden zu bedienen. In einigen Städten durften Juden nur zu bestimmten Uhrzeiten einkaufen. Sie wurden angewiesen, eigene Schutzräume zu bauen. Ein paar Wochen später wurden die Regeln, was Radioapparate anbetraf, noch verschärft. Nur wer Namen und Adresse angab, durfte sie kaufen, sodass der Grad ihres Judeseins kontrolliert werden konnte. Konfiszierte Apparate wurden ans Militär geliefert.

Liebster Otti, da Dir Papa noch einen Brief schrieb, benütze ich die Gelegenheit und schreibe auch noch dran. Ich hoffe, dass sich alles in Ruhe erledigen wird lassen und wir keinerlei Sorgen haben werden. Sonst weiß ich Dir nichts zu berichten. Ich hoffe nur, dass sich alle Gemüter beruhigen und Friede

sein wird. Du weißt, ich habe gern, wenn sich alle Menschen vertragen, das habe ich Dir auch immer gepredigt.
Also, Liebling, bleib gesund, schreibe uns bald wieder und sei viele Male geküsst, Deine Mutti

Mehrere der schwedischen Missionare in Wien führten Tagebuch oder schrieben Briefe nach Hause. Aus ihrer Position heraus – weder Gejagte noch Jäger, weder gehasst noch hasserfüllt – hatten sie den Alltag auf besondere Weise im Blick. Pastor Johannes Ivarsson war einer von ihnen, er sah und notierte. Wenn er zum Beispiel jene, die emigrieren wollten, zur Behörde begleitete, in der man Pässe und andere notwendige Dokumente ausgab.

»Dem Juden wurde bei allen möglichen Gelegenheiten die Aufforderung erteilt, zu verschwinden. Man hätte vielleicht erwarten können, dass die Behörden die Pforten öffnen und ihm den Weg zur Flucht ebnen würden. Das war indes nicht der Fall. Wir, die diesen Menschen auch in Auswanderungsfragen zur Seite standen, hatten oft den Eindruck, dass man seine Meinung in letzter Minute vollständig geändert hatte und den Juden um jeden Preis behalten wollte!«

Und er zitierte den Beamten, der gefragt hatte, warum die Juden denn so viel Scherereien wegen all dieser Papiere machten, wenn sie daheim doch einen Gashahn hätten.

Pastor Johannes Ivarsson verglich den Wiener Herbst 1939 mit einem Keller, bei dem man sämtliche Eingänge zugemauert hatte.

»Ich kann Ihnen versichern, dass die Wände vor Angst trieften.«

Er hatte zuvor nicht gewusst, dass Männer derart weinen können. Frauen, so schrieb er, weinten ja oft ohne jeden Grund, nun aber musste er mit ansehen, wie erwachsene Männer, alte Frontkämpfer mit zahlreichen Tapferkeitsmedaillen, in seinem Zimmer im Haus der Schwedischen Mission in der Seegasse saßen, hemmungslos und hysterisch die Hände rangen, ohne jede Kontrolle über sich selbst. Die meisten hatten nichts mehr zum Leben, nachdem ihre Ersparnisse konfisziert und sie ohne Arbeit waren.

An den Sonntagen, wenn er auf der Kanzel stand, hatte

er ein paar Hundert entlassene Beamte vor sich. Da waren ehemalige Professoren, Ärzte, Rechtsanwälte, Schauspieler, Ingenieure und Kaufleute. Das Nichtstun machte sie fast wahnsinnig, und daher war es vielleicht nicht eben verwunderlich, dass die meisten den Bescheid zur Zwangsarbeit mit einer Art Erleichterung aufnahmen. Am Anfang.

Der Pastor selbst brauchte weder Zwangsarbeit zu leisten noch auf den abendlichen Kinobesuch zu verzichten. Deshalb konnte er sich gemeinsam mit anderen Österreichern den heiteren Film anschauen über »den ersten Arbeitstag des Juden hier im Leben« und dabei zusehen, wie die Professoren, Ärzte, Rechtsanwälte, Schauspieler, Ingenieure und Kaufleute zum ersten Mal mit Hacke und Spaten umgingen.

»Der Jude stellte sich tollpatschig an und wirkte hilflos und lächerlich«, kommentierte der Schwede und fügte hinzu, dass die Menschen im Kino vor Lachen fast erstickten.

Und er zog die Schlussfolgerung, dass die Arbeitgeber die Juden von da an als für die Arbeit ungeeignet einschätzten.

»Bei dem Geschäft machte man Miese, also kam der Rechtsanwalt rasch wieder nach Hause. Man hatte versucht, ihn arbeiten zu lassen und ›ein ehrlicher Mensch zu werden‹, der Jude aber hatte gezeigt, dass er es nicht konnte. In gewisser Weise stimmte das sogar.« Schrieb Pastor Johannes Ivarsson im Blatt der Israelmission.

Auch der Leiter der Mission, Pastor Pernow, führte Aufzeichnungen über die ersten Kriegsjahre in Wien:

»Von dem Tag im März 1938 an, als das Urteil gefällt worden war, dass Deutschland innerhalb von vier Jahren von Juden frei sein sollte, ging es ständig bergab. Schon bald war ihnen klar, dass sie verschwinden mussten, entweder indem sie auf den Tod warteten – durch äußere Gewalt, Selbstmord oder Hunger und Entbehrungen, nachdem man ihnen jegliche Existenzmöglichkeiten genommen hatte – oder durch Auswanderung.«

Dennoch – trotz dieser vielen sorgsam registrierten Beobachtungen über die Grausamkeit der Umwelt, trotz der Erkenntnis, dass eine unheilvolle Zukunft drohte – waren die Entbehrungen der Juden auch ein Grund zur Freude. Tatsache war, dass die schwedischen Missionare mitten in der nachtschwarzen Düsternis ein Gefühl der Glückseligkeit und Gnade verspürten. Pastor Pernow beschrieb selbiges in der Missionszeitung – und lässt sich zwischen den Zeilen nicht ein stiller Jubel vernehmen wie von einem, der Zeuge eines Wunders werden darf?

Dem zuvor erwähnten Urteil, dass die jüdische Bevölkerung verschwinden sollte, folgte unmittelbar eine bemerkenswerte geistige Erneuerung. Juden strömten der Mission in einer Weise zu, die wir uns zuvor nicht hätten träumen lassen. Bei jedem Gottesdienst und jeder Bibelstunde waren die Räume – Kapelle, Vorhalle und Treppenhaus – gedrängt voll mit Zuhörern, gelehrten Männern – Professoren, Ärzten, Juristen, Direktoren – sowie einfachen Leuten. Alle im selben Maße notleidend und hilflos, doch hungernd nach Worten der Hoffnung und des Trostes, denen sie mit Eifer lauschten und von denen sie nie genug zu bekommen schienen.

Wahrhaftig, die Israelmission, deren Existenz darin begründet war, Juden auf den richtigen Weg zu führen, fand durch den Judenhass in Europa eine Möglichkeit, zu den Verlorenen vorzudringen.

Bei Kriegsausbruch im Herbst 1939 wurde der Zustrom so stark, dass wir an den Sonntagen zwei Gottesdienste einführen mussten, um 9 und um 11 Uhr, und obgleich der erste Gottesdienst derart zeitig begann, kamen die Leute bereits 1–2 Stunden im Voraus, um sich einen Sitzplatz zu sichern. Wenn eine bequeme Großstadtbevölkerung jedoch am Sonntag früh um

6 oder 7 Uhr aufsteht, um das Haus Gottes zu besuchen, dann ist ein Wunder geschehen. [...] Es war eine bemerkenswerte Erntezeit, in der Hunderte Juden aus dem Dunkel der Hoffnungslosigkeit gehoben und dem Gnadenreich Christi einverleibt wurden.

Den stärksten Eindruck auf Pastor Pernow – er nannte es ein unvergessliches Erlebnis – machten die Abendmahlfeiern. Im ersten Jahr des Kriegs wurden diese regelmäßig von bis zu zweihundert Menschen besucht.

Zu sehen, wie diese große Schar Juden zum Tisch des Herrn strömte, um dort dem Erlöser zu begegnen, den ihr Volk 1900 Jahre lang verstoßen hatte, um durch ihn gestärkt und gerüstet die Prüfung bestehen zu können und seinen Namen nicht mehr zu entehren – das war ein wahrhaft erhebender Anblick.

Die Schule im Dorf hatte verlauten lassen, Otto sei willkommen, er aber wollte nicht. Er war älter als die ältesten Schüler, hielt sich für nahezu erwachsen und für bereits gebildeter als sie. Allmorgendlich wartete er darauf, dass Schwester Wallengren ihre Lektüre des *Kristianstadsbladet* abschloss, damit er den Weltereignissen mit eigenen Augen folgen konnte. Er schrieb genauso fleißig heim, wie es seine lieben Eltern wünschten.

Otto erkannte, dass seine langen, ereignislosen Tage in Tollarp der größte Luxus waren, der beneidenswerteste Zustand überhaupt. Er hatte Wien als unausgeglichener Junge verlassen, gewöhnt daran, sein Bestes zu geben, aber auch daran, seinen Willen durchzusetzen. Doch die einsamen Nächte, die Tage im Kinderheim, das Gefühl, nicht über sein Leben bestimmen zu können, hatten ihn reifen lassen. Pepi und Lisl verließen sich auf ihn. Und als würden sie ihre müden Köpfe an seine vierzehnjährige Schulter lehnen, verstand er, dass er aus anderen Gründen geben musste, nicht nur weil er Freude bereiten wollte. Sie brauchten ihn, um die Unruhe zu ertragen, die Tage, die sich zu Nacht und Nebel verdichteten.

Sollten sie nicht schon früher formuliert worden sein, so ließ Pepi ihn nun die Regeln für ihren Briefwechsel wissen: Gib uns den Alltag, gib uns Erfolge, gib uns einfache alltägliche Fakten zu Freunden, dem Essen, dem Wetter, den Skipisten und der Temperatur der Badegewässer. Schreib nichts über die Naziversammlungen der Gegend, über das, was in den Zeitungen steht, nichts über Politik oder die Entwicklung des kürzlich ausgebrochenen Kriegs. Gib uns die Aussicht aus deinem Fenster, damit auch wir sie sehen, die Gespräche beim Haferbrei, damit auch wir dort sitzen und allmorgendlich weiße Milch über das Apfelmus gießen können, gib uns die Tage auf den Feldern, sodass es unsere Tage sein könnten, unsere lehmbeschmierten Schuhe und unsere schmerzenden Muskeln.

Otto leistete ihren Wünschen Folge. Er hörte auf, um Unterstützung und Kraft zu bitten, um stattdessen ihnen, die nichts hatten, zu geben, sodass eine gelungene Legierung entstand aus Gutherzigkeit und dem Abbezahlen von Schuld.

Liebster Otti, heute kam Dein Brief vom 2. an, mit dem wir natürlich eine riesengroße Freude hatten. Wir waren gerührt zu lesen, wie lieb Du uns Mut zusprichst, und wir können Dir versichern, dass auch wir mutig und gefasst in die Zukunft blicken. Wir vertrauen auf Gott, dass er alles zum Guten wendet und uns wieder und hoffentlich bald zusammenführen wird.

Otto und sein Freund Gerhard waren jetzt allein in dem baufälligen Hemhult zurückgeblieben. Frau Eklundh beschloss, dass sie im Herbst als saisonale Arbeitskräfte bei den Bauern der Gegend tätig sein sollten. Daher zogen sie nach Tallåsen, einem Hof gleich außerhalb des Dorfs.

Der Herbst kam und brachte Monotonie und Modder. Im Oktober stand Otto neun Stunden am Tag mit der Forke auf dem Kartoffelacker. Erhielt jedoch Lohn. Kaufte Gummistiefel. War sein eigener Herr. War nicht fähig heimzuschreiben.

Otto nach seiner Ankunft im Kinderheim Hemhult in Tollarp

Gruppenfoto zu Weihnachten im christlichen Flüchtlingsheim in Tostarp, aus dem Otto zurück ins Kinderheim Hemhult in Tollarp floh

Otto in Småland

Otto mit einem unbekannten blonden Mädchen

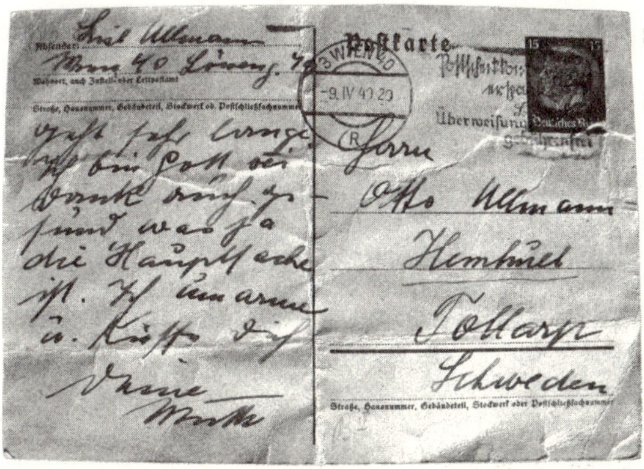

Postkarte von Elise Ullmann an Otto im Kindertheim Hemhult (April 1940)

Es hätte keine Überraschung sein sollen. Dennoch war niemand darauf vorbereitet. Nicht Pepi. Nicht Lisl. Nicht Otto. Eine Anordnung traf mit der Post ein, und nun wussten sie mit Bestimmtheit, dass man sich auf nichts mehr verlassen konnte und das einzig tatsächlich Beständige in diesem Dasein die Ungewissheit war.

Wien, 18. Oktober 1939
Liebster Otti, wir sind heute sehr enttäuscht, denn wir rechneten mit Zuversicht damit, einen Brief von Dir zu erhalten. Leider ist nicht einmal eine Karte gekommen, und darüber sind wir sehr gekränkt. Wir hoffen aber, dass sich die Postsendung nur verzögert hat und wir vielleicht noch nachmittags oder morgen von Dir Nachricht erhalten. Du hast uns in Deiner letzten Karte geschrieben, dass Du so viel zu tun hast, und wir möchten gerne wissen, was denn das eigentlich ist, was Du arbeitest, und wie Du die Zeit verbringst. Leider hast Du uns im Laufe der letzten Wochen keinen einzigen ausführlichen Brief geschrieben und auch alle unsere Fragen nicht so, wie ich es gerne gehabt hätte, beantwortet. Wir wissen nicht, was Du eigentlich machst – von Deiner gelegentlichen Bemerkung über die Mitarbeit bei der Kartoffelernte abgesehen –, wie es Dir jetzt eigentlich geht, worin Deine Beschäftigung besteht, was Du im Winter und später machen wirst, ob über Eure weitere Bestimmung schon etwas gesagt worden ist, das heißt, ob Ihr in Tollarp bleibt oder anderswohin kommt, wir wissen nicht, wie es mit Deiner Korrespondenz mit Ernstl, mit Onkel Egon und Grete aussieht, ob Du von ihnen Nachrichten hast, ob Du alle meine Briefe erhalten hast, auch diejenigen, die sie betreffen. […]
Gestern hat es bei uns zu Hause etwas Aufregung gegeben, denn ich sollte sofort zur Aufbauarbeit nach Polen einrücken, aber ich bin bei der ärztlichen Untersuchung im Hinblick auf meinen Schrapnellsteckschuss vorläufig zurückgestellt worden.

Ob auf lange, kann ich natürlich nicht sagen. Jedenfalls müssen aber die meisten von uns, sofern sie halbwegs gesund sind, dort hinauf, und es ist nicht ausgeschlossen, dass ich in absehbarer Zeit auch nachkommen muss.

Die Anordnung war eindeutig. Alle sollten fort. Sie sollten nicht länger in Österreich bleiben, sondern mussten in den neuen Staat umziehen, der für solche wie sie vorgesehen war. Die Formulierungen hinsichtlich ihrer Zukunft waren imposant und vielversprechend. Doch vorerst mussten die Männer alles vorbereiten, bauen und herrichten. Dann würden die Frauen nachfolgen.

Pepi hatte seine Loyalität zu Österreich bewiesen, hatte für die Monarchie gekämpft, ihre Gegner bekämpft. Doch die Granatsplitter des Großen Kriegs schenkten ihm nur eine Frist von einer Woche. Nicht mehr.

21. Oktober 1939
Liebster Otti. […] Nun muss ich Dir leider auch eine unangenehme Sache mitteilen. Ich werde wahrscheinlich Anfang nächster Woche nach Polen zur Aufbauarbeit fahren müssen, natürlich nicht allein, denn es müssen ja alle fahren, und ich werde Dir daher längere Zeit nicht schreiben können. Das tut mir am meisten weh, aber Mutti bleibt ja in Wien und wird Dir fortlaufend berichten können. Ich weiß, dass Du ein vernünftiger Junge bist und nichts machen wirst, das mich später einmal kränken könnte. So Gott will, kommen wir ja doch einmal alle wieder zusammen, und ich hoffe, dass Du, mein guter Junge, mir auch dann, wenn ich Dir nicht täglich schreiben kann, nicht irgendeine Schande machst. Bleib nur immer das, was Du bisher warst, bleib brav, ehrlich und anständig, und ich werde mit großer Beruhigung wegfahren.

Pepi hoffte, dass Lisl nach Polen nachkäme, wollte indes auch, dass ihr die Sache erspart bliebe. Er wünschte sich, dass die Arbeit nicht zu schwer und die Zeit nicht zu lang werden würde. Was sonst konnte er sich wünschen?

Als der Zeitpunkt der Deportation bevorstand, war er sichtlich bewegt. Aus irgendeinem Grund schrieb er nicht wie üblich mit der Maschine. Er sah ein, dass es der letzte Brief sein konnte. Bald würde er in einen Zug mit anderen arbeitsfähigen Männern steigen, und der würde sie alle zusammen, und jeden Einzelnen für sich, in ein unbekanntes Schicksal bringen. Die Handschrift ist kaum zu entziffern.

25. Oktober 1939
Liebster Otti, heute schreibe ich Dir noch eine Karte, morgen erhältst Du dann von mir einen Brief, den letzten für längere Zeit, aber Mutti wird Dir ja Gott sei Dank vorläufig weiter Nachricht geben können. Sonst sind wir gesund. Das Wichtigste ist, dass Du in Ordnung bist und es Dir gutgeht. Bleib mir immer fesch beisammen und denk daran, dass wir uns einmal und hoffentlich nicht zu spät wiedersehen wollen. Dann will ich, dass Du frisch und munter bist und wir an Dir unsere Freude haben. Wie ich Dir gestern schrieb, bemüh Dich nur gut zu lernen, damit Du Dir und uns keine Schande machst. Also immer schauen, sich weiterzubilden. Die Hauptsache ist, dass Du nur immer auf Dich achtgibst, damit Du gesund bleibst. Mein liebster Junge, es grüßt und küsst Dich vieltausendmal Dein Papa

Die 912 Männer, die am 10. Oktober von Wien abreisten, wussten nicht, dass ihr Transport der zweite Schritt im Plan Adolf Eichmanns war, nahe der sowjetischen Grenze einen einstweiligen jüdischen Staat in Polen zu errichten.

Weitere 672 Männer mussten am 26. Oktober fahren. Darunter auch Pepi.

27. Oktober 1939
Liebster Junge, gestern ist Papa abgereist, und ich hoffe, dass es ihm gut gehen wird. Wann auch ich fahre, das weiß ich noch nicht. […] Mein Schatz, ich küsse Dich 1000 Mal. Deine Mutti
Soeben Dein Schreiben erhalten, schreibe morgen!

Adolf Eichmann, SS-Mann, Hauptsturmführer, Rechercheur für die Endlösung. Er hatte den Auftrag, Nazideutschland von Menschen jüdischer Abstammung frei zu machen, und das hintere Polen schien passend für die provisorische Lösung des Problems. Nahe der Grenze zur Sowjetunion. Feuchtgebiet. Sumpfland. Ödnis. Baumlose Heide.

Der Distrikt hieß Radom, der Fluss San und der Ort Nisko. Erst wurden die Polen von dort umgesiedelt, dann sollten die Juden hin. Adolf Eichmann überwachte die Sache persönlich. Er schrieb:

»Ich sagte: Geben Sie mir genügend Lebensraum, und dann könnte man einen autonomen Judenvorstaat errichten, von wo aus ein allmählicher Abzug stattfinden kann.«

Und:

»Wir sagten uns […], das könnte sehr wohl eine Lösungsmöglichkeit auf einige Zeit sein, jedenfalls auf lange Zeit, sodass uns die Sache nicht mehr unter den Fingernägeln brennt.«

Es war der ausdrückliche Wunsch des Führers, dass diejenigen, die man als Juden einstufte, von deutsch kontrolliertem Grund und Boden zu verschwinden hatten, also ersann Eichmann einen Sammelplatz; einen Judenvorstaat. Es ist zu vermuten, dass man diese Konzentration von Juden nahe der Demarkationslinie als ersten Schritt ihrer Ausweisung über die Grenze in die Sowjetunion geplant hatte.

Das Ganze wurde mit einem ersten Transport aus der Stadt Mährisch-Ostrau eingeleitet. Überlebende schilderten, wie die Gruppe zu einem Hügel mit Aussicht in alle vier Himmelsrichtungen geführt wurde. Dort teilte ihnen ein SS-Offizier Folgendes mit:

»Rund sieben bis acht Kilometer von hier, jenseits des San, hat der Führer den Juden eine neue Heimat zugesagt. Es gibt keine Wohnungen, und es gibt keine Häuser. Wenn ihr bauen werdet, werdet ihr ein Dach über dem Kopf haben. Die

Brunnen in der ganzen Gegend sind verseucht, es gibt Cholera, Ruhr und Typhus. Wenn ihr bohren werdet und Wasser findet, werdet ihr Wasser haben.«

Man glaubt, dass dieser SS-Offizier Adolf Eichmann persönlich war.

Am Tag darauf wurde ein Viertel der Männer vertrieben. Mit der Warnung, bei Umkehr würden sie auf der Stelle erschossen, zwang man sie, ziellos nach Osten zu gehen. Die Übrigen mussten sich, so gut sie es vermochten, zu dem Ort begeben, der dem gesamten Experiment seinen Namen verleihen sollte, Nisko.

Nach der Einrichtung des Gefangenenlagers kamen weitere Transporte von Männern aus Ostrau an. Ein Teil der Gefangenen durfte das Lager nie betreten, sondern wurde unter Zurücklassung des Gepäcks auf der Stelle verjagt. Im Herbst traf ein weiterer Transport mit tausend betagten Juden ein. Und zwei Transporte aus Wien. Pepi.

Lisl wusste, dass sie als Nächste an der Reihe war. In Tollarp - bereitete sich Otto darauf vor, einsamer zu werden, sehr einsam, ganz und gar.

Pepi war verschwunden, doch hatte er sein Erbe hinterlassen, eine Aufforderung an seine Nächsten, nicht den Mut zu verlieren. Nun war das Echo dieser Aufforderung von Lisl zu hören und erreichte den Dreizehnjährigen im Kinderheim.

31. Oktober 1939
Liebster Otti, heute nehme ich mir einmal Zeit, Dir einen Brief zu schreiben. Von Papa habe ich noch keine Nachricht, und ich glaube, dass dies auch längere Zeit dauern wird, da von den Leuten, die mit dem ersten Transport fuhren, auch kein Brief kam. Wir müssen uns halt in Geduld fassen.
Ich habe einen Aufschub von 14 Tagen bekommen, kann daher vorläufig mit Dir in Kontakt bleiben. Wenn ich wegfahren sollte, so werde ich Dich verständigen.
Es sind jetzt schwere Zeiten, und man darf nicht verzagen. Das hat mir auch Papa beim Wegfahren aufgetragen, und daran werde ich mich halten. Wir wollen ja wieder einmal zusammenkommen und uns gegenseitig Freude bereiten.
Ich bin jetzt auf Dein nächstes Schreiben neugierig, da ich gerne wissen möchte, was Du arbeitest und was mit Dir werden wird. Du weißt, Papa möchte gerne, dass Du außer Deiner Arbeit Dich auch bildest. Vielleicht ist es Dir möglich, nebstbei auch irgendeine Schule zu besuchen, in der Du Dein Wissen bereichern kannst. Bildung braucht man im Leben.
Hier ist sonst nichts los. Wir sind Gott sei Dank gesund, was ich auch von Dir hoffe. Ist Gerhard auch noch mit Dir zusammen?

In Tallåsen, dem Haus im Wäldchen am Ende des Schotterwegs ein Stück vor Tollarp, standen die meisten Räume leer. Otto hatte für ein paar Stunden in der Woche Arbeit in der

Gärtnerei, wo er den psychisch Kranken, die dort ebenfalls beschäftigt wurden, beim Sortieren der Äpfel in verschiedene Körbe und beim Ordnen der Werkzeuge half. Auch beim Novemberpflügen fasste er mit an.

Pepi war im großen Polen unerreichbar, und Lisl lebte mit gepacktem Koffer in der Diele. Ottos Mut sank, weil er ihn behalten musste. Seine Tage waren lang, denn er wünschte, sie würden endlich ein Ende nehmen.

7. November 1939
Liebstes Kind, Deine Karte habe ich gestern erhalten und freue mich, dass Du gesund bist. Das ist jetzt die Hauptsache! Von Papa habe ich noch keine Nachricht, die Post geht leider sehr langsam. Wie lange ich noch bleiben kann, das weiß ich auch nicht, falls ich fahre, würden wir mit unserer Korrespondenz Schwierigkeiten haben, wenigstens die erste Zeit. Onkel Paul und die anderen werden aber hoffentlich bleiben können.
Was hörst Du von Onkel Egon und Tante Grete? Ist Gerhard noch mit Dir zusammen? Oder bist Du jetzt allein dort? Ich hoffe, dass Du Dich nicht verkühlst und sehr auf Dich achtgibst. Sei umarmt und geküsst, Deine Mutti

Pastor Birger Pernow hatte nicht nur dafür gesorgt, fünfundsechzig Kinder nach Schweden zu bringen, er hatte auch mehr als zwanzig junge Burschen und Männer gerettet, die sich im Jugendverein der Wiener Mission engagiert hatten. Für diese hatte er seinen alten Freund und Glaubensbruder Axel Andersson gebeten, ein Lager auf seinem Grund und Boden in Tostarp einzurichten. Dort gab es bereits ein Jugendhaus, das man ausbauen konnte, und dort sollten die jungen Männer wohnen, zu einem christlichen Leben finden und sich darüber hinaus mit körperlicher, gesundheitsfördernder Arbeit nützlich machen, während sie auf die weitere Emigration in ein anderes Land warteten. Tostarp, das Transitlager für junge Judenchristen.

Zwei Tage vor Heiligabend zog Otto dorthin um.

Von Tollarp nach Tostarp, von einem schonischen Dorf zum anderen, von der Kategorie Kind zur Kategorie Flüchtling. Als die Tanne geschmückt war, wurden Kamera und Stativ hervorgeholt.

Der Weihnachtsbaum stand im Raum, die schütteren Zweige mit brennenden Kerzen beschwert. Davor hatten sich die fünfundzwanzig Flüchtlinge aufgestellt, sonntäglich gewandet in Kleidern, ebenso dunkel wie ihre Blicke. Auf dem Boden davor der Jüngste, Otto.

Vielleicht zeichnete sich dieser Heiligabend 1939 durch Lichtmangel aus. Vielleicht war der Fotograf eine ungeduldige Seele. Das einzig Scharfe auf dem Foto ist die Tanne. Die Menschen wirken, als wären sie im Begriff, sich aufzulösen. Sie blicken in verschiedene Richtungen, bewegen unruhig die Hände, und da sie im Augenblick des Fotografierens den Kopf drehen, erscheinen sie weniger wie einzelne Menschen als vielmehr wie Wolken kurz vor dem Aufreißen.

Otto erhielt den Bettplatz Nummer 24.

Die Regeln neu, die Stimmung düsterer, die Rangordnung klarer, der Gang der Zeit ein anderer: sieben Uhr wecken, danach Gymnastik. Morgengebet in schwedischer Sprache. Vier Stunden praktische Arbeit, bei der Bäume im Wald gefällt und zu Brennholz zersägt wurden, das Axel Andersson, der Besitzer des Bodens, mit Gewinn verkaufen konnte. Verantwortliche für das Lager notierten in ihren Papieren, dass mehrere der Flüchtlinge schwache Nerven und eine sensible Psyche hätten. In schneefreien Perioden kamen Arbeiten auf den Zuckerrübenfeldern im Umkreis oder in den benachbarten Gärten hinzu. Dreieinhalb Stunden am Tag sollten dem Unterricht gewidmet werden, hatte man gesagt, und so war es wohl auch. Jedenfalls im Winter, wenn keine Felder nach menschlicher Arbeitskraft verlangten, um zu säen, zu jäten, zu wenden oder einzuholen und zu ernten. Jedenfalls, wenn keine Umbauten vonnöten waren oder Reparaturen. Abendessen um neunzehn Uhr. Danach Gebet auf Deutsch.

Der Schwedische Missionsverein betrieb das Lager. Schwedische Behörden hatten die Genehmigung erteilt. Sie durften sich dort aufhalten: Judenchristen, wohlgeratene. Wenn sie nur nicht blieben.

In einem der ersten Sitzungsprotokolle des Flüchtlingskomitees wurde festgehalten, Behörden und Öffentlichkeit sollten darüber informiert werden, dass »das Lager ganz allgemein für Flüchtlinge und nicht für ausschließlich jüdische Flüchtlinge vorgesehen ist und dass es als Transitlager dient und somit nicht zur Platzierung der Exilanten in Schweden beitragen wird«. Die Bevölkerung der Gegend sollte also keinen Grund zur Beunruhigung finden.

Auf der Karteikarte aus dem Lager steht der Beruf jedes Einzelnen sorgfältig notiert, hinter Ottos Name steht »Beruf: Schüler«. Irgendein Schulbesuch aber war nicht organisiert, und es gab auch keine Schule für ihn, in die er hätte gehen können.

Auf dem Gruppenfoto vom Heiligabend, dem 24. Dezember 1939, wirkt er sehr klein, trotz seiner vierzehn Jahre. Wie ein Kind.

Zeilen der Erleichterung, endlich erhielt Elise einen ersten Gruß von jenem Irgendwo in Polen, wohin Pepi geschickt worden war. Er hatte die Reise überstanden, war gesund und befand sich an einem Ort, der nicht einmal einen Namen hatte, allerdings war es möglich, an das Postamt Rudnitz / San via Krakau zu schreiben.

Otto wollte Pepi nicht beunruhigen. Hingegen ließ er in den Briefen heim nach Wien seiner Unlust und Unzufriedenheit freien Lauf, obwohl er wusste, dass er lieber hätte schweigen sollen. Als die Antworten von Mutti und Tante Grete eintrafen, sah er seinen Irrtum ein: Sie konnten nichts tun, um ihm zu helfen.

4. Januar 1940
Liebster Junge, Deinen lieben Brief vom 28. habe ich mit großer Freude erhalten. Ich ersehe aus demselben, dass Du Dich ein wenig eingewöhnt hast. Es sind ja wirklich gute Menschen, die für Dich sorgen.
Dass Du der Kleinste bist, das ist ja kein Fehler, Du wirst schon wachsen. Auch lernen wirst Du noch genug können, im Heim wird es sicher gute Bücher geben, vielleicht Goethe oder andere. So kannst Du Dein Wissen inzwischen bereichern, bis Du etwas Wirkliches lernen kannst.

Goethe. Otto hätte darüber lachen können, stattdessen aber öffneten Elises Worte eine schwere Tür in seine Einsamkeit, und es gab keinen anderen Ort, wohin er gehen konnte.

In Tostarps Flüchtlingslager gab es das Gesangbuch von 1937, dazu das Alte und das Neue Testament. Keine deutsche Epik. Keine Poesie. Kein Goethe. Es war offensichtlich, dass Otto auf sich selbst gestellt war, auf seine eigenen Fähigkeiten, seinen Willen, es zu schaffen, nicht zu verzweifeln. So einfach war es.

Wien, 10. Januar 1940
Liebster Junge, heute habe ich wieder keine Post von Dir.

Wien, 12. Januar 1940
Liebster Junge, leider habe ich auch heute keine Post bekommen.

Wien, 14. Januar 1940
Liebster Junge, heute habe ich nun endlich Deinen lieben Brief erhalten. Du hattest ja seit dem 28. Dezember nicht an mich geschrieben. So lange Zeit möchte ich nicht warten müssen, da werde ich viel zu nervös. Du hast auch nicht alle Fragen beantwortet, die ich gestellt habe.

Wien, 15. Januar 1940
Liebster Junge, Du hast mir übrigens noch viele Fragen zu beantworten. Auch eine Beschreibung des dortigen Heims würde mich sehr interessieren. Also, Liebstes, schreibe bald.

Wien, 16. Januar 1940
Liebster Junge, mein Kind, Du hast genug zu beantworten. Setz Dich hin und schreibe mir einen ausführlichen Brief.

Wenn er nur mit Papa hätte reden können. Pepi aber befand sich in Polen, irgendwo in der Nähe der Grenze zur Ukraine und zu Weißrussland, das heißt in der Nähe von gar nichts, außer vielleicht von Ödland, Wald und dem Fluss San. Nur in dem kleinen Dorf Ulanow gab es Häuser. Sumpfwiesen. Einfache Scheunen. Tägliche Plackerei, um die Grenze zur Sowjetunion zu befestigen. Um den Arm eine weiße Binde mit blauem Davidstern.

GEPRÜFT: OBERKOMMANDO DER WEHRMACHT
Ulanow, 17. Januar 1940
Mein liebster, bester Junge. Muss ich Dir sagen, wie sehr ich mich über Deinen lieben Brief vom 6. Januar gefreut habe? Ist es doch das erste Schreiben von Dir, das direkt an mich ging. Der andere Brief ging ja über Mutti, und er hat mich auch sehr gefreut, und ich habe ihn Dir auch schon bestätigt. Aber über Dein heute eingetroffenes Schreiben bin ich sehr glücklich, denn ich weiß Dich gottlob in sicherer Hut und geborgen, und ich bin bezüglich Deiner weiteren Zukunft ohne Sorge. Mutti hatte mir schon geschrieben, dass Du von Tollarp weg bist. Ich kann mir vorstellen, dass Dir der Abschied von Deinem Freund Gerhard nahegegangen ist, aber Du bist ja nicht so weit weg von ihm. Oder ist er auch anderswohin gekommen? Außerdem hast Du jetzt Gelegenheit, Dir neue Freunde zu schaffen. Du bist ja, wie aus Deinen Briefen hervorgeht, gereift und … [unleserlich].
Auch wenn Deine Jugend durch die Trennung von uns rascher verläuft, als ich es gern gehabt hätte, so bin ich doch stolz auf Dich, denn ich weiß in Dir einen Jungen zu besitzen, der Vernunft, Intelligenz und Entschlossenheit hat und zugelernt hat, um, wenn es notwendig ist, auch auf eigenen Füßen zu stehen. Was Du mir, liebster Otti, über das Lager berichtest, in dem Du Dich befindest, hat mich sehr interessiert. Dass Deine Kameraden fromm sind, überrascht mich nicht, oben in Schweden ist man das aus Überzeugung. Und in diesem Zusammenhang bringe ich Dir meine Worte in Erinnerung, die ich Dir schon vor einigen Monaten vor meiner Polenfahrt geschrieben habe: In dieser für uns so finsteren Zeit ist das Vertrauen zu Gott und der Glaube eine unendliche Hilfe. Du weißt, dass ich immer sagte, wir alle beten zu einem einzigen Gott im Himmel, und wo es geschieht, in welchem Gotteshaus, ist ganz gleich. Die Hauptsache ist, dass man betet.
Ich weiß nicht, ob man Dich irgendwie beeinflusst oder be-

müht ist, Dich auf andere Gedanken zu bringen. Aber all das sind keine Ungelegenheiten. Ich will gerade diese Dinge Dir ganz allein überlassen, wenn Du Dich zu einem Schritt entschließen solltest, so muss das aus Überzeugung geschehen. Ich kenne Dich viel zu gut und bin sicher, dass Du Frömmelei ablehnst und in jeder Hinsicht ein ehrlicher Charakter bist. Da bist Du ja mit mir auf einer Linie. Ich werde ja wohl von Dir diesbezüglich noch einiges hören und gerne mit Rat, soweit ich ihn Dir von da geben kann, beistehen. Jedenfalls freue ich mich, von Dir so vernünftige Ansichten zu hören.

Auch ich und auch Mutti vertrauen auf Gott, dass er uns bald helfen und uns alle wieder zusammenführen möge. Wir müssen halt Geduld haben und warten, bis uns die Gnade zuteil wird. Eben dieses Gottvertrauen hält uns in diesen Tagen aufrecht. […]

Berichte mir, wenn Du irgendetwas auf dem Herzen hast, und sei es, was auch immer. Vielleicht kann ich Dir raten. Bleib mir gesund und Gott schütze Dich weiter. Das ist mein einziger Wunsch. Viele tausend Grüße und Küsse, Dein treuer Papa

Otto war Flüchtling, das Lager in Tostarp aber war wenig passend für ihn. Mit seinen vierzehn Jahren war er nicht nur der Jüngste, er war auch der Kleinste. Der Einzige, außer den dort arbeitenden Frauen, der sich morgens nicht rasieren musste. Auf dem Arbeitsplan aber stand sein Name wie der aller anderen. In der zweiten Februarwoche hatte er Küchendienst. Die jungen Männer wechselten sich bei den Arbeiten ab: wuschen Wäsche, holzten Gestrüpp ab und hackten Holz, legten Linoleum, bügelten und holten Wasser. Und sie dankten Jesus Christus an jedem einzelnen Tag. Woche für Woche ein neuer Plan, auf Deutsch und Schwedisch verfasst.

In Wien tat Lisl ihr Bestes, um Pepis Vorhaben von einem Brief am Tag nachkommen zu können. Sie schrieb wenig, aber oft. Manchmal ließ sich ein Schreiben nicht vom anderen unterscheiden, so sehr glichen sie einander. Die Frage ist, ob ein paar Tage Schweigen nicht besser gewesen wären, als täglich eine Karte mit denselben Sätzen zu erhalten, denselben Fragen, demselben Warten auf seine nächste Nachricht.

Aber es war Mutti.

Fuhr er mit dem Finger die Linien ihres Federhalters entlang, bewegte er sich in ihrer Bewegung, folgte ihrer Spur.

18. Januar
[...] Meine Beschäftigung ist hauptsächlich, täglich auf Post von Dir und Papa zu warten. Papa ist sehr fleißig im Schreiben, denn das ist ihm ja die Hauptsache, mit mir in Verbindung zu sein. [...]

19. Januar
[...] Heute kam von Dir keine Nachricht. Vielleicht kommt morgen etwas. Papa schrieb mir heute. Er ist gesund und hofft, von Dir bald Nachricht zu bekommen. Hast Du ihm schon geschrieben?

27. Januar
[...] Was machst Du den ganzen Tag? Hast Du irgendeine Arbeit oder spielst Du nur Pingpong? [...]
Schnuckiputzi – ich grüße und küsse Dich, Tante Nuny.
Herzlich grüßt Onkel Paul.

Otto folgte seinem Herzen und auch wieder nicht. Während Lisl kürzere, pflichtschuldige Briefe erhielt, schrieb er länger und hoffnungsvoll an Pepi. Die wichtigen Gespräche hatte er stets mit seinem Vater geführt, ebenso jetzt. Obendrein ging es um die Familienbande – deshalb war es Pepi, der Kraft brauchte, um sie an Lisl weitergeben zu können.

Ulanow, 29. Januar 1940

Mein liebster, bester Junge, ich erhielt heute Deinen lieben Brief vom 19. und danke Dir vielmals für ihn. Du hast mir viel Freude gemacht.

Ich bin glücklich, dass Du in Deinem neuen Heim zufrieden bist. Ich kann mir lebhaft denken, dass es anfangs nicht so angenehm war, aber wo Du Dich jetzt eingelebt hast und all Deine Kameraden nett zu Dir sind, hoffe ich, dass es Dir weiter gefällt. [...]

Im Übrigen bin ich sehr beruhigt, dass Du nicht allzu viel Arbeit hast. In der Gärtnerei und Landwirtschaft hast Du ja wohl einige Erfahrung. Ich denke, wenn mir Gott – hoffentlich bald – die Gelegenheit gibt, Dich wiederzusehen, dann wirst Du ein kräftiger, fescher Junge sein. Schreibe mir einmal, wie groß Du schon bist und was Du wiegst.

Was machen übrigens Deine schwedischen Kenntnisse? Übermorgen ist es ja ein ganzes Jahr, seitdem wir Dich zur Bahn begleitet haben. Da wirst Du wohl jetzt schon perfekt sprechen können. Oder nicht?

Wenn ich daran denke, wie wir Dich damals zur Bahn begleiteten, wie wir von Dir Abschied genommen haben, wie Du uns vom Fenster zugewinkt hast, so lange, bis der Zug aus der Halle war, so wird mir manchmal ein wenig weh ums Herz. Aber Du hast ja in diesem Jahr so viel an Erfahrung gewonnen, Du warst bei guten Menschen, bist groß und stark geworden und glücklicherweise gesund geblieben. So bin ich froh, denn daheim hättest Du das alles nicht haben können. Ich danke Gott, dass er Dich bisher so sehr beschützt hat, und bete täglich zu ihm, dass er das weiter tun und Dich gesund und so brav wie bisher erhalten möge.

Dass es bei Euch kalt ist, dachte ich mir, hier hatten wir aber nicht –17, wie bei Dir, sondern –36 Grad. Ich habe es Gott sei Dank gut überstanden und hoffe, dass auch Du so weit im Norden gesund geblieben bist. Gib nur acht auf Dich,

liebster Junge. [Unleserlich] ... wir werden uns einmal wiedersehen.
Ich schicke Dir anbei ein Bild, eine Gruppenaufnahme ... [unleserlich]. Sag mir, ob ich mich geändert habe. Liebster Junge, bleib gesund und Gott beschütze Dich. Viele tausend Grüße, Dein Papa

Ein Hoffnungsschimmer ging von Papas Brief aus. Im Kuvert lag sogar ein Foto, unangetastet von der Zensur.

Das Bild selbst ist kaum begreiflich: sieben Stadtbewohner aus Wien, momentan ohne Armbinden, ruhig in die Kamera blickend.

Die Männer müssen zusammengehalten, müssen eine Zweckgemeinschaft gebildet haben, müssen einen Brunnen mit frischem Wasser, ein Dach über dem Kopf, ein Fotostudio gefunden haben. Pepi war nicht der einzige Kriegsveteran, sie alle hatten derlei schon erlebt. Und sie mussten Glück gehabt haben. Sie waren nicht unter denen, die ohne Nahrung aus dem Lager vertrieben wurden, mit der Drohung, dass sie bei Rückkehr erschossen würden. Sie mussten die Grenze zur Sowjetunion nicht zu Fuß überqueren oder schwimmend den Fluss San.

Da stand Pepi also, vor einem Fotografen. In einem Dorf namens Ulanow. Als wäre es eine ganz normale Welt. Als wären er und die anderen Männer Arbeitskollegen, gleich welcher Art.

Verstand Otto, dass das Bild eine Inszenierung war, ein überkommenes Ritual aus einem Leben, das sie einst gelebt, gekannt und geliebt hatten? Man tat, was man damals getan hatte, kleidete sich in Pullover und Schlips, stellte sich auf mit dem Freund neben sich und den Blick fest auf das Licht gerichtet, bis der Fotograf signalisierte, dass das Bild im Kasten war.

Einer der Gefährten trägt einen schwarzen Pullover unter dem Jackett, anstelle von Hemd und Schlips, ein anderer hat zwei Füllfederhalter in der Tasche. Sie sind Schreibende und Bücherleser, Intellektuelle. Nur wenn man etwas innehält und sorgfältig schaut, ist die Unruhe zu erkennen. Pepi ist magerer und hat dunkle Schatten unter den Augen. Er und ein anderer versuchen zu lächeln. Die Gefangenen wissen, dass diese Fotografie ihre letzte sein kann, und wollen heitere Mienen aufsetzen, der Familie wegen. Stattdessen aber zeigen sie ungewollt ihre Nachtgesichter, und dafür kann sie niemand tadeln.

Auf der Rückseite des Fotos haben die sieben Männer mit schwarzer Tinte unterschrieben: sieben Signaturen, jede verschieden von der anderen durch eine besondere Neigung, einen Schnörkel oder den Druck beim Führen der Feder. Sieben Individuen, die ihre Namen sieben Mal auf sieben Abzüge der Gruppenaufnahme setzten, damit jeder sein Exemplar erhielt.

Man kann das Bild als Beweismaterial für eine Strafverfolgung sehen, als einen Hilferuf in verzweifelter Lage oder als ein Mittel für einige von ihnen, sich eine Weile als freier Mensch zu fühlen, eben so lange, wie die Blende der Kamera brauchte, um sich zu öffnen und wieder zu schließen. Und vielleicht ist die schwarz-weiße, von Feuchtigkeit angegriffene Fotografie tatsächlich auch all das. Doch vor allem ist sie ein Akt des Protests. Die stille Rebellion von Normalität und Zivilisation gegen die Barbarei der Gewalt.

Otto verstand vielleicht nicht das Ausmaß der Misere, in der die Gefangenen in Nisko steckten, er verstand jedoch, dass er die Pflicht hatte, Zuversicht und gute Laune beizutragen. Also schrieb er nichts darüber, dass er sich nicht wohlfühlte, oder von seiner Lust abzuhauen. Nichts davon, dass fast alles besser wäre als das christliche Lager in Tostarp, als Düsternis und Beten.

Ein einziger Brief von Otto, vierzehn Jahre alt, blieb erhalten. Aus irgendeinem Grund kam er aus Polen zurück und liegt bis heute vor:

1. Februar 1940
Liebster Papa! Deinen lieben Brief habe ich erhalten, und ich glaube, ich brauche Dir nicht zu sagen, wie sehr ich mich gefreut habe. Wie es mir im Allgemeinen geht, habe ich ja geschrieben. Die Arbeit hier freut mich sehr, momentan holzen wir Bäume und Gesträuch im Wald ab, dabei ist einem auch nicht kalt, da man ja genügend Bewegung macht. Jetzt habe ich mich ja auch schon an die neue Umgebung gewöhnt. Die Lage des Lagers ist ja wunderschön, denn wir haben Aussicht auf einen See, den Finjasjön. So im Allgemeinen ist es hier ja sehr lustig. […] Hier schneit es in der letzten Zeit sehr viel, aber es ist nicht besonders kalt.
[…] 5. Februar 1940
Liebster Papa, leider musste ich den Brief abbrechen, da ich damals zum Essen gerufen wurde, und in der Zwischenzeit hatte ich keine Zeit zu schreiben.
Vor einigen Tagen bekam ich vom Lund-Komitee 10 Kronen, schon zum zweiten Mal.
Vor einiger Zeit war Pastor Hedenquist mit Frau hier, und ich habe mit ihm auch über einiges wegen meiner Zukunft gesprochen. Er versprach mir, sich umzuhören, ob nicht doch eine Möglichkeit für mich bestünde weiterzulernen. Aber auf keinen Fall wirkt sich die Arbeit hier schlecht aus für mich, ich habe sogar zugenommen und wiege jetzt 51 Kilo. Überhaupt schadet mir die Arbeit keineswegs, im Gegenteil. Ich habe schon bessere Muskeln bekommen und werde auch gerne später, wenn sich keine Gelegenheit für mich bietet zu studieren, bereit sein, etwa körperliche Arbeiten auf mich zu nehmen. So kannst Du, lieber Papa, beruhigt sein und brauchst Dir meinetwegen wirklich keine Sorgen zu machen, denn ich

werde mit Gottes Hilfe auch die schwersten Proben bestehen und über die größten Hindernisse hinwegkommen. So grüße und küsse ich Dich herzlichst als Dein treuer Sohn Otto

Das Kuvert aus Nisko trug einen aufgeklebten Streifen mit vorgedrucktem Text: »Geprüft: Oberkommando der Wehrmacht«. Pepi konnte von Minusgraden schreiben, dass es Kameraden gab und die Hoffnung lebte – das heißt, dass er von der Hoffnung lebte –, aber viel mehr nicht.

Doch. Dass er betete.

Auch Ottos Kameraden im Flüchtlingslager von Tostarp beteten. Der Pastor, der Arbeit und Einrichtung leitete, hätte gern gesehen, dass Otto dasselbe tat. Jesus Christus, wiederholte er immer wieder. Jesus Christus, der für unsere Sünden am Kreuz gestorben ist.

Dass Papa in der kargen Kälte des Zwangsarbeitslagers tagtäglich zu einem ganz allgemeinen Gott im Himmel betete, einem, der noch nicht festgelegt hatte, wer seine rechtmäßigen Propheten waren und wer die falschen, empörte Otto nicht sonderlich. Er verstand, dass das Gebet Pepis Rettungsleine war, wenn die Temperatur auf minus zweiunddreißig Grad sank, wenn er und die anderen Männer nachts eng aneinandergepresst dalagen, um sich warm zu halten. Auch das musste vorübergehen, diese Tundra musste tauen. Geduld.

Schwieriger war es, dem Pastor in Tostarp zu antworten, wenn er mit dem Neuen Testament in der Hand vor ihm stand.

Dann waren da noch die Briefe nach Hause. Otto wusste, dass Lisl und Tante Grete jetzt allein in der Wohnung waren. Nicht leicht, die Worte zu finden, den richtigen tapferen Tonfall, damit die Grüße von der ihn umgebenden Leere nicht widerhallten und die daheim mit Leben statt mit Unruhe erfüllten.

8. Februar 1940
Liebster Junge! Von Papa habe ich gehört, dass Du ihm geschrieben hast, wie er sich gefreut hat, das kannst Du Dir denken. Wie geht es Dir, mein Kind? Jetzt könnte ich für Papa

eine Einreise brauchen, dann könnte er zurück. Vielleicht kommt inzwischen ein Affidavit. Wir werden ja sehen. [...] Was machst Du immer, mein Kind? Hast Du irgendeine Arbeit? Hast Du Gelegenheit, etwas zu lernen? Bitte schreibe mir bald wieder. Ich umarme Dich, Deine Mutti

Elises Handschrift wirkt hastig und fahrig. Eine Art Zukunftsglauben muss geweckt worden sein. Endlich hatte jemand in Amerika Pepi ein Affidavit versprochen, jemand würde für ihn bürgen, wenn er käme, sodass er dem Land nicht zur Last fiele. Der Spalt nach draußen, der Lichtstreif. Jetzt sei nur noch die Einreisegenehmigung erforderlich, schrieb sie.

Nur noch.

Um die Wahrheit zu sagen, fehlten »nur noch« fünf Kopien des Visumantrags für die USA, zwei Kopien der Geburtsurkunde des Antragstellers, eine Quotennummer für den Platz des Antragstellers in der Einreiseschlange sowie zwei Sponsoren, die das erforderliche Affidavit zusicherten. Obendrein der letzte Steuerbescheid, ein Auszug aus dem Bankkonto, die Erklärung einer zweiten verantwortlichen Person im Hinblick auf das sonstige Vermögen des Antragstellers, ein Führungszeugnis der deutschen Polizei, das zwei Kopien des Auszugs aus dem Polizeiregister, dem Gefängnisregister, dem Militärregister sowie andere offizielle Angaben über den Antragsteller beinhaltete. Anschließend war der Nachweis für die Genehmigung zum Verlassen Deutschlands zu erbringen sowie der Nachweis, dass die Fahrt vom Antragsteller bereits gebucht war.

Josef betete. Elise hoffte. Otto versuchte, sich an alles zu gewöhnen. Er versuchte es wirklich.

Mein liebster Otti! Schon lange habe ich keinen ausführlichen Brief von Dir gelesen, und wüsste ich sehr, sehr gerne, wie Du Dich jetzt in Deiner neuen Umgebung fühlst. Du bist

sehr schreibfaul, diesen Vorwurf musst Du Dir wohl gefallen lassen. Also beherzige ihn und schreibe ausführlicher, mein liebster Otti. Von wem bekommst Du noch Post? Ernstl ist wohl Dein treuester Freund.
Heute ist der erste Tag nach ungefähr fünf Wochen, an dem das Thermometer über null steht. Wie hast Du die schönen Wintertage verbracht? Bist Du eisgelaufen usw.? Hast Du neue Freunde draußen erworben? Du siehst – ich bin noch immer die neugierige Tante geblieben und hoffe, dass Du mir alles beantworten wirst. Also schreibe bald und sei tausendmal geküsst von Deiner Tante Grete

Schwer zu sagen, was ihn am meisten plagte – der einzige Junge unter Männern zu sein oder in dem christlichen Ton zu leben, der den Tag mit Ernst und Gleichförmigkeit färbte.

Sie ließen nicht locker. Je mehr sie Otto indes zum Glauben bringen wollten, desto fremder fühlte er sich. Wenn er wirklich als Christ zählte – hätte er sich dann überhaupt in einem Flüchtlingslager befunden? War es nicht gerade das Präfix Jude, das ihn dahin gebracht hatte, und war es nicht die auf der Karteikarte stehende Bezeichnung »mosaisch«, die dafür gesorgt hatte, dass er jetzt allein, zurzeit verwaist war? Er registrierte die Einstellung seiner Mitflüchtlinge. Einige nahmen Unterricht, um zum evangelischen Glauben überzutreten, und studierten das Neue Testament, so als wollten sie Geistliche werden. Otto verstand das nicht.

Doch nun war es, wie es war. Das Lager in Tostarp war sein Zuhause, und er rief sich die Vorteile in Erinnerung: die naturschöne Lage. Ein Sommer am Finjasjön, mit einem Sprung ins Wasser nach getaner Arbeit. Nicht schlecht. Und vorher, in Hemhult, hatte das Weinen der Kleinen es stets geschafft, durch die Kinderheimwände zu ihm zu dringen, obgleich er sich auf die Seite gedreht und das Kissen aufs Ohr gedrückt hatte. Hier gab es keine Winzlinge, die nach Mama riefen.

Hier weinte man einfach nicht. Auch er nicht. Und das war ja wohl eine Veränderung zum Besseren.

Otto aber grübelte über die Mitflüchtlinge nach und ihr hingebungsvolles Beten zu Jesus. Ihm war es nicht möglich, das, was geschehen war – den Ostbahnhof, die auf dem Bahnhof von Trelleborg umherwirbelnden toten Blätter und Fräulein Sommers Stimme, als sie versuchte, die Jüngsten zu trösten –, von dem Urteil zu trennen, das man über ihn und die anderen verhängt hatte. J wie in Jude, m wie in mosaisch. Sich nach diesem Urteil, dieser Strafe jenem Mann zu widmen, der für Ottos Sünden an ein Kreuz genagelt wurde, erschien ihm unmöglich.

Die erwachsenen Männer im Lager waren nett zu ihm, insbesondere Herr Lamper, der einen von Pepis Lagerkameraden kannte und Otto wohlgesinnt war. Und Linoleum legen, Hühnerställe bauen und Holz hacken – das ließ sich ertragen. Das andere jedoch? Unmöglich.

Hat Otto sich davongemacht? Wurde er geholt?

Das spielt vielleicht keine Rolle, und niemand kann es mehr bezeugen. Er kehrte nach Tallåsen zurück, wo ihn Schwester Cecilia Wallengren in Empfang nahm. Zurück zu den Haferflocken, doch in ein Kinderheim, in dem kaum noch Kinder wohnten. Er verstand selber, dass sich das nicht auf Dauer durchhalten ließ. Dennoch fühlte es sich besser an.

Irgendwo auf dem Weg zwischen Tostarp und Tollarp, den beiden schonischen Dörfern, die ihn unter der Prämisse der Taufe beherbergt hatten, war er zu einem Entschluss gekommen. Zwischen dem Punkt, an dem er den Inhalt des Begriffs »Jude« kaum verstanden hatte, und der Einsicht, dass er aufgrund desselben zur Emigration verurteilt worden war, hatte er sich entschlossen. Wenn sie es so haben wollten, sollten sie es bekommen. Seine Zeit als Christ war zu Ende.

Mitteilung an Pastor B. Pernow in Stockholm aus Tollarp, den 29. Februar 1940
Nach Rücksprache mit [unleserlich] Lindblom habe ich für einige Zeit – »bis auf Weiteres« – Otto Ullmann als Gast aufgenommen. Nun, da ich den Pass in Händen hatte, sehe ich, dass die Aufenthaltsgenehmigung der schwed. Behörde fehlt. Der Junge kam mit den anderen Wiener Kindern, erklärt jedoch, er sei »mosaisch«. Dennoch bitte ich Sie darum, für die Regelung der Angelegenheit gütigst Sorge zu tragen.
Hochachtungsvoll, Schwester Cecilia Wallengren

Wien, 20. März 1940
Liebster Junge. Jetzt habe ich schon wieder ein paar Tage keine Nachricht von Dir und warte natürlich mit Sehnsucht darauf. Ich hoffe, dass Du gesund bist und vielleicht schon eine Arbeit gefunden hast.
Hast Du schon einmal versucht, bei Fr. Eklundh anzufragen, ob Du nicht doch eine Schule besuchen könntest? Schwedisch musst Du ja schon perfekt können. Wenn nicht, vielleicht kannst Du privat etwas lernen.
Ich glaube, ich kann mich auf Dich verlassen, Du wirst schon das Richtige wählen und tun. Du schriebst ja seinerzeit selbst, dass Du niemals den geraden Weg verlassen wirst. Liebling, ich wünsche Dir recht schöne Ostern, mögen alle unsere Wünsche in Erfüllung gehen. Von Papa habe ich auch Nachricht. Also, liebes Kind, ich umarme und küsse Dich, Deine Mutti

Frau Carola Eklundh vom Flüchtlingskomitee in Lund registrierte, dass dieser junge Bursche bei den Landwirten kein Gefallen fand. Er blieb ständig übrig. Zu mager vielleicht. Sie hörte sich um, setzte sich mit Nachdruck für ihn ein. Aufgeweckt, dunkeläugig und – wie stand es gleich auf der Karteikarte seines Retters? – anpassungsfähig.

Otto war vierzehn Jahre alt, dennoch war ihm klar, dass er eine Arbeit brauchte und eine Berufsausbildung. Das Los des Bauern sagte ihm nicht zu. Der Metzger daheim in der Löwengasse hingegen war stets ein guter Freund gewesen. Otto nahm die Sache einfach selbst in die Hand, schwang sich aufs Rad und fuhr zu Metzger Larsson im Dorf Tollarp, um zu fragen, ob man ihn dort haben wolle. Die Familie Larsson sagte Ja, und so kam er dorthin, um zu lernen.

Mit dem Frühjahr 1940 sollte vielleicht eine gute Zeit ihren Anfang nehmen. Daheim in Wien erlebten Elise und Pepi plötzlich ein Wunder, vergossen Tränen der Dankbarkeit statt des Abschieds, umarmten einander bei der Wiederbegegnung statt der Trennung.

Pepi hatte nicht nur das Glück gehabt, sechs Monate im polnischen Sumpfland bei Nisko zu überleben – er war weder vertrieben noch erschossen worden oder erfroren, er hatte gehungert, es jedoch überstanden, und ihm waren Typhus und Ruhr erspart geblieben –, nun hatte man ihn obendrein zurückgeschickt. Hitlers Judenreservat war plötzlich ad acta gelegt, Eichmanns Pläne waren geändert worden. Zum ersten und einzigen Mal während des Fortgangs der Deportationen wurden Gefangene nach Hause geschickt.

Am 13. April kam Pepi unverhofft nach Wien zurück. Das Schlimmste war jetzt wohl überstanden.

Zur selben Zeit zog Otto zu Familie Larsson nach Tollarp. Während das Aprilwetter über ihn hinwegging, lag er unten am Fluss und spülte Kuhmägen. Er schrieb nach Hause, dass alles gut sei, die Familie sogar wunderbar. Er freute sich über Pepis Rückkehr und wollte nicht daran denken, dass Mama und Papa wieder zusammen waren, während er noch immer allein dastand. Er gab wie immer sein Bestes. Doch hatte er keine fünf Kuhmägen in einer Schubkarre erwartet.

Wir haben Dir schon eine Menge Karten und Briefe nach Tollarp zu Larssons geschickt, und ich hoffe, dass Du alle erhalten hast. Ich glaube auch, dass Du jetzt schon dort sein wirst und es Dir dort gut gehen wird. Auch Deine Tätigkeit dort wird Dir nicht schaden. Im Gegenteil. Auch wenn es, wie Du schreibst, noch kein so feiner Beruf sein mag, es ist nur gut, wenn Du auf die Schlächterei lernst. Im Übrigen hat ja auch der Sohn vom Fleischhauer hier im Geschäft gearbeitet, trotzdem er Matura hatte. Also, auch dieser Beruf und vor allem diese Arbeit ist keine Schande.
Was das Studium betrifft, so weißt Du, wie ich darüber den-

ke. Ich bin überzeugt, dass Du neben dem Arbeiten in der Landwirtschaft oder bei Larssons nicht vergessen wirst, Dich weiterzubilden. Man muss ja nicht unbedingt die Hochschule machen, das Wichtigste ist, dass man etwas lernt, sich Wissen aneignet, einen praktischen Beruf ergreift und – anständig ist.

Nichts war angenehm, nichts richtig so, wie er es gern hätte. Nicht nur die Arbeit als Metzgergehilfe setzte ihm zu, nein, auch alles an ihm selbst. Aus der Wiener Kleidung war er herausgewachsen, Sachen, die Elise gekennzeichnet und vor der Abreise gepackt hatte. Seit damals war ein Jahr hinzugekommen und fünfzehn Zentimeter.

Otto wollte wirklich keine Schwierigkeiten machen. Doch kannte er nur einen Weg, eine Veränderung zu erzielen, nämlich den, den ihm sein Vater beigebracht hatte. Also setzte er sich an einen Tisch, nahm ein Blatt Papier, griff nach dem Stift und schrieb. Ein paar Tage später kam eine Antwort von Pastor Pernow.

25. April 1940, Israelmission, Idungatan 4, Stockholm
Lieber Otto. Deinen Brief vom 21. habe ich erhalten. Es tut mir leid, dass es Dir auf der neuen Stelle nicht gefällt. Die Frage ist, warum das so ist. Behandeln sie Dich nicht gut, oder was vermisst Du dort? Der Umstand, dass Du mit Deinen Freunden nicht zusammen sein kannst, wiegt schließlich nicht so schwer. Du bist doch ein großer Junge, der in diesen schweren Zeiten gewiss an seine Zukunft gedacht hat.
Wesentlich wäre, dass Du irgendwo bist, wo Du eine richtige Ausbildung erhältst, und dass Du etwas lernen kannst, was es Dir ermöglicht, später auf eigenen Beinen zu stehen. Da ich die Situation von hier aus nicht beurteilen kann, sehe ich mich im Augenblick außerstande, zu Deinem Brief Stellung zu nehmen. Es tut mir leid, dass Dir nicht wohl zumute ist. Eine Änderung kann jedoch nur erfolgen, wenn sie zu Deinem

Besten ist. Deshalb habe ich mich an Frau Eklundh gewandt, die Dir äußerst wohlgesinnt ist, und habe sie gebeten, Deine Situation zu untersuchen, wenn möglich persönlich, und dann die Maßnahmen zu ergreifen, die sie für geeignet hält. Nämlich, um Dich zufriedenzustellen und zugleich günstige Voraussetzungen für Deine weitere Entwicklung zu schaffen. Habe ein wenig Geduld. Wir wollen alle Dein Bestes, und du wirst sicher bald von Frau Eklundh hören.
Besonders wichtig ist es, dass Du an dem Ort, wo Du Dich im Augenblick aufhältst, versuchst, Dein Bestes zu geben, fleißig zu sein und vor allem höflich und freundlich zu allen Familienmitgliedern, damit keine berechtigten Klagen kommen können. Mit herzlichen Grüßen, Pastor Birger Pernow

Warum hat Otto beim Metzger in Tollarp aufgehört? Die Familie war gut zu ihm, so gut, dass er es nicht wagte zu sagen, wie es wirklich um ihn stand – dass das Ganze ein Irrtum war, dass der Metzgerberuf ihm nicht zusagte. Vielleicht ließ er sie glauben, der Umzug sei von der Israelmission beschlossen worden. Frau Hilda Larsson konnte sich jedenfalls nichts anderes vorstellen.

Tollarp, den 2. Mai 1940
Hochverehrter Pastor Pernow. Angesichts dessen, dass der Junge Otto Ullmann weiter in Tollarp bleiben und seine Stelle haben möchte, schreibe ich nun ein paar Zeilen an Sie, Herr Pastor, und bitte für ihn, dass er zurückkommen kann. Wir brauchen ihn, in dem Fall, dass er die Genehmigung zum Arbeiten erhält. Wir mögen ihn sehr gern, er war gewillt zu allem, es war ja nur eine so kurze Zeit, dass er hier war, nicht mehr als acht Tage …
Wenn es möglich ist, lieber Herr Pastor, dass Sie das einrichten, so sind wir Ihnen äußerst dankbar. Hochachtungsvoll, Frau Hilda Larsson, Tollarp

Brief um Brief bleibt Otto außer Reichweite. Der Schatten eines Jungen.

Er kommt zu mir aus einer anderen Richtung, filtriert durch die Zeit, durch das schlechte Gedächtnis anderer, durch die wortreichen Antworten seiner Eltern auf Briefe, die nicht mehr existieren. Wenn sie schreiben, er solle sich nicht nach Hause sehnen, weiß ich, dass er Heimweh hatte, doch er selbst ist anderswo. Seine Stimme hallt wider. Sein Schweigen hallt wider. Seine Briefe hallen wider und seine ausgebliebenen Briefe ebenso. Das Echo ist mein Arbeitsmaterial.

Der Klang seiner Schritte, seiner Axtschläge an einem Wintertag im Wald, sein fröhlicher Redeschwall, als er die Mädchen becircte mit seinem dunkelbraunen Fremdlingsblick und den Geschichten über die große weite Welt – ich vernehme es, stehe jedoch noch immer dort, wo er kürzlich vorübergegangen ist.

Die Briefe quellen über den Tisch. Erst jetzt hat man sie aus dem Deutschen übersetzt, bislang bin ich die Einzige, die sie gelesen hat. Als ich eine von Ottos Enkeltöchtern treffe, empfinde ich Schwindel. Ich kann ihr vom Aufwachsen ihres Großvaters erzählen, sie kann ihn als Kind vor sich sehen, kann hören, wie seine Eltern ihn schelten und wie sie sich sehnen. So werde ich einen Abend lang verwandelt in ein Medium, in dem die Stimmen der Toten deutlich hörbar erklingen. Und dennoch, ein nicht greifbares Gefühl.

Weitaus später, als Otto längst verheiratet, erwachsen und Vater war, hat ein Familienmitglied zu ihm gesagt, wie schade es sei, dass er das einzige Kind war. Hätte er Geschwister mit nach Schweden gebracht, wäre er nicht so einsam gewesen. Ottos Antwort erfolgte direkt. Er sei froh, sehr froh, dass kein anderer das habe erleben müssen, was er durchgemacht habe. Gott sei Dank habe es nur ihn betroffen.

Jetzt ist heute.
Es gab mich – aber ich bin ein anderer geworden.

Sie berieten sich vermutlich, der nette Pastor Pernow und die freundliche Frau Eklundh. Was sollten sie mit Otto Ullmann tun? Seine Eltern waren noch nicht aus dem Land gekommen, also musste man damit rechnen, dass es eine Zeit dauerte, bis sie ihn abholen würden.

Frau Eklundh hatte an Otto wirklich Gefallen gefunden und beratschlagte vermutlich mit ihrem Mann daheim in Lund. Heraus kam ein Vorschlag zur Lösung.

Otto sollte Gärtner bei Herrn Justitiar Albert Eklundh werden. Neben ihrem Domizil in Lund besaß das Ehepaar Eklundh nämlich einen Hof mit Grund und Boden und mit Tieren am Rand des Dorfs Pjätteryd in Småland. Gartenarbeit. Ja, damit hatte Otto bereits Erfahrung. Das passte gut. Also aus der Provinz Schonen nach Kronobergs län. Hundert Kilometer weiter ins Land hinein.

Ein gutes Jahr zuvor hatte Pepi immer wieder geschrieben, dass Schweden ein Land mit vernünftigen Menschen sei, wo Otto ein freies, ruhiges Leben führen könne. Und die Sprache werde er leicht erobern, schrieb Grete, sie gleiche in vielem dem Deutschen.

Ruhig, frei und Deutschland gleich. So war es.

Gerade zu diesem Zeitpunkt machte der Polizeidirektor von Kronobergs län eine Bestandsaufnahme der Verbreitung des Nationalsozialismus in seiner Provinz. Das stand nicht in der *Smålandsposten* zu lesen, davon wusste der vierzehnjährige Otto also nichts. Der Polizeidirektor aber verfolgte die Entwicklung, listete auf, beurteilte und schätzte die Situation im Hinblick auf die Nazipartei unter Sven Olov Lindholm für die Sicherheitspolizei ein: Auch wenn die Tätigkeit der Nationalsozialisten nicht sehr umfangreich war, so gab es in Kronobergs län doch eine »nicht unbedeutende Anzahl von Personen, von denen anzunehmen ist, dass sie eine nationalsozialistische oder vergleichbare Anschauung vertreten«.

Otto wurde mit Pferd und Wagen vom Bahnhof Ljungby abgeholt. Von der großen Landstraße nach Agunnaryd bog man nach rechts in eine lange, schmale Straße ein, die einen eintönigen Kilometer durch den Wald führte, bis man eine Kreuzung erreichte. Bog man nach rechts ab, verlief die Straße weiter in den Wald und in die Dunkelheit hinein. Nach links hingegen öffnete sich das Gelände zu Feldern und Weiden. Eine stabil gebaute Steinmauer markierte die Grenze zwischen dem Wohnsitz und dem Umland.

Der See, hier *kärret,* das Moor, genannt, der dem Ort seinen Namen gegeben hatte, lag unterhalb des Wiesenhangs.

Kärrnäs hatte zwar die Postadresse Pjätteryd, lag jedoch so weit vom Dorf entfernt, wie es nur möglich war, ohne es zu verlassen. Småländische Peripherie, äußerster Rand des Randes: Eklundhs Sommerfrische, Familie Anderssons Pachthof.

Otto sollte später die Reise aus der Großstadt Wien zum Landleben in Småland als einen Schritt hundert Jahre zurück in der Zeit beschreiben. Plumpsklos. Keine Bibliothek. Die unebenen Wiesen, auf denen man Fußball spielte.

Als Erstes sah man das Haus von Justitiar Albert Eklundh und seiner Frau Carola mit dem sanft geschwungenen geharkten Kiesweg zu einer Veranda hinauf, die der Sommer mit Kletterpflanzen bedeckte. Das Haus stand hoch, hell und mit Aussicht auf Land und Seeufer da. Jetzt im April waren die Äste kahl, Buschwindröschen bildeten Blütenteppiche, und Gelbsterne steckten den Kopf aus dem Boden.

Ein Stück entfernt, näher am Wald, lag die Wohnstätte der Familie Andersson, ein kleineres rotes Haus ohne Schmuck. Dort lebte die Witwe Agnes, die das Land zusammen mit ihrem Schwager Oskar gepachtet hatte.

Der Justitiar wohnte ab und an auf dem Hof, obgleich ihn die Hin- und Rückfahrt von Lund jedes Mal sechs Kronen kostete. Seine Frau Carola Eklundh kam mit den Töchtern Ingrid und Carin an höheren Feiertagen heraus.

Otto erhielt ein Zimmer im großen Haus zugewiesen.

Die Erde konnte bearbeitet werden, und darin bestand Ottos erster Auftrag; den Küchengarten der Familie in Ordnung zu bringen, in dem Kartoffeln, Mohrrüben und Erdbeeren gedeihen sollten. Er hatte zu tun, und eigentlich hätte alles gut sein sollen. Nun hatte er ja für die nächste Zeit ein Zuhause und eine Arbeit, die er gern tat. Und er wollte nicht klagen, im Gegenteil. Die meiste Zeit sagte er nichts und vertrug sich mit den Mägden und all den anderen. Aber trotzdem.

Einer behauptet, dass der Justitiar nicht immer nett war und dass Otto die Drecksarbeit zufiel. Ein anderer meint, Albert Eklundh sei der netteste Mann auf der Welt gewesen. Und vielleicht war der Grund ja ein ganz anderer, der zu Ottos Umzug führte – diesmal dreißig Meter weiter, zum Pächter in dem kleineren Haus, wo die Jugendlichen Henrik und Astrid mit ihrer Mutter Agnes wohnten. Dort war es weniger geräumig, ärmlicher und einfacher. Aber herzlicher. Er war willkommen.

Anderthalb Jahre waren vergangen, seit er von Papa, Mutti, den Tanten Grete und Nuny sowie von Paul getrennt worden war. Zwischen ihm und dem Gefühl von Familienwärme lagen eine nächtliche Zugfahrt, ein Jahr im Kinderheim, ein Flüchtlingslager und ein Reißausnehmen sowie all diese Sonntage, an denen småländische Bauern über die Schwelle des Kinderheims getreten waren, neugierig in die Gesichter der Kinder geblickt und dann ein kleines Mädchen oder den Jungen mit den hellsten Haaren ausgesucht hatten. Es war anderthalb Jahre her, dass er mit einer Mutter gelebt hatte, die ihr Kind gern in die Arme nahm.

Agnes Andersson öffnete Otto ihr Zuhause und ihre Familie. Otto öffnete im Gegenzug sein Herz. Und Arbeit gab es genug.

7. Mai
[...] Wenn Du jetzt auch viel zu tun hast, schreib uns. Wir rechnen damit, Du weißt ja, dass wir auf Deine Nachrichten warten.

10. Mai
[...] Ich bin wirklich enttäuscht, dass Du so selten schreibst, und ich bitte Dich, wie Du es früher getan hast, zweimal die Woche zu schreiben. Wenn wir in diesen schweren Zeiten auf Post warten müssen, kannst Du Dir vielleicht vorstellen, dass wir uns große Sorgen machen, wenn keine kommt.

18. Mai
Liebster Junge! Seit Deiner Karte vom 22. April haben wir wieder keine Zeile von Dir, und Du kannst Dir denken, mein Liebes, dass wir besorgt sind, umso mehr, als Fr. Edlauer ständig Post von Kurt erhält. Papa ist sehr traurig, dass Du so gar nichts schreibst. Hast Du so viel Arbeit? Aber für eine Karte wird die Zeit wohl ausreichen. Ich kann es nicht begreifen, dass Du seit 22. April so gar nichts schreibst.

4. Juni 1940, Wien
Mein liebster Junge! Jetzt sind schon wieder mehr als vierzehn Tage vergangen, seitdem wir von Dir die letzte Nachricht bekommen haben. Du kannst Dir schon vorstellen, dass wir darüber sehr beunruhigt sind. Vielleicht ist das Wort »beunruhigt« nicht am Platz. Wir sind eher mehr bekümmert, dass Du uns nicht wenigstens auf Karten – und möge der Inhalt noch so kurz sein – Kenntnis von Deinem Befinden gibst. Du weißt doch, wie sehr wir auf jede Zeile von Dir warten.
Du hast uns schon seit Langem darauf vorbereitet, dass Du wieder nach Tollarp zurückkehrst, um bei Larsson Deine Stelle, von der Du Dir doch viel versprichst, anzutreten, und wir haben Dir auch dorthin geschrieben, ohne aber von Dir Nach-

richt zu bekommen. Du weißt doch, wie sehr wir warten, auf eine Karte von Dir in der Woche oder deren zwei kann es Dir doch auch bei noch so viel Arbeit nicht ankommen! Ich hoffe, Du bist gesund, und es geht Dir gut. Gott schütze Dich auch weiter. Viele tausend Küsse, Dein Papa

17. Juni
[…] Wir haben wieder mehr als zehn Tage keine Post von Dir, und eigentlich könnte jetzt wieder eine Nachricht fällig sein. Wir haben zwar immer erwartet, von Dir ein- bis zweimal in der Woche ein paar Zeilen zu erhalten, in dieser Hinsicht hast Du uns aber in der letzten Zeit leider enttäuscht.

18. Juni
[…] Jetzt haben wir seit dem 22. Mai keine Nachricht von Dir. Von Frau Edlauer hören wir, dass ihr Junge jede Woche pünktlich schreibt. Uns kränkt es sehr, dass Du uns in so langen Intervallen nur schreibst. Denk daran, wie sehnsüchtig wir darauf warten, ein paar Zeilen von Dir zu erhalten, das ist doch unsere größte Freude.

Doch Otto schaffte es nicht, war nicht imstande dazu, jetzt jedenfalls nicht. Der Sommer stand in voller Pracht. In Henrik hatte Otto unerwartet einen Bruder gefunden, und Astrid war lieb und nett zu ihm. Während die beiden Geschwister auf den Feldern arbeiteten, rackerte er sich in Eklundhs Küchengarten und Pflanzungen ab, und am Nachmittag dann trafen sie zusammen, um in den kühlen See zu springen.

Otto lachte in Kärrnäs. Mit Henrik trug er Ringkämpfe aus, und obwohl er dünn war und klein von Wuchs, kam es vor, dass er gewann. Mit dem Rad unternahm er Ausflüge. Onkel Oskar lehrte ihn, mit den Pferden umzugehen und zu crawlen. Gemeinsam ruderten sie abends auf den See Möckeln und legten Netze aus. In der Früh ruderten sie erneut hinaus und holten die Netze ein. Mutter Agnes bereitete den Fang zu. Abends sank Otto braun gebrannt ins Bett und schlief tief und fest, bis es Zeit war, beim Melken mit anzupacken, die Kannen auf den Fahrradanhänger zu laden und zuzusehen, wie Oskar mit ihnen den langen Kilometer bis zur großen Straße ging, wo die Milchbank stand.

Plötzlich hörte der Tag auf wehzutun. Sich nach anderthalb Jahren in Schweden wohlzufühlen war ein Geschenk, mit dem er nicht gerechnet hatte. Nein, er hatte keine Zeit zum Schreiben, oder … ja, vielleicht. Aber nicht gerade jetzt.

2. Juli
[…] Wir sind in größter Sorge, da wir seit 4 Wochen von Dir nichts hören. Was ist denn los? Von allen Kindern aus Schweden kommt Nachricht. […] Wir sind ganz verzweifelt. Wir können uns das gar nicht vorstellen. Schreibe sofort, ob Du gesund bist.

Es geschah immer öfter, dass er den Brief einfach nur in der Hand hielt. »Herr Otto Ullmann« stand mit blauer Tinte auf dem Kuvert.

Es war jedes Mal das Gleiche. Er zwang sich, mit dem Lesen anzufangen, obwohl er zuerst nicht wollte. Vor dem Fenster tönte der Sommer, und aus dem Nebenzimmer waren die Stimmen der Familie Andersson zu hören. Doch dann zog es ihn hinein. In Elises Schnörkeln, Strichen und Punkten lag sein wirkliches Zuhause, die braune, warme Wohnung in der Löwengasse. Solange er ihrer Tinte auf dem Papier folgte, waren sie zusammen. Nicht weil sie etwas Besonderes erzählte, ganz im Gegenteil. Sondern weil sein Blick dort lag, wo ihr Blick gelegen hatte, somit konnten sie einander für kurze Zeit in die Augen sehen, mithilfe des Papiers.

Er wurde in die alte Welt gesogen, ohne sich dagegen wehren zu können, in Räume, in denen sein früheres Leben ablief, deutlich spürbar, aber unerreichbar.

Zwei Welten Wand an Wand: Das friedliche Grün, die småländische Mundart und die Zimtschnecken waren die eine. Der Lärm der Straßen, die Törtchen mit Vanillecreme und die eifrigen Hinweise des Fußballtrainers die andere. Sobald Pepis und Lisls Zeilen zu Ende, die Wörter geschrieben waren und der letzte Punkt gesetzt war, wurde Otto wieder hinausgeschleudert, und die Gegenwart schlug mit voller Kraft zu. Kärrnäs, Pjätteryd, Schweden. Er brachte die Welten nicht in Einklang, sosehr er es auch versuchte. Dennoch gehörten beide zu ihm. Und sie mussten Platz finden.

Sein Gedächtnis veränderte die Form, ließ bestimmte Stellen leer. Als würden sie sich von innen her auflösen. Das Treppenhaus, in dem Papas und seine Stimme in einem Lied mit stets dem gleichen Text verwoben waren: Eins zwei drei vier fünf sechs sieben …, so hatte er als Kind zählen gelernt, und der Klang tauchte auch jetzt noch auf als Echo für zwei Stimmen.

Oder der Kastanienbaum auf dem Hof mit dem Vogelnest, das heruntergefallen war, wie ein Kleeblatt darin die nackten piepsenden Jungen. Papa hatte das Nest vorsichtig in seine Astgabel zurückgelegt, und ein paar Wochen später hatten sich die Jungen auf einen Zweig hinausgewagt und hockten da in ihrem wuscheligen Gefieder. All das aber gehörte jetzt dem Wienwrack an, dem morschen Schiff, das langsam versank.

Oder die Schlucht im Wald. Man müsse sich vor ihr in Acht nehmen, sagte Henrik. Denn einst war der stärkste Mann dort hineingestürzt, und wenn man erst einmal dort unten steckte, gab es keinen Weg zurück.

Das Stadtgetöse. Die Lampen, die zur Abendbrotzeit aufflammten. Die Erinnerung an die Schaufenster in der Kärtnerstraße, die warmen Buden mit Glühwein und Pfefferkuchen zu Weihnachten, der Gemüsehändler, der brabbelte, die Juden sollte man am nächsten Baum aufhängen, Professor Kleins Rohrstock, die Hakenkreuznadel des Chemielehrers, verborgen unterm Mantelkragen, wie Otto in der Pause, zusammen mit Georg und Ernst, auf den Korridor geschlichen war, den Kragen vorsichtig angehoben hatte, um sie zu sehen – alles versank, war im Versinken begriffen, wurde versenkt, sank auf den Grund. Und seine Eltern mittendrin.

Wenn das Licht auf eine spezielle morgendiesige Weise durchs Fenster drang, wenn er aufwachte, weil er im Morgengrauen fröstelte, wenn er nicht bereit und auf der Hut war, konnte sich das Wrack unverhofft regen und aufleuchten. Dann roch er eine Duftspur von Papas Rasierseife. Wie jetzt. In seiner Hand der noch immer ungeöffnete Brief, und sogleich rührte sich Wien in der dunklen Erinnerung, als machte es sich bereit, an die Oberfläche zu steigen.

Mein lieber Junge. Sei fleißig, sparsam, pünktlich, ordentlich, flink in allem.

Was wussten Lisl und Pepi schon? Vom schnaubenden Atem der Pferde, ihren warmen Muskeln, die sich unter seinen

Händen spannten und, wenn er sie striegelte, erschlafften? Ein fleißiger Schüler? Er verstand es, Zaum und Halfter anzulegen, wusste, dass man die Zügel nur leicht gegen die Flanke klatschte, um das Pferd zum Ziehen zu bewegen. Ja, Mutti, ja, Papa. Er war fleißig. Gelehrig in der lehmigen Schule des småländischen Ackers.

Sein Lehrer und Kamerad war Henrik, der vor ihm auf den Pfaden durch den Wald ging. Er hatte jetzt beste Noten, Papa. In der Kunst des Holzsägens.

Wann würden sie an die Oberfläche schwimmen, das dunkle Wrack verlassen und ihn holen?

Ohne die Wörter im Brief zu lesen, war ihm, als legte sich Papas Hand schwer auf seine Schulter. Der Vater hatte das oft getan, und Otto mochte es. Doch war er sich nie richtig sicher gewesen, wie es sich eigentlich verhielt. Wollte Papa etwas von seiner eigenen Kraft auf Otto übertragen, oder war es eher umgekehrt?

Der Brief verlangte eine Antwort. Wie all die anderen, die er bekam. Doch nicht jetzt. Bald. Später. Vielleicht heute Abend. Das Schiffswrack Wien schimmerte. Wenn er nur die Augen schloss und den Atem anhielt, würde es auf den Grund der dunklen Erinnerung sinken. Wäre nur alles still. Versunken. Verschlungen. Endlich.

2. Juli 1940
An die Israelmission
Ich gestatte mir, mich mit einem Wunsch an Sie zu wenden, den Sie mir hoffentlich erfüllen können.
Mein Sohn Otto befindet sich durch Ihre Vermittlung seit dem 2. Februar 1939 in Schweden. Ursprünglich war er in Hemhult, Tollarp, untergebracht, aber zog dann zu einer Frau Wallengren und noch später zu einer Frau Eklundh in Pjätteryd – all das entsprechend der Information, die ich von ihm selbst per Brief erhalten habe.

Nachdem nun aber eine Zeit ohne jedes Lebenszeichen von meinem Sohn vergangen ist, bin ich beunruhigt, nicht zuletzt, wenn ich erfahre, dass andere Kinder regelmäßig nach Hause schreiben. Ich weiß nicht, was der Grund für das Schweigen meines Sohnes ist. Früher hat er jede Woche eine Nachricht geschickt. Ich mache mir Sorgen, dass er krank geworden ist oder es ihm in anderer Hinsicht nicht gut geht, dass das möglicherweise die Ursache ist. Ich bitte Sie deshalb ehrerbietig, eine Nachforschung bezüglich meines Sohnes vorzunehmen und mir das Ergebnis freundlicherweise mitzuteilen. Hochachtungsvoll, Lisl Ullmann

Die braune Spur zog sich durch ganz Kronobergs län. Treffen fanden statt mit Reden und Gesang voller Abscheu vor dem, was als jüdisch galt, und Verachtung dessen, was Demokratie hieß.

Auf dem Hof in Elmtaryd, Agunnaryd, wurde gern Bridge gespielt. Gutsbesitzer Feodor Kamprad und seine Frau Berta veranstalteten regelmäßig Kartenspielabende mit dem Jagdkameraden, dem Volksschullehrer Rudolf Malmqvist, und seiner Ehefrau Ellen. Deutschland, die Juden und Reichskanzler H. waren wiederkehrende Gesprächsthemen. Der Junge Ingvar durfte aufbleiben und zuhören, unter der Bedingung, dass er den Mund hielt.

Im Jahr 1940 waren die Nazis von Jönköping die aktivsten in der ganzen Provinz. Sie feierten ihr siebenjähriges Jubiläum, und die Zusammenkünfte fanden bevorzugt im Mästar Gudmunds källare statt, wo man mit Reden zum erbarmungslosen Angriff auf die Demokratie blies, Kameradschaftsabende zu Karl XII. abhielt und das, was man moralischen Verfall und jüdische Presse nannte, attackierte. Die Beteiligung war groß, obwohl die Mehrzahl der Parteimitglieder bereits zum Wehrdienst einberufen war. Auf der Jubiläumsfeier wurde laut aus *Fähnrich Stahl** vorgelesen:

»Wohlan denn, edles Heer, zur Schlacht bereit! Ich sah genug, hier will kein Zögern taugen, Auf! Heut ist Döbelns Tag, schön wird der Streit. Fort, Adjutant, die Saat ist reif zum Schnitte; Befehlt auf beiden Flügeln, in der Mitte, Auf Plan und Höhn der ganzen Front: voran! Nicht hier, da drüben soll es heute gelten; Mit solchen Truppen trotzt und droht man Welten, Mit solchen steht man nicht, nein man greift an.«

Und anschließend wurde gemeinsam gesungen und Kaffee getrunken.

* Johan Ludvig Runeberg: *Fähnrich Stahl.* Deutsch von Wolrad Eigenbrodt. Helsingfors: Söderström & Co. 1907, S. 140

Mit drei Menschen statt mit dreißig zu leben. Dass jemand zuhörte, wenn man erzählen wollte. Dass jemand sah, was man brauchte, noch bevor man es selbst wusste.

Otto war jetzt fünfzehn. Er arbeitete an den Blumenrabatten des Justitiars, rupfte zwischen dem Gemüse im Küchengarten Unkraut, hielt sich lange Tage ohne Hemd in der Sonne auf. Manchmal half er im Stall oder mit Henrik im Wald, unter Aufsicht von dessen Onkel Oskar. Und als Oskar einberufen wurde, waren es Otto und Henrik, die die Pferde lenkten, Bäume fällten, das Holz zersägten und nach Hause schafften. Von Tag zu Tag jetzt froher, und sein Dank dafür war die körperliche Arbeit. Vielleicht lag es daran, dass sich die Briefe nach Hause nun schwerer schreiben ließen. Wo immer auch dieses Zuhause war.

Er versuchte, auf Elises Fragen zu antworten und Pepis Sorgen zu begegnen. Sie hatten Pjätteryd nicht einmal auf der Karte gefunden, doch er beschrieb ihnen, sie sollten nach Ljungby oder möglicherweise nach Älmhult suchen. Hatte er Freunde? Er erzählte von Henrik. Er berichtete über seinen fünfzehnten Geburtstag, über die Bücher, die er gelesen hatte, und die Sonntagsbeilage der Zeitung, über die Besonderheiten der beiden Pferde, dass er auf seiner Mundharmonika übte, und er legte ein kürzlich gemachtes Foto von sich bei. Er trug möglichst viele Einzelheiten zusammen, um die sonnigen Stunden der Tage, das Lächeln von Mutter Agnes und die Wärme in der Familie zu beschreiben. Sorgfältig vermied er Nachtgefühle, Hoffnungslosigkeit und Qual.

Es schien, als ginge die Zeit in Schweden und den småländischen Wäldern bald ihrem Ende entgegen. Zwar hatte man Pepi erneut zur Zwangsarbeit verpflichtet, diesmal arbeitete er kurz vor Wien, doch kam er an den Wochenenden heim, und – das Allerwichtigste – seine zahllosen, unverdrossen abgesandten Briefe hatten endlich ein Ergebnis gebracht. Jemand in Amerika versprach, für seinen Unterhalt zu garantieren. Das Meistersehnte war beschafft: ein Affidavit.

Wien, 25. August 1940
Mein liebster, bester Junge, Deinen lieben Brief sandte mir Mutti sofort ein, ich kann ihn aber erst heute, da ich zu Hause bin, beantworten. Vielen Dank für Dein schönes Schreiben, das mich wieder einmal gerührt hat.
Mit Deinen Zeilen hast Du uns bereits eine Menge Fragen, die ich Dir in früheren Briefen stellte, beantwortet, sodass manches, was ich von Dir wissen wollte, jetzt als überholt zu gelten hat. Jedenfalls sehe ich aus Deinem Brief, dass Du Dich gottlob gut eingelebt hast und scheinbar schon ein ganzer Schwede geworden bist. Nicht nur das, jetzt verstehst Du ja wohl schon die Landwirtschaft recht gut und lebst außerdem unter guten, prächtigen Menschen, es fehlt Dir an nichts, Du hast auch, wie ich lese, Gesellschaft, und Du kannst Dir denken, dass wir uns über Deine Schilderungen sehr gefreut haben. Dass Du nun auch schon Wildentenjagden mitgemacht hast, ist interessant, sicher hast Du trotz Deiner jungen Jahre nun schon viele wertvolle Erfahrungen gesammelt, die Dir Einblick in eine ganz neue Welt vermittelt haben.
Ich freue mich auch, dass Du Deinen Geburtstag hübsch feiern konntest – es ist nun der zweite ohne uns –, und ich hoffe von ganzem Herzen, dass Du es auch weiterhin gut haben mögest. […]
Ich habe jetzt, vorläufig allein, ein Affidavit bekommen, kann es aber nicht ausnützen, weil ich ja schwer fahren kann und dann ja noch auf das für Mutti und Dich warten will. Jedenfalls wird es noch eine Zeit dauern, das Wichtigste ist, dass Du gut aufgehoben bist. Liebster Bub, bleib weiter gesund. Viele tausend Grüße und Küsse, Dein Papa

Wermutstropfen und Honig, Zwiespältigkeit und Zögern. Ein Affidavit war ohne Zweifel eine gute Nachricht. Noch immer aber fehlten zwei.

Pepis Zwangsarbeit zwang ihn, die Woche über weg zu sein, doch an den Wochenenden konnte er heimkommen. Das war gut. Andererseits setzte ihm die Arbeit, die hart und mühevoll war, schwer zu. Auch Tante Nuny hatte man angewiesen, in einer Fabrik zu arbeiten, doch war diese nicht weit von Wien entfernt, sodass sie es abends heim schaffte. Das hieß, sie hatten ein paar Groschen zum Leben, die sie miteinander teilten.

Andererseits war ihnen nun der Besitz eines Telefons verboten. Die Briefe aus Wien gaben keine Ruhe.

Otto wusste, welche Sorgen sich Elise machte. Eigentlich hätte er regelmäßig schreiben müssen, so wie er es versprochen hatte. Aber auch er verspürte Unsicherheit. In Kärrnäs sagte man, er müsse zum Winter vielleicht erneut umziehen. Otto wollte nicht umziehen. Er war zu alt für das Kinderheim, zu unchristlich für das Flüchtlingslager in Tostarp. Dorthin würde er nie mehr zurückkehren, lieber stellte er sich auf eigene Füße, übernahm einen Job, egal welchen, schuftete hart. Er wusste, dass er zurechtkommen konnte. Und einsam war er bereits.

Otto machte sich Sorgen, doch wollte er die nicht mit Wien teilen. Sie hatten genug eigene.

Übrigens blieb keine Zeit für Briefe, wenn man ihn und Henrik tagelang als Ruderer brauchte. Die Herrschaften Eklundh veranstalteten Entenjagden im Schilf. Die Mägde hatten alle Hände voll zu tun, um der Gesellschaft das Essen hinauszubringen und das Übriggebliebene später wieder heim zu schaffen. Menschen und Apportierhunde überall.

21. September 1940
Liebster Otti, wir sind wieder in größter Sorge, da wir seit Deinem letzten Brief vom 21. August keine Post von Dir haben. Hoffentlich bist Du gesund. Du hast doch versprochen, jede Woche zu schreiben. Bitte vergiss das nicht, da wir sonst sehr beunruhigt sind. Wir sind Gott sei Dank gesund und hoffen dasselbe von Dir. Ich hoffe, dass wir noch heute oder morgen Nachricht erhalten werden. 1000 Küsse, Deine Mutti

Mein liebster Otti, auch von mir viele herzliche Grüße und Küsse, Tante Grete

»Wir sind Gott sei Dank gesund.« Immer häufiger tauchte dieser Satz in Elises und Pepis Grüßen an Otto auf. Mit den einfachen, beinahe nichtssagenden Worten wollten sie den Sohn vor einer Wirklichkeit schützen, die seit Langem die Grenze zu dem, was man Albtraum nennen kann, gesprengt hatte.

Zwar besaß Pepi jetzt ein Affidavit, einen wahren Schatz. So schwer zu bekommen, so entscheidend sein Erhalt. Doch das Affidavit – ein Begriff, den noch wenige Jahre zuvor niemand gekannt hatte – war von Hoffnungslosigkeit bereits glanzlos geschliffen. Die Flüchtlingsquote nach Amerika war längst für mehrere Jahre erfüllt. So wie Uruguay hatten fast alle lateinamerikanischen Länder ihre Grenzen für die europäischen

Juden geschlossen. Nach Großbritannien konnte niemand mit deutschem Pass mehr fliehen, da er offiziell als Feind galt. Und daheim erschien Regel um Regel, Stacheln am Stacheldraht.

Als Bomben fielen, durften jüdische Menschen nicht in dieselben Luftschutzkeller wie die anderen. Hatte ihr Haus nur einen Schutzraum, mussten sie in ihren Wohnungen bleiben. Ihre Kohleration war nur halb so groß. Sie erhielten keine Zuteilungskarten für Kleidung. Sie erhielten die Genehmigung zur Reparatur ihrer Schuhe, wenn sie auf Seife verzichteten.

9. Oktober 1940
Liebster Junge, ich habe Deinen letzten Brief erhalten und bin glücklich, dass es Dir gutgeht und Du auch im Winter in Kärrnäs bleibst. Ich freue mich, dass Du bei so guten Menschen bist, aber, wie ich Dich kenne, bist Du ja auch immer nett und freundlich zu allen Leuten, sodass man Dich überall gern sieht.
Dass Du jetzt auch reiten kannst, ist sehr fesch. Hoffentlich gibst Du acht, dass Dir nichts passiert. Ich möchte Dich gerne zu Pferde sehen.
Vielleicht wirst Du später einmal selbst eine kleine Landwirtschaft haben, und dann werden wir wieder zusammen sein können. Schön wird das sein, aber man muss Geduld haben. Bitte vergiss nicht, uns bald wieder zu schreiben, damit ich keine Sorge habe. Ich küsse Dich, Deine Mutti

3. November 1940
Mein liebster Junge, diese Woche lag zwar keine Post von Dir vor, ich nehme aber an, dass in den nächsten Tagen Nachricht kommen wird. Wie ich aus Deinem letzten Brief entnommen habe, wirst Du ja jetzt einiges zu tun gehabt haben, wenn die Gesellschaften zur Jagd gekommen sind. Da wird Dir keine Zeit zum Schreiben geblieben sein. Hoffentlich aber doch genug, um uns wenigstens in einer Karte Nachricht von Deinem

Befinden zu geben. Wir sind gottlob wohlauf und erhoffen, von Dir das Gleiche bald wieder zu hören. Schreib uns, was Du jetzt an den langen Winterabenden machst. Liest Du viel, hast Du schon schwedische oder deutsche Lektüre? Denke daran, die freie Zeit zu Deiner Weiterbildung auszunutzen. Ich hoffe jedenfalls, nächstens wieder Erfreuliches von Dir zu lesen. Liebster Junge, bleib gesund. Viele tausend Küsse, Dein treuer Papa

Die Tage hatten eine gänzlich andere Farbe angenommen. Das Stadtbraun und Asphaltgrau, die Zeit zwischen hohen Häusern und Menschenmengen, waren dem Grün der Bäume und dem Schwarz der Ameisenstraßen gewichen. Jetzt lief Otto über Moos, trat auf Zweige, ruhte sich auf einem Stein aus. Jetzt war er Treiber bei der Elchjagd, und nichts an den frühen Morgenstunden mit den Männern, dem Geruch von Kaffee und Pulver erinnerte an das Leben, das er einst geführt hatte.

An Wien.

Hin und wieder erzählte er Geschichten von dort. Von den glitzernden Schaufensterdekorationen am Opernring, von Autos und Menschen, deren Wege sich kreuzten, wie eine Fahrt mit der Straßenbahn zu einer Reise in vier, fünf, vielleicht sogar sechs verschiedene Sprachen werden konnte. Er war ein guter Erzähler, und er merkte, dass sie beeindruckt waren. Wären sie nicht Tag für Tag so gut und herzlich zu ihm gewesen, hätte er über ihre aufgerissenen Augen gelacht. Gewiss las Mutter Agnes gründlich die Zeitung und verfolgte die Weltereignisse, Henrik und Astrid ebenso, doch nur Otto hatte die Welt weit weg von Ljungby gesehen. Er war auf dem großen Riesenrad im Prater gefahren, und als er versuchte, alles, was von dort oben zu sehen war, zu beschreiben, konnte man fast den salzigen Geschmack einer Brezel im Mund spüren, obgleich sie daheim in der Küche von Kärrnäs saßen.

Nie sprach Otto von Sehnsucht. Nie ahnten die Leute in Kärrnäs etwas von dem Fremden direkt unter der unbekümmerten Oberfläche, der all seine Bewegungen verfolgte und Ottos Reden von innen her lauschte. Der mit einer stummen Grimasse Antwort gab.

Ansonsten widmete er sich abends seinen Fernkursen in schwedischer Grammatik. Er war zu dem Schluss gekommen, dass er wohl noch eine Zeit lang in Schweden verbringen würde.

Die nationalsozialistische Führung, die in Wien das Sagen hatte, wollte sich der Wohnungen bemächtigen.

Am 3. Dezember 1940 segnete der Reichskanzler ein Gesuch ab und genehmigte die Einleitung von Transporten, die als Juden eingestufte Menschen aus Wien fortbrachten. Als offizieller Grund war »Wohnungsnot« angegeben.

Sechzigtausend Menschen sollten in immer kürzeren Abständen ins Generalgouvernement deportiert werden – das heißt nach Osten, nach Polen. Sie sollten aus ihren Häusern und Wohnungen geworfen werden, in anderen Häusern zusammenziehen und somit Wohnungen frei machen und sogenannten Lebensraum schaffen.

Pepi, Elise und Tante Grete mussten die Löwengasse verlassen.

Sie nahmen ihre Fotos mit. Große und kleine, in Alben eingeklebte, gerahmte oder lose, die in Kuverts steckten; Bilder von sich während eines Picknicks unter den Bäumen im Wienerwald oder zufrieden nach einem guten Tennismatch und auf Skiern in Bad Ischl. Fotos von Otto im Kinderwagen, Otto mit Freunden, in Badehose, auf dem Fußballplatz. Otto in Schweden.

Neue Adresse: Reisnerstraße 3. Die Schreibmaschine war nicht groß, sodass man sie mitnehmen konnte, obgleich sie zu Fuß unterwegs waren. Jeden Tag fanden neue Auktionen statt, auf denen ganze Wohnungseinrichtungen für einen Pappenstiel an nichtjüdische Nachbarn gingen.

Paul hatte alle Hände voll zu tun gehabt, um all denen, die emigrieren sollten und neue Sprachkenntnisse benötigten, Englisch beizubringen. Dann hatte er diejenigen unterrichtet, die glaubten, sie würden emigrieren. Am Ende hatte er nicht wenig zu tun mit jenen, die übrig waren und Stunden nahmen, um die Untätigkeit in Stücke zu zerlegen. Doch wurden es immer weniger, und übrigens hatte keiner mehr etwas, mit dem er hätte bezahlen können.

Versuchten Paul und Nuny das Land zu verlassen, machten sie es wie Pepi, schrieben sie Brief um Brief? Oder dachten sie, wir sind ja schon alt und kinderlos, das Leben hat uns gegeben, was zu bekommen war. Sie wandten sich jedenfalls nicht an die Jüdische Gemeinde um Hilfe bei der Auswanderung.

Wiens Reichsstatthalter erklärte öffentlich, dass die Lage der Wiener Juden hoffnungslos sei, und wer zufällig die Londoner Zeitung *The Times* las, erfuhr, dass ihre Lebensmittelrationen nunmehr so gering waren, dass sie nicht hätten überleben können, wenn die Mitmenschen sie nicht insgeheim mit Nahrung versorgt hätten.

Im Februar 1941 kam die Aufforderung.

Paul und Nuny hatten sich auf einem der Sammelplätze in Wien einzufinden, dem am Aspangbahnhof. Die Weisung war verbunden mit strengsten Strafen für diejenigen, die sich widersetzten, und die Abreise war auf den 26. Februar festgelegt. Höchstens fünfzig Kilo Gepäck durften mitgenommen werden.

Am angegebenen Tag wurden sie zum Verlassen ihrer Wohnung gezwungen. Bewacher der Jüdischen Gemeinde begleiteten sie, um dafür zu sorgen, dass sie sich weder absetzten noch mit jemandem sprachen.

Zusammen mit 979 anderen Wienern standen sie dann mit Koffern, Körben, Kindern und Ängsten auf ein und derselben Stelle. Wartend. Mensch an Mensch, Kind an Kind, Gebet an Gebet, Gebetsverweigerung an Gebetsverweigerung.

Paul und Nuny und all die anderen. Nicht mehr Herr und Frau, nicht Lehrer, Doktor oder Schuster, Bibliothekar, Student, Revisor oder Schneiderin. Gefangene. Nummer 486 und Nummer 487.

Sie erfuhren, dass ihr Zug bereits der zweite war. Ein früherer Transport war ein paar Wochen zuvor an denselben Ort abgegangen. Sie mussten ihre Wertsachen und das mitgenommene Geld abgeben. Sie wurden gewarnt, wenn man bei einer Durchsuchung Wertsachen fände, würde die Todesstrafe unmittelbar verhängt werden und für sämtliche Familienmitglieder gelten. Sie erhielten vierzig Złoty. Sie verstanden, dass das Reiseziel in Polen lag. Sie hörten den Ortsnamen Opole zum ersten Mal, anscheinend lag es in der Nähe von Lublin. Sie mussten zehn Złoty Steuern an die Gemeinde Opole entrichten.

Nach vierundzwanzig Stunden Warten fuhr der Zug ab.

Am selben Tag, dem 27. Februar 1941, hielten die Nazis im Lichtspieltheater Röda Kvarn in Kalmar eine Zusammenkunft ab, und der ganze Saal, mit Ausnahme des Rangs, war voll besetzt. Führer Sven Olov Lindholm hielt eine Rede, neben ihm stand eine Fahnenwache auf dem Podium. Die Zeitung *Barometern* hatte das Treffen mit einem Anzeigenboykott belegt, die Nazis selbst aber waren mit der Beteiligung zufrieden.

Opole ist eine Stadt, die auf der Landkarte kaum zu finden ist, und hat man sie gefunden, entdeckt man rasch eine zweite gleichen Namens. Doch geht es um das kleinere, gänzlich unansehnliche Opole, in das man Paul und Nuny deportiert hatte, die Stadt, die definiert wird durch ihre Lage, fünfzig Kilometer von Lublin entfernt; Opole Lubelskie.

In den Dreißigerjahren war das kein guter Platz für eine Ortschaft; nahe der Grenze zwischen den Nazis und den Sowjets gelegen. Zuweilen fiel der Ort aus jeder Ordnung heraus.

Dann kam es zu Plünderungen der jüdischen Bevölkerung. Wie es einfach geschieht. 1939 eroberten die Nazis Opole und machten die kleine Ortschaft zu einem Auffanglager. Während des ersten Jahres der Naziherrschaft verdoppelte sich die Anzahl der Bewohner jüdischer Abstammung. Leider wurden die Häuser und Abtritte nicht zahlreicher, auch die Menge an Nahrung und Wasser nahm nicht zu.

Die Fahrt dauerte sechsunddreißig Stunden. Als Paul und Nuny am Ziel waren, gab es nichts als Verwirrung. Und Menschen, überall entlang der schlammigen Straßen. Noch immer fehlte manchen aus dem ersten Wiener Transport eine Unterkunft. Die Ortsbevölkerung hatte bereits ihre baufälligen Schuppen und Scheunen vermietet. Die Synagoge war belegt. Auf dem Boden unter jedem einzelnen der zwölf Fenster schliefen Menschen auf Stroh, benutzten einander als Kissen und ihre Mäntel als Decke.

In der ersten Nacht saßen Paul und Nuny auf ihrem Gepäck. Gab es Platz in einem Zimmer oder einem Verschlag, bekamen Alte und Frauen mit Kindern als Erste die Möglichkeit, dort unterzuschlüpfen. Der Rest musste sehen, wie er zurechtkam, und man baute Pritschen aus Holz und legte Stroh auf das Bettgestell und stellte die Pritschen in bereits vollen Scheunen übereinander, dichtete Wände ab und flickte Dächer. Insassen im Alter zwischen sechzehn und sechzig waren verpflichtet, sich bei der Behörde als Arbeitskraft registrieren zu lassen. Alle Lebensmittel, die die Reisenden aus Wien mitführten, wurden eingesammelt und kollektiv an die Suppenküche geliefert, die man bereits früher organisiert hatte. Jeder Einzelne bekam im Anschluss einen Teller Suppe und einen Viertellaib Brot am Tag. Solange es ging.

Anfangs steuerten die Ortsbewohner Lebensmittel bei, so viel muss gesagt werden. Dann aber ließen sie sich dieselben bezahlen. Eier gab es, Milch, Butter und Fleisch ebenso. Ein Kilo Brot aber kostete zwei Złoty – das Vierfache im Vergleich zu Wien. Ohne eine Möglichkeit zu irgendeinem Verdienst lag der Hunger nicht weiter als dreißig Złoty entfernt. Also verkauften sie ihr Eigentum für Brot, verkauften alles, was sie verkaufen konnten, alles, was die Ortsbewohner haben wollten. Doch auch das nahm ein Ende. Alles nahm ein Ende.

Überwacht wurde das Ganze von der SS, der lokalen Polizei und der Wehrmacht. Viele beteten zu Gott.

Und Paul und Nuny?

Ottos Stimme war tiefer, seine Muskeln waren kräftiger geworden, und der Babyspeck war verschwunden. Die Sprache bereitete ihm keine Probleme. Er war jetzt Schwede. Er war ein Fremder geblieben.

Das Dorf Pjätteryd lag, wo es lag, das heißt nicht weit weg von Lönshult, Stenshult, Oshult und Käxnäs – aber fern von nahezu allem anderen. Schotterstraßen und Fichten, Farnkraut und Buschwindröschen. Keine Cafés mit frisch gepudertem Apfelstrudel oder Kuchen mit Walnüssen und Aprikosenkonfitüre hinter dem Glastresen. Hier hörte man Blätterrauschen, aber keine Streichquartette. Man rührte Preiselbeeren zu Mus, aber röstete weder Maiskolben noch Kastanien.

Hier gab es die warmen Körper der Pferde, die auf den Feldern arbeiteten und auf denen Otto ohne Sattel zu reiten lernte. Hier standen die Bäume dicht an dicht im Wald, wurden markiert, gefällt, zersägt und als Holzscheite gestapelt. Hier bekam er keinen Unterricht in englischer Wortfolge, blieb ohne Boxring und Sparringpartner, lernte aber Pfeife rauchen und einen Priem einlegen. Er teerte den Bootsanleger, sammelte Hühnereier ein und strich den Zaun.

Ab und zu weilte Frau Eklundh aus Lund in ihrer Sommerfrische, zusammen mit den Töchtern Ingrid und Carin. Mit ihnen kam Otto der Stadtbevölkerung am nächsten, doch hielten sie sich an ihresgleichen, waren sehr freundlich, aber ein wenig älter und unerreichbar. Sie verbrachten ihre Zeit mit Cousin und Cousine vom Nachbarhof, doch nie mit ihm und mit Astrid und Henrik. Otto wusste, dass er ihnen daheim in Wien ebenbürtig wäre, doch das hier war Pjätteryd und er ein Flüchtling.

In Kärrnäs vergingen die Tage im ländlichen Rhythmus. Das Wetter, die Aussaat, die Tiere, der Hunger, die Temperaturen und die Kraft seines Körpers steuerten das Dasein. Und das war gut so.

Wien, 11. Mai 1941
Mein liebster Junge, Deine letzte Karte und Dein Brief haben Mutti und mich über Dein Befinden beruhigt. Wir sind glücklich, auch aus dem uns gesandten Bild zu ersehen, dass Du gottlob fesch beisammen bist. Jedenfalls bist du wieder schön gewachsen, und wenn mir etwas leidtut, nur der Umstand, dass wir auf dem Bild nicht Dein Gesicht ordentlich sehen können, weil Du ja fast ganz von der Seite aufgenommen bist. Wenn Du einmal ein Bild haben solltest, das Dich uns von vorne zeigt, so bitte schicke es uns. Ich brauche Dir nicht zu sagen, was wir damit für eine Freude hätten.
Onkel Paul hat Deinen Brief erhalten und sich sehr darüber gefreut. Du fehlst ihm als Schüler nach wie vor. Aus Deinem Brief sehe ich, dass Deine Beschäftigung Dir sehr wenig Zeit lässt. Ich habe ja Einblick in die Arbeit des Landwirts und weiß, dass jetzt im Frühjahr sehr viel zu tun ist. Hier ist schon überall gedüngt, auch der Anbau bis auf Mais und Rüben fast vollendet, derzeit werden noch Kartoffeln angebaut, aber auch damit wird es in Kürze vorüber sein. Leider ist das Wetter nicht so, wie man es gerne hätte. Es ist kühl und dadurch die Entwicklung gehemmt. Aber das kann alles noch, wenn es schön wird, aufgeholt werden.
Was baut Ihr jetzt an? Du bist ja schon ein tüchtiger Junge hinter dem Pflug und führst ihn bereits gut. Wie gehst Du mit den Pferden um? Parieren sie Dir? Da Du ja ohne Sattel reiten kannst, wird es ja leichtfallen, sie zu führen.
Ich freue mich auch zu hören, dass Du so gut aufgehoben bist. Richte bitte der Familie Andersson unsere herzlichsten Grüße und unseren Dank dafür aus, dass Sie so nett zu Dir sind. Wir würden ihnen selbst schreiben, wenn sie Deutsch verstehen würden. Auch Frau Eklundh richte bitte unsere Grüße und Dank aus. […]
Lieber Bub, wenn wir von Dir öfters Nachricht haben wollen, so brauche ich Dir die Gründe dafür nicht erst näher zu erklä-

ren. Unsere Sehnsucht ist halt immer gleich groß und wird mit jedem Tag, den Du länger von uns weg bist, noch größer. In wenigen Monaten bist Du ja schon 16 Jahre. Du kannst Dir also vorstellen, dass die 2 ½ Jahre, die Du entfernt von uns bist, für uns unendlich lang sind. Andererseits weiß ich aber sehr gut, dass Deine Arbeit schwer und mühevoll ist und Dir nicht viel Zeit zum Schreiben lässt. Verbleib dennoch meinem Rat treu und schreibe wenigstens jede Woche eine Karte, damit wir über Dein Befinden Bescheid wissen und immer beruhigt sind. Wenn es auch nur wenige Zeilen sind, so genügen sie, denn die Verbindung zwischen Dir und uns ist nicht abgerissen. Liebster Junge, ich will jetzt schließen. Bleib gesund und Gott schütze Dich weiter, Dein treuer Papa

Am 22. Juni 1941 wurde der deutsche Überfall auf die Sowjetunion gestartet, das Unternehmen Barbarossa.

Die deutschfreundliche Zeitung *Aftonbladet* vermeldete unter der Schlagzeile »Europas Freiheitskrieg« Folgendes:

Das von den Westmächten umzingelte Deutschland hat seine Fesseln gesprengt und macht sich nun mit freier, gestärkter Kraft auf den Weg, seine europäische, seine welthistorische Mission zu erfüllen, die da ist, das rote Regime zu zerschmettern, die ständige Bedrohung des Prinzips der Freiheit an sich. […] Über den Ausgang dieses Kriegs kann keinerlei Zweifel bestehen. Deutschlands eigener Beitrag und seine Koordinierung der Alliierten stellt eine siegreiche, unüberwindliche Macht dar. Ebenso wenig Zweifel besteht darüber, was das schwedische Volk in dieser Stunde fühlt. Man nimmt den Mund nicht zu voll, wenn man feststellt, dass der an diesem welthistorischen Tag begonnene Krieg auch für die künftige Stellung Schwedens eine entscheidende Bedeutung erlangen wird.

Vier deutsche Einsatzgruppen wurden in der Sowjetunion losgelassen, mit dem Ziel, all jene, die als subversive Elemente galten, zu töten. Eine neue Phase bei der Lösung dessen, was Europa das Judenproblem nannte, hatte ihren Anfang genommen, eine Phase des Mordens ohne Vorwarnung, des Mordes an zivilen Männern, Frauen und Kindern.

Von diesem Tag an waren alle Barrieren durchbrochen.

Was der Bolschewikenhasser Feodor Kamprad, seine Mutter Fanny und der Rest der Familie in Agunnaryd über das, was nun geschah, dachten, kann man nur vermuten. Sie waren nicht die Einzigen, die die russischen Bolschewiken mit Juden, Juden mit der Sowjetunion und die Sowjetunion mit Bedrohung gleichsetzten.

Die nationalsozialistische Jugendbewegung Nordisk Ungdom führte zur Sommerzeit Lager durch, und Sohn Ingvar nahm zumindest an einem teil. Er erinnert sich an das Lagerfeuer am Abend, dass man Lieder sang und die Knöpfe der Uniformen im Feuerschein glänzten. Dass die Gemeinschaft wärmte.

Man kann es für ein unschuldiges Jugendvergnügen halten, Ingvar Kamprad war schließlich erst fünfzehn Jahre alt, ein einsamer Wolf, der sich nach dem Rudel sehnte. Doch die Lindholmer wollten Juden unter ein Fremdengesetz stellen. Ihre Zeitung enthielt Hetze in jeder Ausgabe, und Namen von Leuten wurden zusammengetragen, die man jüdischer Abstammung wähnte. Von neuen Mitgliedern wurde der Nachweis gefordert, dass sie zur arischen Rasse gehörten.

Zur selben Zeit arbeitete Otto auf dem Hof in Pjätteryd. Ohne voneinander zu wissen, befanden sich die beiden jungen Männer, Ingvar und Otto, nur eine Ruderfahrt voneinander entfernt. Noch immer liegen sich die Höfe Kärrnäs und Elmtaryd am See Möckeln gegenüber.

Während des Hochsommers nahm Otto die Arbeit als Gärtner wieder auf. Seine zeitweilige Aufenthaltsgenehmigung musste in regelmäßigen Abständen erneuert werden, andernfalls drohten erhebliche Probleme mit der Polizei und eine Ausweisung. Im Juli schrieb er an seinen Retter:

Hochverehrter Herr Pastor Pernow! Verzeihen Sie, dass ich Sie damit belästige, doch möchte ich den Herrn Pastor fragen, ob

Sie so freundlich sein könnten, dafür zu sorgen, dass ich eine Verlängerung meiner Aufenthaltsgenehmigung für Schweden erhalten könnte. Mir geht es sehr gut, ich arbeite erneut in Frau Eklundhs Garten. Ich war sehr froh, dass ich den Winter über auf dem Hof bleiben konnte, und es hat mir Spaß gemacht, beim Holztransport im Wald dabei zu sein. Hochachtungsvoll, Otto Ullmann

Am 2. Juli wurde den Einsatzgruppen, die in der Sowjetunion ihr Unwesen trieben, von ihrem Führer Reinhard Heydrich eine neue Weisung erteilt: Sämtliche Juden in Parteifunktionen und Staatsämtern waren hinzurichten.

Es geschah Tag für Tag. Allein am 5. Juli wurden im litauischen Kowno 2514 Juden erschossen. Und immer so weiter.

Am 18. Juli wurde Heinrich Himmler die Verantwortung für die polizeiliche Sicherung im Osten übertragen. Ein paar Wochen später entsandte er Truppen von insgesamt 11 000 Mann in das Pripjetsümpfe genannte Gebiet. Am 1. August erging sein ausdrücklicher Befehl: »Sämtliche Juden müssen erschossen werden. Judenweiber in die Sümpfe treiben.«

Die Politik der schwedischen Regierung gegenüber jenen, die Asyl suchten, blieb indes unverändert. Im Jahr 1941 suchten mindestens 3674 Menschen um Schutz und eine Aufenthaltsgenehmigung in Schweden an. Die schwedische Regierung prüfte, begutachtete und stufte 1029 von ihnen als mosaisch ein.

Von den nichtjüdischen Antragstellern durften mehr als 86 Prozent in Schweden einreisen. Von denjenigen, deren Namen man mit einem m versehen hatte, erhielten gut 38 Prozent die Erlaubnis zum Überschreiten der Grenze. Schweden blieb bei seinem Nein.

Ingvar sollte im Herbst die Osbyer Gesamtschule besuchen. Im Gepäck hatte er Propaganda für die Svensk socialistisk samling und ihren Führer Lindholm. Die Gesamtschule war eine Internatsschule, und das Haus, in dem die Jungen wohnten, wurde Männerheim genannt, da dort jedoch alles besetzt war, musste sich Ingvar mit einem anderen Jungen ein Zimmer im Hauptgebäude teilen. Dort hatten sie einen Bereich des Obergeschosses für sich und benutzten die Feuertreppe als eigenen Eingang.

Ein anderer smäländischer Bewunderer des Naziführers Sven Olov Lindholm war Per Engdahl. Er war siebzehn Jahre älter als Ingvar Kamprad und ein gebildeter Mann, der sowohl Gedichte als auch über Politik schrieb.

Bereits 1928 hatte er eine Ansprache von Sven Olov Lindholm miterlebt, als sie beide an der Gründungsfeier der Uppsala Fascistiska kampavdelning teilnahmen, und er nannte Lindholm einen Enthusiasten und brillanten Redner. Engdahl war ein entschiedener Antidemokrat und Nationalist, dessen Ziel es war, »eine schwedische Weltanschauung auf nationaler und sozialistischer Basis« zu formulieren, ausgehend von Mussolinis faschistischem Italien.

Er war auch ein überzeugter Antikommunist, bekämpfte jedoch nicht nur die Idee, sondern auch diejenigen, die an sie glaubten. So kam es, dass er genau in diesem Jahr, 1941, die Bewegung Svensk Opposition gründete:

> *Der Kommunismus rekrutiert seine Banden oft aus dem schlimmsten Abschaum der Straße. Menschen mit minderwertigen Erbanlagen werden leicht zu Trägern einer minderwertigen Bewegung. Deshalb will Svensk Opposition eine rassische Sanierung, die derartige Elemente hindert, sich fortzupflanzen. Wir wollen ein Volk, das physisch und geistig gesund und damit unempfänglich für kommunistische Propaganda ist.*

In seine Bewegung hatte Per Engdahl die gesamte Riksföreningen Sverige-Tyskland, die Reichsvereinigung Schweden-Deutschland, aufnehmen können, die Ärzte, Juristen und Professoren aus dem schwedischen Großbürgertum gegründet hatten, um »für eine gerechte Einschätzung des neuen Deutschlands wirken zu können«. Den Lindholmern missfiel die Konkurrenz, Engdahl selbst aber sah in seiner Bewegung eine Ergänzung.

»Wir alle kämpfen für dasselbe Ziel, wenn auch mit verschiedenen Mitteln.«

Manche meinen, zu Per Engdahls politischer Überzeugung habe kein Judenhass gehört. Einer von ihnen ist Ingvar Kamprad. In mehreren Schriften aber, beginnend mit dem Jahr 1934, hat Engdahl seiner Sicht auf Juden und andere Völker und Volksgruppen Ausdruck verliehen. Im selben Jahr, als Ingvar der Ausstrahlung Engdahls erlag, war eine von dessen wichtigsten Botschaften, dass man Tiere und Pflanzen schließlich veredele, Menschen jedoch sich selbst überlasse.

»Um in unserem Land die Rasse zu erhalten und zu vervollkommnen, die es dem Volke Schwedens ermöglicht, bereits heute den Standard zu erzielen, der unser ganzer Stolz ist, muss Folgendes gefordert werden:

1. Die Sterilisierung aller minderwertigen Rasseelemente.
2. Eheverbot mit außereuropäischen Rassen.«

Und er setzte hinzu: »Das gilt nicht nur für Neger und Mongolen, sondern auch für Juden und andere orientalische Völker.«

Osby liegt direkt südlich der Grenze zwischen Schonen und Småland. Der Ort war klein, doch gab es dort etwa dreißig Einwohner, die mit ihren Ansichten nicht hinterm Berg hielten. Weshalb sollten sie auch? Deutschland war eine Siegermacht, nichts, dessen man sich schämen musste. Kein Wunder, dass der Kiosk in der Nähe der Schule gut sortiert war.

Als Schüler kaufte Ingvar dort *Den Svenske Folksocialisten,* die Zeitung der Nazipartei, und konnte die deutschen Siege im Krieg verfolgen, wie auch die Berichte über gelungene antijüdische Treffen, die rundum in Schweden stattfanden, oder in Artikeln lesen, wie viele jüdische Schuster es beispielsweise in der Hauptstadt gab. Im selben Kiosk sollte er bald die Zeitung Per Engdahls erstehen.

Vielleicht hatte Ingvar bereits zu diesem Zeitpunkt Kameraden für die Nazipartei geworben. Fest steht jedenfalls, dass er und drei andere Burschen sich insgeheim auf dem Dachboden der Osbyer Gesamtschule trafen und eine nazistische Bruderschaft gründeten, Hakenkreuze zeichneten und sich die Haut aufritzten, um ihr Blut zu vermischen. Vielleicht – sicher ist es jedoch nicht – fuhr er am 10. August mit dem Rad nach Ryd, um den für Kyrkhult zuständigen Vertreter der Partei, Karl-Erik Hindberger, auf dem Markt reden zu hören. Etwa fünfundsiebzig Personen hatten sich eingefunden, unter den Zuhörern waren auch einige Gegner, und im Anschluss ergab sich wohl eine Diskussion.

Ingvar ging zur Schule und entwickelte sein politisches Interesse weiter. Von der antinazistischen Schulleitung erhielt er Schelte, als er ein Hakenkreuz in die Schulbank ritzte, und der Fünfzehnjährige lernte etwas daraus: sein Engagement weniger deutlich zu zeigen.

Osby und Pjätteryd. Ingvar und Otto. Noch waren sie sich nicht begegnet. Fünfunddreißig Kilometer Landstraße trennten sie. Unter anderem.

Es wurde September. In Wien wurden Pepi, Elise und Tante Grete gezwungen, auf der linken Brustseite, direkt über dem Herzen, einen gelben, handtellergroßen Stofffetzen in Form eines sechseckigen Sterns zu tragen, mit der Inschrift »Jude«. Davon aber schreiben sie nichts in den Briefen.

Auf dem Hof Kärrnäs hatte Ottos Freude darüber, eine Familie gefunden zu haben, ihn auch zur Ruhe gebracht. Ähnliches hatte er nicht empfunden seit der Zeit vor dem 1. Februar um acht Uhr morgens auf dem Ostbahnhof.

Agnes Andersson wurde das Herz von Ottos neuer Welt. Ihre Wärme reichte auch für ihn. Die Tage verliefen nun in einem gewohnten Trott. Aus Wien trafen Woche für Woche Briefe ein, ausgeworfene Ankerleinen. Er arbeitete. Abends lernte er für seinen Fernkurs. Dass sich in der Gegend regelmäßig Nazis versammelten, war ihm bekannt. Doch was sollte er tun, was mehr als sein Bestes?

Die schwedischen Missionare in Wien sahen das Jahr, das sich seinem Ende zuneigte, in biblischem Licht. So groß, wie die Not jetzt war, war sie nie zuvor gewesen, blieb ihnen nur zusammenzufassen, und das jüdische Volk war ein Volk im Aufbruch, gänzlich auf Auswanderung eingestellt.

»Es war das größte Glück – landesflüchtig zu werden. Und sie haben sich aufs Äußerste bemüht, um dieses Ziel zu erreichen. Wer es schaffte, ein Einreisevisum in ein anderes Land zu bekommen, löste ebenso viel Neid aus wie einer, der in der Lotterie den höchsten Gewinn einstrich.«

Pepi und Elise müssen Seelenqualen durchlitten haben, bevor sie taten, was zu unterlassen sie sich verpflichtet hatten. Ottos Rettung hatte auf einer einzigen unumstößlichen Voraussetzung beruht, formuliert von der schwedischen Regierung und mit aller gebotenen Deutlichkeit von den Pastoren der Schwedischen Mission vermittelt: Otto hatte nach Schweden kommen dürfen unter der Bedingung, dass sie nicht nachkamen.

Jetzt aber.

Viertel für Viertel wurde Wien für »judenrein« erklärt, nachdem man die Wohnungen geräumt hatte und ihre Bewohner sich andernorts mit Fremden zusammendrängen mussten. Fahrräder, Kameras, Ferngläser und Schreibmaschinen waren abzugeben. Bücher zu verkaufen, war ihnen verboten.

Obwohl Pepi im Ausland jemanden gefunden hatte, der die Garantie für ihn übernahm, war es ihm nicht geglückt, ein Affidavit für Elise und Otto zu beschaffen. Also brachen sie ihr Versprechen, das sie den Schweden, den Missionaren, der Sozialbehörde, der schwedischen Regierung gegeben hatten. Sie schrieben an den sechzehnjährigen Otto. Sie baten ihn um Hilfe. Könnten sie nicht nach Schweden kommen?

Otto ging quer über den Hof zu Frau Eklundh.

17. November 1941
Mein Junge, erst vor wenigen Tagen sandten wir Dir einen Brief, den Du inzwischen wohl erhalten haben wirst, und jetzt kam Dein Schreiben vom 5., das uns unbändige Freude bereitete und das ich auch sofort beantworten möchte.
Vor allem danke ich Dir für die Promptheit, mit der Du Dich bemüht hast, unseren Wünschen zu entsprechen. Wir haben auch nie daran gezweifelt, dass Du alles daransetzen würdest, uns zu helfen. Jetzt müssen wir allerdings abwarten, wie sich die von Frau Eklundh eingeleitete Sache weiter entwickelt.
Mit Herrn Edling werde ich mich in Verbindung setzen, möchte aber doch noch ein paar Tage verstreichen lassen, bis Du etwas Näheres hörst, weil ich ihn nicht unnötigerweise belästigen will. Jedenfalls sind wir gespannt, ob etwas zu machen sein wird. Vorläufig heißt es halt warten, wie Du ganz richtig sagst.
Vielen Dank auch für Deine Fotografie. Du bist, wie ich ihr entnehmen kann, schon ein ganz großer Junge geworden, nur der Haarschopf gefällt mir nicht – Du hast ja auf dem Kopf einen ganzen Wald. Aber in der Zwischenzeit, so nehme ich an, ist er wohl der Schere zum Opfer gefallen. Mit dem Scheitel hast Du mir besser gefallen, aber Du wirst ja wohl nicht die Zeit haben, Dir eine Frisur zu machen. Jedenfalls gefällst Du uns aber, wie immer Du bist, das weißt Du ja.
Ich brauche Dir nicht zu sagen, mit welcher Sehnsucht wir einem Wiedersehen mit Dir entgegensehen, aber angesichts der Hindernisse derzeit kann man nichts anderes tun, als auf Gott vertrauen, dass er uns möglichst bald diese Wiedervereinigung ermöglicht.
Ich hoffe, dass Du wohlauf bist und Dich jetzt auch der Ruhe erfreuen kannst, die Du ja nach der schweren Arbeit benötigst. Jetzt, da wohl schon auch bei Euch der Schnee die Fluren deckt, hat der Landwirt draußen wohl nichts zu tun. Dass auf

dem Gut selbst noch genug zu tun ist, weiß ich schon, aber jetzt hast Du doch mehr Zeit, denn die Tage sind ja kurz.
Mutti war ganz gerührt, dass Du ihren Geburtstag nicht vergessen hast. Auch dass Du Dich an Onkel Paul erinnert hast, ist sehr schön. Auch er hat in seinem letzten Brief viel von Dir geschrieben und Deiner gedacht. Wenn Du ihm schreiben wolltest, wird er sich sicher sehr freuen. Seine Adresse ist An den Judenrat für P. K. Opole über Pulawy, Distrikt Lublin, Generalgouvernement. Er hat ein paar Schüler in Deinem Alter und sucht in jedem immer Dich zu finden. Von Dir als seinem Lieblingsschüler, der so gut die Sprachen beherrscht hat, kommt er freilich in keinem seiner Briefe und Gedanken los.
Was machen Deine Freunde? Stehst Du mit ihnen in Verbindung? Die meisten sind ja wohl nicht sehr weit von Dir untergebracht, oder ist Hemhult weit von Pjätteryd entfernt?
Gesundheitlich geht es uns Gott sei Dank gut, nur warten wir mit Sehnsucht auf Deine weiteren Nachrichten. Hab vielen Dank für Deine Liebe, bleib gesund und Gott schütze Dich weiter, Dein treuer Papa

Ich danke Dir herzlichst für Deine Geburtstagswünsche. So wie Du hoffe ich, dass wir den nächsten Geburtstag zusammen feiern werden. Unsere Sehnsucht kannst Du Dir vorstellen. Ich möchte Dich ja so gerne wieder in meine Arme schließen, genauso, wie als Du noch ein kleiner Junge warst. Jetzt bist Du schon erwachsen und ein ganzer Mann. Bleib gesund, Deine Mutti

Lisl hoffte und harrte. Sie flickte Kleidung, ging selten aus dem Haus. Zu essen gab es nie genug, was aber sollte man tun? Sie kochte schlecht, es schmeckte schlecht, sie aß schlecht. Alle Dinge von Wert waren seit Langem veräußert, selbst hatten sie von einem Zuhause zum nächsten ziehen müssen, und irgendwo da vorn wartete ein drittes und ein Ende ihrer Wanderung. Sie ärgerte sich über ihre Schwester Grete und über ihren Mann. Sie wollte nicht nachzählen, wie viele Menschen nicht mehr in der Stadt waren, so als hätte es sie nie gegeben. Sie wartete auf Post, auf positiven Bescheid, auf ein paar Zeilen von ihrem Sohn, auf den Briefträger, auf Antwort, auf alles, auf sehr wenig, auf fast gar nichts.

Wenn die Tage ihre Gestalt wechseln. Wenn sie nicht mehr bestehen aus soeben oder bald, stattdessen fallen, wie der Sekundenzeiger bei jeder neuen Sekunde fallen muss. Wenn sie zur ziellosen Wanderung werden, um die Tür zu finden in Räume, die noch nicht errichtet sind – dann wechselt auch der Mensch die Gestalt, verwandelt sich in Warten, verliert sich selbst.

Das Kind war fort, Elise aber trug die Erinnerung in ihrem Leib: wie er neben ihr gelegen hatte, wenn sie aufwachte, seine Augen, die nie weiter weg gewesen waren als ein Blick. Otto.

In Gedanken hielt sie sich an dem Tag fest, an dem sie wieder beisammen wären. Der wartete ein Stück weiter in der Zeit: eine Tür, versehen mit ihrem Namen. Sie würden sie finden, den Schritt verhalten, die Klinke ergreifen, die Tür öffnen und eintreten zur Begegnung. Dann ständen sie einander gegenüber, Otto und sie, Sohn und Mutter, und sie würden einander lange in die Augen schauen, um all die verlorene Zeit aufzuspüren. Der Tag, die Tür, die Begegnung, der Blick – alles wartete auf sie.

Sie wusste es.

Gemäß der Personenbeschreibung, die den schwedischen Behörden von der Polizei des Bezirks Kronobergs län zuging, war sein Haar schwarz, und seine Augen waren braun. Die Nase war groß und gerade und die Form seines Gesichts oval. Einen Zusatz gab es bei der Beschreibung: kleines Kinn. Er war 166 Zentimeter groß. In der Spalte »besondere Kennzeichen«

stand vermerkt, dass er von schmächtigem Wuchs sei. Grund des Aufenthalts in Schweden: jüdische Herkunft.

Und aufgrund einer im November des Jahres 1941 ergangenen Regierungsverordnung, nach der alle deutschen Untertanen jüdischer Abstammung, die sich außerhalb der Grenzen des Deutschen Reichs aufhielten, ihrer deutschen Staatsangehörigkeit verlustig gingen, wurde Otto Ullmann staatenlos.

Schienen wurden verlegt, Lüftungsklappen abgedichtet. Die Orte, die man für die Ermordung vorbereitete, hießen Chełmno, Bełżec und Oświęcim. Und vielleicht war jetzt der Zeitpunkt, an dem auch der letzte Teil einer Reihe von Entscheidungen gefällt war.

Der Beschluss, Europa von Menschen jüdischer Abstammung frei zu machen, war bereits vor langer Zeit gefasst worden. Nun – im November 1941 – ging es um die Methode, die Antwort auf die Frage, wie. Statt sie auszuplündern, zu deportieren und auszuhungern, beschloss die oberste nationalsozialistische Führung, den Prozess auf Mord zu verkürzen. So wie es die Einsatzgruppen in der Sowjetunion praktizierten.

Am 7. Dezember bombardierte Japan Pearl Harbor. Wenige Tage darauf sprach Reichskanzler H. zu den Gau- und Reichsleitern seiner Partei.

»Der Weltkrieg ist da. Die Vernichtung der Juden muss die notwendige Folge sein.«

Darüber berichtete die *Smålandsposten* nichts, stattdessen konnte Otto von einhundert Juden lesen, die in Paris erschossen werden sollten, von der Sühneleistung in Höhe von einer Milliarde Francs, die Frankreichs Juden bezahlen mussten für die bei Attentaten der Résistance verletzten und getöteten deutschen Soldaten, und auch, dass eine große Anzahl verbrecherischer jüdisch-bolschewistischer Elemente nach Osten verbracht werden sollte.

Es gibt Mut, und es gibt Langmut. Geduld. Pepi und Lisl konzentrierten sich auf Letzteres.

Es gibt diejenigen, die meinen, 1942 sei für jüdische Geduld in Wien großer Mut erforderlich gewesen. Und es gibt jene, die meinen, dass Geduld nur Scheuklappen erforderte. Wer weiß das schon. Im Angesicht des Todes sind wir alle verschieden.

Geduld war Pepis und Elises Weg durch die Tage, Geduld

war der Handlauf, dem die Blinden durch die Finsternis folgten. Würde der Abstieg je ein Ende nehmen?

Als sie Gefahr liefen, den Halt zu verlieren, wiederholten sie dieses Wort immer wieder – füreinander und für sich selbst –, sie schrieben es Mal für Mal in ihren Briefen. Sie warteten darauf, dass alles anders würde. Sich zum Besseren wendete. Auf eine Öffnung.

Otto hatte sich an Frau Eklundh gewandt. Er selbst konnte kein Gesuch wegen Pepis und Elises Einreise nach Schweden einreichen, sie aber wusste mehr, hatte Kontakte, konnte vielleicht helfen.

Die Tage vergingen. Sie warteten auf das Ergebnis von Frau Eklundhs Bemühungen. Sie hatten im Dezember gewartet, im Januar.

Im Februar warteten sie noch immer.

Mein liebster Junge, am 1. Februar waren es 3 Jahre, dass Du von uns gingst. Ich hätte nie geglaubt, dass wir Dich so lange nicht sehen werden können. Aber das Schicksal hat es so gewollt, und gegen das Schicksal kann der Mensch nicht ankämpfen. Wir sind glücklich, dass Du bei so guten Menschen bist. Wir hoffen und beten zu Gott, dass wir Dich bald wiedersehen. Unser einziges Ziel ist, Dich gesund wiederzusehen. Es grüßt und küsst Dich Deine Mutti

Lieber Junge – ich hoffe, Dir in den nächsten Tagen wieder ausführlich schreiben zu können, Dein Papa

Pepi arbeitete. Lisl schrieb. Sie dehnten ihre Geduld, so weit sie nur vermochten, zu einem lang gezogenen Ton, der in den Ohren gellte, nicht zu ertragen war, kein Ende zu nehmen schien, und daher mussten sie Geduld haben auch mit der Geduld und sie mit sich selbst speisen, gleich einer Schlange, die ihren eigenen Schwanz frisst.

Und Frau Eklundh, was tat sie? Schrieb sie Briefe an einen Beamten in der Ausländerbehörde, und wenn ja, wurde ihr dann dringend geraten, es gar nicht erst zu versuchen, den beiden ins Land zu helfen? Beriet sie sich mit dem guten Pastor Pernow – und wenn ja, ließ er dann einen anderen Standpunkt hören als den bisher vertretenen, nämlich dass die Rettung der Kinder unter der Bedingung erfolgt war, dass die Eltern nicht nachkommen durften? Kein Verhandlungsspielraum.

Pepi und Elise sind in keinem schwedischen Archiv aufzufinden, weder mit einer Anfrage noch mit einem Antrag auf Einreiseunterlagen. Es kann aber auch daran liegen, dass ihre Gesuche aussortiert wurden. So etwas geschieht.

Oder wusste Frau Eklundh, dass es überhaupt keinen Sinn hatte, es auch nur zu versuchen? Seit Oktober war es den Juden verboten, Nazideutschland zu verlassen.

Es gibt Umstände und Entscheidungen, die im Nachhinein schwer zu verstehen sind.

Bereits im Sommer 1938 beantragte Josef Ullmann, in seiner Eigenschaft als Familienoberhaupt, bei der Jüdischen Gemeinde in Wien die Unterstützung zur Auswanderung. Seitdem waren vier Jahre vergangen. In seinem Antrag gibt es eine Unbegreiflichkeit und zwei strategische Fehler:

Bei der Frage, ob er im Ausland Kontakte habe, hatte er die Zeile leer gelassen. Warum hatte er seinen Bruder in Uruguay nicht erwähnt? Auf die Frage nach seinen beruflichen Kenntnissen hatte er mit »Redakteur« geantwortet, dass er Büroangestellter sei, zu einem gewissen Grad vertraut mit der Buchführung. Wo er doch weniger über Denkvermögen und mehr über Muskelkraft hätte schreiben sollen.

Ganz am Ende wurde im Antragsformular danach gefragt, ob die Familienmitglieder gemeinsam oder jeder für sich zu emigrieren wünschten. Im Juni 1938 antwortete Pepi darauf lediglich mit zwei Worten: »Zusammen, baldmöglichst«.

Liest man weitere Emigrationsgesuche aus derselben Zeit, sieht man, dass sich die meisten ebenfalls mit wenigen Worten begnügten, doch mit ganz anderen. Sie schrieben: »Die Kinder zuerst«. Doch obgleich Pepi seinen Sohn nur ein halbes Jahr später auf den Weg schicken sollte, konnte er sich am 18. Juni 1938 nicht vorstellen, dass sich die Familie trennte.

Sind diese drei Einzelheiten die Antwort auf die Frage, warum Lisl und er noch immer nicht aus Nazideutschland herausgekommen waren? Können die Konsequenzen einiger Wörter, hastig hingekritzelt an einem Junitag lange vor Ausbruch des Kriegs, eine gerechte Beurteilung erfahren, wenn sie im heutigen Licht gelesen werden? Ich weiß es nicht. Siebzig Jahre lange Schatten verdecken die Sicht.

Ein weiteres Detail steht in Pepis Gesuch um Auswanderungshilfe von jenem Tag im Juni zu lesen, etwas, das er dort vermerkt hatte, obgleich niemand danach fragte; nämlich der

Name einer Person, die er in der Jüdischen Gemeinde kannte. Vielleicht war es gerade diese Person, die nun etwas für ihn regelte, vier Jahre später, im nasskalten ersten Monat des Jahres 1942. Vielleicht war er es, der dafür sorgte, dass Pepi Arbeit bekam.

Sie war hart und schwer und würde ihm keinen einzigen Pfennig einbringen. Doch die Währung, in der Pepis Lohn ausbezahlt wurde, war unendlich viel mehr wert als alle Scheine und Münzen des gesamten Nazilandes. Er und Elise bekamen den Lohn in Zeit bezahlt. In Lebenszeit.

Ottos Tochter schob ihre Bürde mir zu. Der weiße IKEA-Karton wurde von ihrem Zuhause abtransportiert, ausgeladen und in das meine hineingetragen. Als ich den Deckel hob, stieg der Geruch nach altem Papier auf wie der Geist aus der Flasche und fragte, was ich will.

Otto erkrankte am Ende seines Lebens und wurde sanfter. Er sprach mit seiner Tochter. Sie hatte angefangen, Fragen zu stellen nach Kindheit und Jugend ihres launischen Vaters, wollte wissen, woher sein Zorn kam, und hatte erkannt, dass die Antwort in dem lag, was nie gesagt worden war. Da gab er ihr die Briefe von Lisl und Pepi.

Einen Packen mit 368 Briefen aus dem Jahr 1939. Einen anderen mit 117 Schreiben von 1940. Lediglich 3 aus dem Jahr 1941, aber 35 aus dem Jahr darauf. Und dann all die anderen von Tante Grete, Nuny und Onkel Paul.

Der Staub, die spröden Seiten, die alltäglichen Sätze, die sie füllten … Je näher ich dem Boden der Schachtel kam, desto mehr schienen die Briefe sich selbst aufzugeben. Jeder Botschaft mehr und mehr entleert, wurden sie stattdessen zu ihrem eigenen Inhalt. Als folgten sie einem Prinzip der Angst; dass Mitteilungen, in Furcht getränkt, von ebensolcher Schwere sind wie die Menge ausgelassener Wörter.

Trotzdem hatten sie Eltern und Kind verbunden, allein indem sie von einem Ort zum nächsten, von einer Hand zur anderen gesandt wurden. Und jetzt? Konnten sie einige unserer Wünsche erfüllen – die von Ottos Tochter, meine eigenen?

Konnten sie zum ersten Punkt in der Anklage werden, der ihn, den Jungen, rehabilitierte?

Konnten sie zur Nadel werden, die das Schweigen punktierte, in das seine Kinder hineingeboren worden waren? Sie alle sind neben ihm hergegangen – die ganze Familie – und haben sich vorgegaukelt, dass Otto nichts wehtat. Dass die Zeit heilte.

»Ich möchte das nicht an meine Kinder weitergeben«, sagte Ottos Tochter.

Vielleicht konnten die dicht gepackten Briefe – das Dechiffrieren derselben – den Schmerz auflösen, damit allein die Erinnerung an ihn als Erbe blieb, nicht mehr.

Jedes Blatt Papier wiegt sein Gewicht in Tinte auf. Jedes Wort enthält Schicht um Schicht aus Vorwürfen und heimatloser Sehnsucht: Warum bist du nicht hier, damit wir uns um dich kümmern können, bist nicht Kind, damit wir Eltern sein dürfen?

Steine, nach denen man sich bückt. Steine, um sie in die Tasche zu stecken. Steine, um sie zum Grab zu tragen.

Ihr seid fort.
Ich kann euch nie mehr verlieren.

Wien liegt da, schwach pochend wie ein altes Herz. Das Haus in der Löwengasse 49 steht noch immer, und hinter der Eingangstür öffnet sich dasselbe Treppenhaus, in dem einst die Stimmen von Otto, Pepi, Elise und den anderen hallten. Auf dem Fußboden bilden dieselben Marmorblumen Muster, und auf dem Hof steht noch immer der Kastanienbaum, vier Stockwerke hoch.

Straßenbahnschienen, Straßenschilder, Standbilder – das meiste ist noch da. Pissoirs, Abwassergestank und eine spezielle Wiener Mürrischkeit ebenso, jetzt, siebzig Jahre später. Man kann die Straßen entlangschlendern, aber was sich auf ihnen abgespielt hat, gibt der Asphalt nicht preis. Man sieht alte Leute und begreift, dass sie dabei gewesen sind, damals. Ihre Gesichter aber verraten nichts von dem, was sie taten, erlebt haben oder mit welcher Menschengruppe sie sich identifizierten.

Gleich neben Wiens Stolz, dem Stephansdom, und der Ankeruhr am Hohen Markt befindet sich der Judenplatz. Eine Synagoge liegt versteckt hinter Hausfassaden und daneben der Eingang zum Büro der Israelitischen Kultusgemeinde, eingerahmt von Wachtposten, Metallrahmen und Röntgengeräten für das Gepäck.

Dorthin will ich nicht.

Um die Ecke aber liegt ein unscheinbares Tor, fast unsichtbar, das an einer Restaurantküche vorbeiführt. Der Geruch alten Bratenfetts hängt im ganzen Haus. Fußboden und Wände sind fleckig von Spritzern und Schmutz. Hier? Ein einfaches Schild mit einem Pfeil zeigt zu einer Tür im ersten Stock. Hier.

Ein Historiker vom Archiv der Israelitischen Kultusgemeinde öffnet und weist mir den Weg. Kiste um Kiste, Karton um Karton voller Material stehen gestapelt in einem großen Wohnungsmagazin. So viele Dokumente. So viele Menschen. So viele Tote.

In der Wärme des Mikrofilmprojektors beginnen wir die Suche nach der Tätigkeit von Josef Ullmann in den Kriegsjahren, von ihm, der versuchte, seinem Sohn tagtäglich zu schreiben. Welche Worte ließ er aus? Was steht dort nicht?

Ein paar Tage zuvor hatte eine andere Historikerin im Dokumentationsarchiv des österreichischen Widerstandes mich mitleidig angesehen, als ich von Pepis und Lisls Briefen erzählte, davon, dass so viele vom Wetter und der Gesundheit handelten und nicht davon, was eigentlich geschah. Sie sagte:

»Man muss zwischen den Zeilen lesen.«

Deshalb war ich hergekommen, zum Archiv der Israelitischen Kultusgemeinde, das versteckt hinter einer Wohnungstür ohne Schild liegt, in einem Treppenaufgang, der an eine Mülldeponie erinnert, hinter einem Dunst von Wiener Schnitzeln. Dort, im ersten Stock, liegt die Vergangenheit, nur zum Teil ausgepackt, in Räumen ebenso verwirrend und verschlissen wie das Gedächtnis eines Menschen; ein Lager für das, was zwischen den Zeilen steht.

Ich habe meine Fragen notiert, die Vermutungen aufgelistet, die zur Tatsache befördert werden müssen. War Josef Ullmann ein Opfer von Adolf Eichmanns Nisko-Projekt? Wurde er am 26. Oktober 1939 deportiert?

Ja, da steht sein Name auf der Liste. Originaldokumente. Er und 656 weitere Männer wurden mit dem Transport Nummer 2 in ein polnisches Niemandsland nahe der sowjetischen Grenze verbracht, um das Fundament eines jüdischen Staates zu errichten. Bei vierzig Grad minus. Dort mussten sie zusehen, wie sie zurechtkamen, bis hinein in den April, als der Generalgouverneur Frank sich beschwerte, dass es in seinem Protektorat zu viele Juden gebe, und das Projekt ebenso rasch abgebrochen wurde, wie man es begonnen hatte. Die Männer wurden dahin zurückgeschickt, wo sie hergekommen waren. Einige von ihnen. Die überlebt hatten. Pepi hatte Glück gehabt.

Später, Ende 1939, wurde er zu weiterer Zwangsarbeit verpflichtet, doch Lisl schrieb nirgendwo, was er da machte. Wusste Otto mehr, als aus ihrer knapp gefassten Information hervorgeht? Papa ist weg, kommt aber an den Wochenenden heim. Dieses Rätsel ist noch immer ungelöst.

Und was danach?

Pepi und Elise blieben in Wien bis ins Jahr 1942. Da hatten sie die Schreibmaschine seit Langem weggeben müssen. Die Nachrichten nach Schweden sind nun kürzer, einförmiger und stammen meist von Elises Hand. Wenn Pepi an Otto schrieb, waren es einzelne Sätze wie:

»Lieber Junge – ich hoffe, in ein paar Tagen ausführlicher schreiben zu können.«

Oder:

»Lieber Junge. Ich habe jetzt ein paar Minuten zur Verfügung. In letzter Zeit konnte ich nicht schreiben, sondern musste Mutti als Stellvertreter bitten. Auch heute habe ich nur die Möglichkeit, eine kurze Atempause einzulegen, doch möchte ich mich nach Deinem Befinden erkundigen.«

Und:

»Leider erlaubt meine Arbeit mir im Moment nicht, Dir so ausführlich zu antworten, wie es Deine liebe Karte verdient hätte. Ich habe Tag und Nacht zu tun und schreibe Dir während ein paar kurzen Pausen.«

Lisl schrieb dasselbe:

»Da Papa im Augenblick viel Arbeit hat, schreibe ich Dir eine Karte, damit unser Kontakt nicht abreißt.«

Brief um Brief, Monat um Monat schien Pepi so intensiv beschäftigt, dass er es nicht schaffte, seinem einzigen Kind zu schreiben. Womit war er beschäftigt? Konnte ein Jude in diesen Zeiten Straßenfeger oder Reinigungskraft sein?

Welche Arbeitsmöglichkeiten kann es tatsächlich gegeben haben?

Als ich beim Archiv am Judenplatz ankomme, rechne ich eigentlich nur damit, die Fragen laut stellen zu können, nicht damit, Antworten zu finden. Doch dann taucht ein erster Anhaltspunkt auf, in einem Dokument, eine ganz andere Angelegenheit betreffend.

Um zu ermitteln, wo Pepi und Lisl während der Kriegsjahre wirklich wohnten, brauchte ich die Hilfe eines Historikers. In Wien gab es kein abgeteiltes Getto, sondern die Menschen waren gezwungen, fast überall in der Stadt mit anderen zusammenzuziehen. Eine Adresse, Robertgasse, kehrt in den Briefen ständig wieder, und der Archivmitarbeiter sucht ein Verzeichnis der dortigen Mieter heraus. Und da sind ihre Namen sorgfältig notiert; Josef, Elise und Margarethe.

Doch findet sich noch etwas mehr. Hinter Josef Ullmanns Namen gibt es einen Vermerk in der Spalte Arbeitgeber. Da steht Kultusgemeinde. Die Jüdische Gemeinde.

Der Historiker und ich freuen uns über die Angabe, verwundert aber sind wir nicht. Pepi arbeitete also für die Gemeinde. Das erscheint logisch, wer sonst sollte mitten im Krieg und der Naziherrschaft einen Juden anstellen? Doch welche Aufgaben können ihn Tag und Nacht in Anspruch genommen haben?

Der Historiker erklärt, dass es zwei Möglichkeiten gab; entweder arbeitete Pepi als Pfleger in dem lediglich für Juden bestimmten Krankenhaus, oder er war ein Freiwilliger. Im Anschluss sucht er weitere Mikrofilme heraus, und wir nehmen uns je einen zur Durchsicht vor. Auf dem ersten ist das Krankenhauspersonal erfasst, auf dem zweiten diejenigen, die sich zu freiwilliger Arbeit gemeldet hatten.

Und wir finden Josef Ullmanns Karteikarte unter den Freiwilligen – er arbeitete in der Recherchegruppe.

Nachforschung. Auch das erscheint logisch. Er war schließlich Journalist. Doch welche Recherchen musste die Jüdische Gemeinde Wiens im Jahr 1942 vornehmen?

Am 7. Januar 1942 wurde Josef Israel Ullmann von der Jüdischen Gemeinde angestellt. Am Tag darauf meldete er sich bei seinem Arbeitsleiter in einer der vielen Recherchegruppen der Gemeinde und begann seinen ersten Arbeitstag.

Es war etwas ruhiger zu Beginn. Noch hatte er ein wenig Zeit übrig, um zu schreiben.

10. Januar 1942
Mein liebster Junge, Deine lieben Zeilen vom 29. Dezember waren für uns ein wahrhaft festliches Ereignis. Wir haben schon lange nicht solche Freude gehabt wie mit Deinem Brief, der uns wieder bewiesen hat, welchen Schatz wir in Dir besitzen. Du bist unser guter, herzensguter Bub geblieben, und weder die Entfernung noch die lange Zeit Deiner Abwesenheit konnten dem Abbruch tun.
Ich bin glücklich zu hören, dass man sich draußen so sehr bemüht, Dir ein zweites Elternhaus zu bereiten, sodass Du Dich draußen auch sehr wohlfühlst. Wenn ich lese, was Du zu Weihnachten alles an Geschenken erhalten hast, dann sind Mutti und ich sehr froh darüber. Wenn wir Dich auch gern bei uns sehen wollten, so müssen wir uns doch sagen, dass Du es draußen viel besser hast. Vor allem hast Du die Möglichkeit, selbständig zu werden. Du hast sehr viel Erfahrungen erworben, bist jetzt in der Landwirtschaft sozusagen »zu Hause«. Wenn Du dann die Landwirtschaftsschule wohl als Abschluss absolviert haben wirst, dann steht Dir der Weg überallhin offen.
Dass Du im Frühjahr umziehen wirst, tut uns zwar leid, denn Du hast es bei der Familie Andersson wirklich gut gehabt. Doch schreibst Du ja selbst, dass es ein größerer Hof ist, auf den Du kommen sollst, und es geschieht ja letzten Endes alles zu Deinem Vorteil.

8. Februar 1942

[…] wenn Du immer brav und anständig bleiben wirst, dann stehen Dir alle Wege offen. Anständig, brav und treu, das bist Du wirklich geblieben, und Deine Briefe und Karten, die in der letzten Zeit gottlob so regelmäßig eintreffen, atmen den guten Geist, der Dich immer ausgezeichnet hat. Du bist unser guter Junge geblieben, und Du darfst auch überzeugt sein: Wenn wir in diesen Jahren, da Du vom Knaben zum Jüngling herangereift bist und vielleicht da und dort der elterlichen Ratschläge und Hilfe bedurft hättest, nicht bei Dir sein konnten, so waren wir im Geiste doch täglich mit Dir, und wir sind glücklich, dass unsere Gebete um Dein Wohlergehen so weit Erfüllung gefunden haben. Wir wissen, dass Du Dich sehr plagen musst – und es ist ja kein leichtes Brot, das der Landwirt isst –, aber die Aufgabe ist dankbar. Bei Deinem Fleiß und Deiner Klugheit wird es Dir, so hoffe ich, am Erfolg nicht fehlen.

Auch wir hatten ein paar Tage sehr strengen Frost, er hat zwar nachgelassen, aber das Thermometer zeigt noch immer unter null. So kalt wie bei Euch war es freilich nicht. Du bist aber, wie ich weiß, gut geschützt, hast warme Sachen, da kommt man auch über –30 Grad hinweg.

Von den Fotos werde ich eins an Onkel Paul weiterleiten, er wird sich sehr freuen. Hat er uns doch in seinem letzten Brief wieder aufgetragen, Dich herzlichst zu grüßen. Aus dem Grund gebe ich Dir nochmals seine Adresse bekannt: An den Judenrat für P. K. Opole über Pulawy, Distrikt Lublin, Generalgouvernement. Verliere sie nicht wieder. Deine Neujahrskarte hat er übrigens bestätigt und große Freude gehabt, dass Du seiner nicht vergessen hast.

Liebster Bub, nochmals vielen Dank für den Brief und die Fotos. Bleibe gesund, und Gott schütze Dich weiter. Es grüßt und küsst Dich viele tausend Mal, Dein Papa.

An einem Herbsttag des Jahres 1938 war ein Dreieck entstanden, und vier Jahre später existierten dessen Konturen noch immer: Lisl und Pepi in Wien. Pastor Pernow, der Retter, in Stockholm. Otto in Pjätteryd.

Frau Eklundhs Bemühungen, Elise und Pepi nach Schweden zu helfen, waren ohne Ergebnis geblieben. Jetzt gab es keinen Ausweg mehr, sie wussten sich keinen anderen Rat, und nun begriffen sie auch mehr von dem, was sie erwartete.

Sie baten Otto um Hilfe, noch einmal. Und weil er es bei dem einen seiner Wohltäter bereits versucht hatte, nahm er nun Kontakt zu dem anderen auf.

20. Januar 1942
Lieber Herr Pastor Pernow!
Mir geht es sehr gut, ich bin beim Holztransport im Wald beschäftigt, und wir haben viel zu tun. Der Junge vom Hof und ich fahren das Holz, weil der Bauer einberufen ist.
Heute erhielt ich einen Brief von meinen Eltern, und ich musste wirklich einsehen, dass es Ihnen nicht gerade gut geht. Sie haben mich erneut gebeten nachzufragen, ob es keine Aussicht für eine Einreise nach Schweden gibt, aber wie ich von Frau Eklundh erfahre, bestehen zurzeit wohl keine Aussichten für sie.
Ich möchte mich erkundigen, ob auch der Herr Pastor in diesem Fall nicht helfen kann. Vielleicht werde ich mit Gottes Hilfe meine Eltern ja einmal wiedersehen dürfen.
Mit herzlichen Grüßen an alle in der Schwedischen Israelmission, Ihr ergebener Otto Ullmann

Zur selben Zeit saß Pastor Pernow in seinem Büro in der Idungatan und schrieb an einem längeren Text über seine Arbeit mit den Juden und ihrer Bekehrung zum Christentum.

Der Apostel Johannes zeugte von einer seltsamen Vision, und all das steht im siebten Kapitel der Offenbarung niedergeschrieben:

»Und ich sah einen andern Engel aufsteigen von der Sonne Aufgang, der hatte das Siegel des lebendigen Gottes und schrie mit großer Stimme zu den vier Engeln, welchen gegeben war zu beschädigen die Erde und das Meer; und er sprach:

Beschädigt die Erde nicht noch das Meer noch die Bäume, bis dass wir versiegeln die Knechte unsers Gottes an ihren Stirnen.«

Das auserwählte Volk. Wie viel Zeit kann der Engel Gottes benötigt haben, um 144000 Menschen das Zeichen auf die Stirn zu drücken? So lange währte der Augenblick, von dem Apostel Johannes berichtet hat. Unzählig viele Augenblicke sind seither vergangen. Dennoch gibt es diejenigen, die meinen, dass dieser Augenblick schwerer wiegt als alle anderen, die nach ihm kamen. Einer von ihnen war Pastor Birger Pernow – und deshalb zitierte er gerade diese Passage aus der Bibel, als er seine Sicht auf die Juden erklären wollte.

Der Pastor glaubte an das Zeugnis des Apostels Johannes. Er war sich sicher, dass das jüdische Volk von Gott auserwählt war. Und ebenso überzeugt war er, dass es ihn verraten hatte. Deshalb kommentierte er jene Nacht vom 9. auf den 10. Dezember 1938, das Novemberpogrom, mit ganzen fünf Wörtern.

Man kann über die Morde, Selbstmorde, Misshandlungen, Folterungen und Verwüstungen auf die unterschiedlichste Weise sprechen. Man kann viele Wörter wählen, wenn man auf das Einsperren Zehntausender von Menschen reagiert, die keines anderen Verbrechens beschuldigt werden als ihrer eigenen Geburt. Pastor Pernow wählte die folgenden: »Nun ist Gott am Werke.«

Als Ottos Brief mit der Bitte um Hilfe bei ihm eintraf, war Birger Pernow ein erfahrener Missionar, und da er fließend

Deutsch sprach und gute Englischkenntnisse besaß, war er über die Situation in Europa wie immer wohlinformiert. Nun sollte ein Teil seiner Arbeit während der Kriegsjahre dokumentiert und seine Gedanken sollten aufgezeichnet und alles sollte in einem Buch zusammengetragen werden.

Pernow hatte den Hass gesehen. Er hatte die Konsequenzen gesehen. Und oft hatte er die Frage gehört, warum. Nicht nur von seinen christlichen Freunden, sondern auch von den Gehassten selbst. Warum?

Im Frühjahr 1942 nahm er sich die Zeit, über das, was er für die Kernfrage hielt, nachzudenken und seine Erkenntnisse in Worte zu fassen. In keinem einzigen Punkt stellte er den Wahrheitsgehalt der Behauptung infrage, dass Juden zu allen Zeiten gehasst wurden. So war es eben.

Sehr oft begegnet man der Frage: »Warum sind die Juden allezeit und allerorten verhasst?«

Eine befriedigende Antwort auf diese Frage ist keineswegs leicht, hängt sie doch zusammen mit diesem jüdischen Merkmal oder besser mit der jüdischen Eigenart. Diese jüdische Eigenart, dieses spezifische jüdische Wesen, zu beschreiben, ist ebenfalls keineswegs leicht.

Sie hat ihren Grund nicht allein in der bekannten Energie, die ihren Ausdruck leider häufig in der unsympathischen Weise findet, beim Vorankommen die Ellenbogen einzusetzen, auch nicht in anderen Fehlern, deren man die Juden bezichtigt, sie liegt viel tiefer. Der innerste Kern dieser Eigenart ist meines Erachtens vielmehr in der Spannung zwischen der göttlichen Erwählung und der Verdammnis zu finden. Berufen und zu Gottes eigenem Volk und Diener erkoren, betraut zu sein mit der göttlichen Heilsoffenbarung und dem hochheiligen Auftrag, sie an alle Erdenvölker weiterzugeben, stattdessen aber Licht und Segen dieser Offenbarung preiszugeben – das konnte nichts anderes als tiefe Spuren hinterlassen.

Die Juden waren von Gott auserwählt, seine Botschaft zu verkünden, doch als der Messias erschien, haben sie ihn nicht erkannt und ihn verstoßen.

Birger Pernow war tief betroffen von dieser Ungeheuerlichkeit. In seinen Augen hat das jüdische Versagen die Seligwerdung der gesamten Menschheit um Jahrtausende verzögert. Unverzeihlich. Und dennoch musste ein guter Christ ebendas tun. Verzeihen.

In dem hageren Leib des Pastors trafen zwei gleich starke Kräfte, zwei kampfbereite Armeen aufeinander: Unverzeihliches stand der Verzeihung gegenüber. Und hätte er, wenn auch nur eines Bibelverses wegen, seinem Zorn und der Enttäuschung über die Juden nachgegeben, hätte das Böse gesiegt. Er musste also die gute Seite darbieten.

Deshalb das Missionieren, die Predigten, die vielen Hundert Briefe kreuz und quer durch das kriegsgeschüttelte Europa, die zahllosen langen Arbeitsstunden, die Überanstrengungen, unter denen Birger Pernow litt. Deshalb diese Kinderaktion, die Otto und neunundneunzig andere junge Menschen den Häschern entriss. Der Pastor musste heruntersteigen und den rechten Weg weisen, sowohl mit Worten als auch mit Taten.

Und nun saß er an seinem Schreibtisch und trug seine Gedanken zusammen, er, der Ratgeber des Erzbischofs in jüdischen Fragen. Da kam Ottos Brief mit der Bitte, Lisl und Pepi zu retten.

Der Herr Pastor. Der gute, hagere Herr Pastor und Direktor der Schwedischen Israelmission. Sprach er mit dem Außenministerium? Konsultierte er jemanden in der königlichen Hauptstadt? Telefonierte er mit seinen alten Kontakten in der Sozialbehörde? Vielleicht.

Oder entsann er sich der Bedingungen, die die schwedische Regierung eben durch die Sozialbehörde gestellt hatte, damit die Kinder ins Land kommen konnten? Er selbst hatte einen

Freund und Kollegen daran erinnert, in einem Brief etliche Jahre zuvor:

Angesichts dessen möchte ich Dich und Euch alle bitten, derartige Anfragen von Eltern konsequent abzuwehren, da selbiges den Voraussetzungen für den hiesigen Aufenthalt der Kinder gänzlich widerspricht. Es ist ja der Zweck der gesamten Kinderhilfe, den Eltern die Emigration und die Schaffung einer neuen Existenz zu erleichtern, eben durch die Aufnahme der Kinder für ein, zwei Jahre hier in Schweden. Danach sollen die Eltern verpflichtet sein, die Kinder so rasch wie möglich zu sich zu holen. Hinsichtlich der deutschen Kinder haben die Eltern diese Absprache obendrein schriftlich bestätigt. Dieses Prinzip ist schließlich der Grund dafür, dass die Sozialbehörde uns das Recht eingeräumt hat, die Kinder hier aufzunehmen. Versuchen wir nun, den Eltern zu helfen, ins Land zu kommen, verstoßen wir selbst gegen diesen Grundsatz, und das lässt uns vor der Sozialbehörde in einem eigentümlichen Licht dastehen. Die Anfragen zeigen leider, dass die Eltern diesen Punkt nicht verstanden oder ihn zumindest nicht ernst genommen haben. Ich werde deshalb entsprechende Anfragen konsequent ablehnen und wäre dankbar, wenn Ihr das Gleiche tätet.

Man kann unmöglich wissen, was Pastor Birger Pernow dachte oder wie er handelte. Wir wissen lediglich, dass er geantwortet hat, vermutlich bereits am selben Tag.

22. Januar 42
Lieber Otto! Vielen Dank für Deinen Brief vom 20. Was Deine Eltern anbetrifft, muss ich Dir leider mitteilen, dass unsere Behörden derzeit keine Einreisegenehmigung erteilen, weshalb es nicht möglich ist, sie ins Land zu holen. Ich bedaure, doch steht es nicht in meiner Macht, Deinen Eltern zu helfen. Du

darfst jedoch nie vergessen, dass Gott helfen kann, wenn wir nur auf rechte Weise beten. ER hilft vielleicht nicht so, wie wir es uns wünschen, jedoch auf seine eigene Weise. Mit vielen Grüßen, Dein BP
PS: Teile uns bitte mit, wie Dein Hausherr heißt und ob Du Lohn bekommst, eventuell wie viel. Diese Angaben werden für die Sozialbehörde benötigt.

So kann ein lebensentscheidender Beschluss gefasst, ein tödlicher Schlag ausgeteilt werden. Beiläufig, in freundlichem Ton. Ich bedaure.

Jede Möglichkeit zur Emigration aus dem Nazireich war bereits unterbunden. Seit Monaten durften Menschen jüdischer Abstammung das Land nicht verlassen. Doch war nicht das der Grund für Pernows Ablehnung. Seine Erklärung aber – die schwedische Regierung lasse niemanden ins Land – war eine reine Lüge.

Die Wahrheit ist, dass 1942 mindestens 2466 Menschen den Antrag auf Einreise nach Schweden stellten. Wie im Jahr zuvor teilte die schwedische Regierung die Antragsteller in zwei Gruppen ein; Juden und andere. Wie im Jahr zuvor erhielten 86 Prozent der nichtjüdischen Antragsteller die Genehmigung, ins Land zu kommen, während der Anteil der bewilligten Gesuche für die Gruppe der Juden erheblich geringer ausfiel. 158 Schutzbedürftige erhielten den schwedischen Aktenvermerk m hinter ihren Namen gesetzt. Von diesen wurden 39,9 Prozent ins Land gelassen. Wie viele ergibt das? Nicht viele. Den einen und den anderen. Pastor Pernow aber wollte weitere nicht retten.

26. Januar 1942
Lieber Herr Pastor! Herzlichen Dank für Ihren Brief. Dass es für meine Eltern keine Einreisemöglichkeiten nach Schweden gibt, ist sehr schade, aber ich hoffe, dass Gott sie schützen und

bewahren möge, bis sie eines Tages hierher nach Schweden kommen dürfen.
In Beantwortung der Fragen kann ich dem Herrn Pastor Folgendes mitteilen: Mein Hausherr heißt Oskar Andersson. Lohn erhalte ich nicht, bekomme aber von Zeit zu Zeit ein bisschen Taschengeld. Mit herzlichen Grüßen, Otto Ullmann

Pepi und Lisl lebten von geliehener Zeit, an einem geliehenen Ort, und sie wussten es. Verstand Otto – oder glaubte er dem Pastor? Glaubte er, dass Gott ihnen zu Hilfe kommen würde, wenn er nur genug und auf die richtige Weise betete?

Wenige Jahre später suchte Otto um die schwedische Staatsbürgerschaft an. Im Antragsformular beantwortete er die Frage nach seinem Glauben mit »konfessionslos«. Ohne jeden Glauben. Er war konvertiert zu maßlosem Zorn.

Elise, Pepi und Tante Grete waren erneut aus ihrem Domizil geworfen worden.

Jetzt lebten sie in einer kleinen Wohnung in der Robertgasse, in einem sogenannten Judenhaus, zusammen mit der alten Julie Böhm, die sie seit vielen Jahren kannten.

Spuren der ursprünglichen Mieter waren noch vorhanden. Doch Klara und Leopold Papanek waren als Gefangene Nummer 529 und Nummer 530 am 23. Oktober 1941 ins Getto nach Łódź deportiert worden und sollten niemals wiederkehren.

Ob Elise, Grete, Frau Julie Böhm und Pepi sich vertrugen, kann niemand bezeugen. Auch nicht, ob Pepi einen Platz hatte, an dem er sich nach der Arbeit ausruhen konnte, oder wo Elise saß und die Postkarten nach Schweden schrieb. Grete arbeitete sechs Tage die Woche in einer Fabrik, und damit verfügten sie über ein klein wenig Einkommen. Milch, Fleisch oder Obst durften sie nicht kaufen, aber Mizzi kam, wenn möglich, mit Lebensmitteln vorbei, äußerst vorsichtig, da es inzwischen ein Verbrechen war, einem Juden zu helfen. Wenn Pepi noch die Kraft dazu hatte, flüsterten Lisl und er manchmal leise miteinander, sprachen über ihren Otto. Sie stellten ihn sich auf Skiern in der weißen Winterlandschaft vor, wie ihm seine weiße Milch schmeckte, oder er einfach nur dastand und sie mit seinem klaren Blick anlächelte.

Es war nicht so, dass Pepi nicht schreiben wollte, im Gegenteil. Doch verschlangen die Arbeitsaufgaben nicht nur seine sämtliche Zeit, sondern auch seine letzte Kraft. Dann und wann schlief er für ein paar Stunden ein, total erschöpft von der Anstrengung, alles von sich fernzuhalten. Danach ging es wieder von vorn los. Nur hie und da blieben ihm ein paar Minuten und genug Kraft übrig, um zum Denken und zur Normalität zurückzufinden. Zu seiner Vaterrolle.

Wien, 8. Februar 1942
Mein liebster, bester Junge, heute habe ich etwas Zeit und nutze die Gelegenheit, Dir zu schreiben. Zu unserer größten Freude kam heute auch Dein Brief mit Deinen Fotos an, und ich muss Dir nicht erst sagen, wie tief gerührt wir über Deine Zeilen waren und darüber, wieder Gelegenheit zu haben, Dir, wenn auch nur auf der Fotografie, in Deine treuen Augen blicken zu können. Du weißt ja gar nicht, was uns Nachrichten von Dir bedeuten, und in unserem so traurigen Dasein empfinden wir Deine Treue und Tapferkeit als eine große Gnade Gottes.
Vor einer Woche waren es gerade drei Jahre her, dass Du, damals noch ein Kind, uns verlassen hast. Aber in den drei Jahren, die für uns mit Sorgen aller Art ausgefüllt waren, hat die Sehnsucht nach Dir alles überdeckt. Und wenn Post von Dir kam, dann gab es Freude, das Bewusstsein, Dich gut aufgehoben zu sehen, noch mehr aber das Gefühl, dass Du fern der Heimat und fern von Deinen Lieben Dich in keiner Weise geändert hast. Dass Du gut und vor allem anständig geblieben bist, hat uns Kraft und Stärke verliehen. Die Menschen, bei denen Du lebst, sind gut zu Dir, das ist ja schon sehr beruhigend. […]

22. Februar 1942
[…] Es würde uns auch sehr freuen, wenn Du uns etwas über Deinen Freundeskreis schriebest. Ich möchte gerne wissen, mit wem Du Dich an Deinen freien Tagen unterhältst, wie Deine Freunde heißen, ob es noch Kameraden von hier oder neu gewonnene sind.
Du schriebst uns einmal, dass Ihr eine kleine Kapelle gegründet habt, die gelegentlich auch zum Tanz spielt, und da Du ja immer sehr musikalisch warst, wirst Du ja dabei sicher beteiligt sein. Oder tanzt Du nur?
Und wie steht es mit Deinen weiteren Aussichten? Wann wirst

Du zur Perfektion die Landwirtschaftsschule besuchen? Sie wird ja wohl den Abschluss Deiner Lernperiode bilden. Bist Du noch mit einem Deiner Freunde in Korrespondenz? Schreib uns einmal ausführlich darüber, wenn Du Zeit hast. Von uns kann ich nichts Neues berichten. Wir sind Gott sei Dank gesund, und unsere einzige Freude sind Deine Briefe. Schreib uns daher weiter fleißig. […] Es grüßt und küsst Dich viel tausendmal, Dein Papa

Liebster Junge, jede Zeile von Dir bedeutet für uns eine große Freude. Ich bin glücklich zu hören, dass Du gesund bist und dass es Dir gut geht. Bleibe nur weiter gesund, Deine Mutti

Schwer zu sagen, ob es der letzte Tag des Winters oder der erste des Frühjahrs war. Eiszapfen an den Zweigen, dann wieder Vogelgezwitscher. Staksen durch nassen Schnee, zunächst überfroren, nun erneut tauend, Henriks breiter Rücken eine Skilänge weiter vorn.

Otto mochte Wettkämpfe und legte sich gern ins Zeug, um den Freund einzuholen und an ihm vorbeizuziehen. Henrik, gutmütiger, ließ ihn meist gewähren. Mitunter lieferte er Otto einen Kampf um den ersten Platz, doch beide wussten, dass es für Otto wichtiger war zu gewinnen. Nach fünf Kilometern machten sie halt. Die Holzfällerpfeifen kamen ans Licht, und sie gönnten sich ein paar Züge.

Die Kamera war dabei. Mit der schwarzen Wintermütze auf dem schwarzen Haar und der schwarzen Pfeife im Mund sah Otto aus wie der magere Hans im Glück, der er war, ganz zu Hause im Wald, im Schweiße seines Angesichts auf Skiern, die Holzfälleraxt in der Hand, Opernarien pfeifend, sodass es in Justitiar Eklundhs schneebedeckter Nadelwaldkathedrale widerhallte.

Die Zeit in Pjätteryd näherte sich ihrem Ende. Bald zwei Jahre hatte er sich fast daheim gefühlt in dem Haus am Fliederbusch neben dem Wald hinter dem Acker am See.

Entweder war es, weil es nicht genug Arbeit gab oder nicht genug Essen. Vielleicht ging es auch darum, dass er eine ordentliche Ausbildung in einem Landwirtschaftsberuf erhalten sollte, denn Frau Eklundh hatte ihm eine neue Stelle als Landwirtschaftslehrling beschafft. Bald sollte er die dünnen Wurzelfasern ausreißen und zum sechsten Mal in vier Jahren umziehen, zum nächsten Hof, einem mit mehr Vieh, größeren Äckern und abwechslungsreicheren Arbeitsaufgaben. Der neue Hausherr hieß Lidén auf Sjögård, kurz vor Ljungby.

Zu bleiben, Bande zu knüpfen, Wurzeln zu schlagen, nach Hause zu finden – für einen wie Otto war das nicht möglich. Verbotene Sehnsucht, unbrauchbare Wörter.

12. April 1942
Mein liebster, bester Junge, nimm meinen innigsten Dank für Deine so herzlich gehaltenen Wünsche zu meinem Geburtstag entgegen. Ich war wirklich erfreut, dass Du Dich immer rechtzeitig erinnert hast. Die Karte traf zwar erst gestern ein, aber an der Verzögerung warst Du ohne Schuld. Also nochmals vielen Dank.

Übrigens habe ich nicht nur an meinem Geburtstag Deiner gedacht, sondern auch sonst Gelegenheit, von Dir zu sprechen. Es besuchte mich nämlich Herr Edling und erzählte mir viel Schönes von Dir, so viel, dass ich geradezu stolz auf Dich wurde. Er sagte mir, dass Du so prächtig Schwedisch sprichst, dass man Dich beinahe für einen Eingeborenen halten könnte. Auch sonst berichtete uns Herr E. viel von Deiner Tätigkeit und von Dir, und ich kann nur sagen, dass ich nach seinem Besuch noch beruhigter als bisher, was Dich betrifft, bin.

Ich werde jetzt auch an Frau Eklundh schreiben, da mir Herr Edling auch mitteilte, dass sie der deutschen Sprache mächtig ist, und Sie fragen, welche Pläne sie mit Dir hat, ob Du dort bleibst oder noch eine landwirtschaftliche Schule besuchen wirst.

Was machst Du sonst, mein Junge? Jetzt wirst Du ja wahrscheinlich schon genug zu tun haben, denn die Feldarbeit wird bereits begonnen haben. Wie geht es Dir, mein Bub? Wir sind gottlob gesund und hoffen, in Deinem nächsten Brief von Dir das Gleiche zu hören. Stehst Du mit Deinen Freunden, die mit Dir hinauffuhren, in Verbindung? Hörst Du etwas von Gerhard, ist er noch in Tollarp? Was macht das Skilaufen? Hast Du an dem 10-km-Wettlauf teilgenommen? Jetzt dürfte mit dem Schnee wohl Schluss sein.

Hast Du Onkel Karl nach Stockholm geschrieben? Ich möchte gern etwas über ihn erfahren. Onkel Paul und Tante Nuny haben sich wieder nach Dir erkundigt, ich habe ihnen Deine

Grüße weitergegeben, und sie haben sich darüber sehr gefreut. Sonst geht es ihnen nicht so gut. Lieber Junge, schreib wieder bald, Dein Papa

Liebster Junge, Papa schrieb Dir schon, wie sehr wir uns gefreut haben, über Dich so Gutes zu hören. Du bist und bleibst immer unser guter Bub, unser Stolz, unsere größte Freude. Deine Mutti

Paul und Nuny geht es nicht so gut. Mit Worten, normalerweise benutzt bei Erkältungen, einem verstauchten Fuß oder Kopfschmerzen, beschreibt Pepi die Situation seiner engsten Freunde in Opole. Das war am 12. April.

Was wusste er?

Hatten Nuny und Paul die Enge zu schildern vermocht, die so extrem war, dass, wenn einer die Läuse aus seiner Kleidung schüttelte, sie weich auf der des anderen landeten? Wie das Fieber sich durch die Bisse verbreitete, die Muskeln zu schmerzen begannen und einer nach dem anderen mit fleckiger Haut erkrankte und starb, dass die Nächte des Winters von Begräbnissen voll waren, mehr als fünfhundert an der Zahl?

Im März trafen weitere 2800 Deportierte in Opole ein. Nun waren sie über 10 000 Personen in einem Ort mit 300 Häusern.

Joseph Goebbels, der Propagandaminister des Großdeutschen Reichs, führte Tagebuch. Am 27. März 1942 schrieb er:

»Aus dem Generalgouvernement werden jetzt, bei Lublin beginnend, die Juden nach dem Osten abgeschoben. Es wird hier ein ziemlich barbarisches und nicht näher zu beschreibendes Verfahren angewandt, und von den Juden selbst bleibt nicht mehr viel übrig. Im Großen kann man wohl feststellen, dass 60 Prozent davon liquidiert werden müssen, während nur noch 40 Prozent in die Arbeit eingesetzt werden können. Der ehemalige Gauleiter von Wien, der diese Aktion durchführt, tut das mit ziemlicher Umsicht und auch mit einem Verfahren, das nicht zu auffällig wirkt.«

Die nächste Phase der Deportationen hatte ihren Anfang genommen.

Wien, 14. Mai 1942
Deine liebe Karte vom 30. haben wir erhalten und freuen uns sehr, dass es Dir gut geht und Du gesund bist. Wir sind auch gesund und wird Dir Papa, sobald er Zeit hat, wieder mehr schreiben. Von Onkel Paul und Tante Nuny haben wir leider schon längere Zeit keine Nachricht, hoffen aber, in den nächsten Tagen Post zu bekommen. [...]
Jetzt hast Du ja schon viel Arbeit am Feld. Tante Grete und Mizzi lassen Dich herzlichst grüßen. Wenn Du einmal Zeit hast, so beschreibe uns Dein Heim und die Umgebung, damit wir wenigstens im Briefe lesen können, wie Du wohnst. Liebes Kind, bleib gesund.

Otto hatte Kärrnäs verlassen, die Briefe folgten ihm indes zum nächsten Bauernhof. Er hatte sich von seinem besten Freund Henrik, von Astrid, die ihm eine Schwester gewesen war, von Oskar und Mutter Agnes mit den Worten verabschiedet, dass sie dem, was er in Schweden an Familie hatte, am nächsten gekommen waren. Etwas an der Art, wie er es sagte, ließ sie die Worte für den Rest ihres Lebens nicht vergessen.

Bald war er nun siebzehn und brauchte eine vollwertige Berufsausbildung. Jetzt sollte er Landwirtschaftsschüler beim Landwirt Lidén in Rataryd werden.

Otto hatte sich daran gewöhnt, allein klarzukommen, daran, dass Elternliebe ihn als hastig niedergeschriebene Worte auf einfachen Postkarten erreichte. Er hatte sich an Pepis und Elises ständige Sehnsucht, den Schatten in seinem eigenen Schatten gewöhnt. Zuweilen streifte ihn Hoffnungslosigkeit – schon längst sollten sie doch aus Wien weg sein und ihn geholt haben –, meist aber verdrängte er den Gedanken. Das war nicht schwer. Nach einem Tag hinter dem Pferd und dem Pflug, der die Erde wendete, ließ sich der Schlaf wie eine schwere Decke über die Gedanken ziehen.

Frau Eklundh hatte ihm die neue Stelle besorgt, und er begriff, dass Sjögård gut für seine Ausbildung war. Er verstand auch, dass er als billige Arbeitskraft während der anstrengendsten Zeit diente – der Frühjahrsaussaat, der Ernte im Sommer und dem Kartoffellesen im Herbst –, es jedoch keinesfalls sicher war, ob er darüber hinaus bleiben durfte.

Wie waren die Leute auf dem Hof? Mochten sie Otto? Gab es bei ihnen Sympathien für die Deutschen? Wenige Jahre zuvor hatten die Lindholmer, die Nazis, ganze hundertfünfzig Personen zu einem Treffen in dem kleinen Ljungby zusammengetrommelt. Vielleicht aber hatten sie ja ihre Meinung geändert, Leute tun das manchmal.

30. Juni 1942
Liebster Junge, Deine liebe Karte vom 22. Juni haben wir mit größter Freude erhalten. Es ist sehr brav von Dir, dass Du uns regelmäßig schreibst, und ist es unsere größte Freude, von Dir Nachricht zu bekommen. Von Onkel Paul haben wir noch nichts gehört. Papa hat jetzt viel Arbeit und wird Dir, sobald er Zeit hat, ausführlich schreiben. Mizzi lässt Dich grüßen, sie wird Deinen Brief diese Woche noch beantworten. Unseren letzten Brief wirst Du ja erhalten haben. Wir sind gottlob gesund. Wenn Du mehr Zeit hast, so vergiss nicht, uns zu schreiben, wie groß Du bist und welches Gewicht Du hast. Ich möchte es sehr gerne wissen. Hast Du wieder ein Bild? Ich küsse Dich innigst, Deine Mutti

18. Juli 1942
Liebster Junge, jetzt warten wir schon wieder mit Sehnsucht auf Nachricht von Dir. Unseren Brief und Karte wirst Du ja

erhalten haben. In zwei Tagen wirst Du siebzehn Jahre. Liebster, Du, ich wünsche Dir nochmals alles Liebe und Schöne. Beten wir, dass wir Dich bald umarmen können. Fast vier Jahre haben wir Dich nicht gesehen, und die Sehnsucht wird immer größer. Papa schreibt Dir nächstens wieder, er hat viel Arbeit. Ich hoffe, dass wir in den nächsten Tagen Post erhalten, es sind schon drei Wochen seit Deiner letzten Nachricht. […]
1000 Küsse, Deine Mutti

Nirgendwo in den Briefen erklärt Pepi, was er arbeitet. Wie hätte er auch davon erzählen sollen? Wurde er von Albträumen geplagt?

Er hatte seine Anstellung am 8. Januar 1942 begonnen. Allmorgendlich meldete er sich bei seinem Arbeitsleiter. Darauf erhielten er und die anderen der Gruppe eine Liste der ausgewählten Personen.

Verzeichnis, alphabetische Reihenfolge, Todesurteil. Wer wusste was?

Es gab diejenigen, die wissen wollten, und andere, die alles taten, um es zu vermeiden, einige, die wussten, aber nichts sagten, und andere, die beharrlich auf das Beste hofften. Welcher Kategorie Pepi angehörte, kann niemand mehr sagen.

Die Listen enthielten Namen um Namen, und sicher konnte er sich nur bei drei Dingen sein: Die hier aufgezählten Menschen mussten fort. Solange die Liste in seiner Hand lag, stand sein Name nicht darauf. Solange sein Name nicht darauf stand, war ein anderer gezwungen zu fahren. Drei Schlussfolgerungen also, um sich daran festzuhalten, gleich einem Zaun, um nicht weiter, nicht dahinter zu denken.

Die Tage waren angefüllt mit unablässigem hektischem Laufen von Tür zu Tür, von Adresse zu Adresse, um die Aufgelisteten zu finden. Er und die anderen aus der Gruppe hatten nur wenig Zeit, um sie zu orten. Recherche also.

Die Gestapo bestimmte, wer deportiert werden sollte, und gab die Anzahl, den Bahnhof und die Abfahrtszeit bekannt. Zuweilen gelang es der Jüdischen Gemeinde, eine Freistellung für einzelne Individuen oder Familien auszuhandeln, wenn sie durch andere ersetzt wurden. Die Gemeinde trug die Verantwortung dafür, dass die Vorgesehenen am Zug erschienen. Fehlte einer, musste ein anderer an seine Stelle treten. Das war nichts Persönliches. Das war ein Quotensystem.

Tausend Personen etwa wurden zu jedem Zug einbestellt. Die Einbestellung – oder vielmehr der Befehl, sich einzufinden – wurde von der Jüdischen Gemeinde versandt. Verständlicherweise fehlten nicht wenige Menschen zu den Namen. Einige waren gestorben. Andere geflohen. Wieder andere versteckten sich, hockten hinter falschen Wänden oder unter losen Dielen. Hier setzte Pepis Auftrag ein.

Seine Aufgabe war es, sie zu lokalisieren, die Toten aus dem Register zu streichen, zu kennzeichnen, wer nachweislich emigriert war, und die Deportation der Restlichen zu ermöglichen.

Es kam vor, dass niemand daheim war. Dann musste er mit dem Hauswart reden, mit Nachbarn, mit Verwandten. An anderer Stelle weitersuchen. Es kam vor, dass er an der heimatlichen Adresse nur die Ehefrau antraf. Vielleicht sagte sie dann, ihr gesuchter Mann sei arbeiten. So kann es sich abgespielt haben – sie sagte, da müsse ein Irrtum vorliegen, dass gerade sie und ihr Mann nicht deportiert werden sollten, es sei völlig unmöglich. Dann musste Pepi argumentieren.

Er war müde. Sie stünden auf der Liste, muss er geantwortet haben. Aber, sagte die Frau dann vielleicht, sie besäßen doch eine spezielle Bescheinigung, die sie befreite. Dann musste Pepi bei dem Gemeindeverantwortlichen anrufen. Wenn alles stimmte, vermerkte er es auf einer Karteikarte, signierte mit J. Ullmann und ging weiter. Oft drängte die Zeit. Wenn die gesuchte Person bereits das Land verlassen hatte, musste er die Gemeinde umgehend informieren, damit eine andere ihren Platz zur Deportation einnehmen konnte.

Man zählte das Jahr 1942. Pepi hatte auf seiner Arbeitsstelle viel zu tun.

Es war einsam auf dem Hof Sjögård.

Die Deutschfreundlichen im Umkreis hätten gern gesehen, dass Otto Fehler machte, aber er gab ihnen keinen Grund zur Beanstandung. Möglicherweise hätte seine Laune besser, das Leuchten in seinen Augen heller und die Last in seinem Innern weniger schwer sein können.

Es war erneut geschehen – Otto war aufgebrochen. Weil die Umstände es erforderten, nicht weil er es wollte. Er hatte Abschied genommen von Mutter Agnes, Henrik, Oskar und Astrid, von den Hunden, den Pferden, dem Hof, der zwei Jahre sein Zuhause gewesen war, und war stattdessen als Neuankömmling bei dem nächsten eingetroffen. Die Familie Andersson war eine weitere Familie, die er hatte aufgeben müssen, und die Lücke, die sie hinterließ, fügte sich zur ersten, der alten Lücke. Die größer wurde. Nahm das nie ein Ende?

Alles, was er wollte, war, wieder zu Hause zu sein, zusammen mit Pepi und Elise, zurück in seinem gewohnten, guten Großstadtleben. Ansonsten waren die Leute in Rataryd nett, und er war gesund. Er übernahm die Position des Torwarts in der Fußballmannschaft des Dorfs.

Der Brief ist fort. Gleich allen anderen, die er an seine Eltern sandte, ist er verschwunden – bei einem Umzug, bei einer Zugreise, bei einer Leichenverbrennung? –, Ottos Gefühle vom Frühjahr 1942 aber kann man in Mutti Lisls Antwort noch immer als schwaches Echo hören.

Mein Liebstes, Deinen Brief vom 28. Mai haben wir bekommen. Du kannst Dir nicht vorstellen, wie sehr wir uns darüber gefreut haben. Du bist unser größtes Glück, und wir hoffen, Dich eines Tages vielleicht wieder in unsere Arme schließen zu können. Schreib mehr solche Briefe […], dann werden Dich alle lieb haben. Wir freuen uns, dass Du so beliebt bist, und es rührt uns, dass Dich alle gern haben. Aber auch hier lieben wir Dich. […] Von Onkel Paul haben wir noch immer keine

Nachricht. Tante Grete und Mizzi warten sehnsüchtig auf Deine Briefe. Papa wird Dir einen eigenen Brief schreiben. Hast Du mein Foto bekommen? Liebster Junge, viele tausend Küsse, Deine Mutti

Der erste Zug aus dem überfüllten Getto in Opole Lubelskie war am 31. März 1942 in Richtung Osten abgegangen. Insgesamt 1950 Menschen waren geweckt und auf dem Markt nahe der Gettomauer zusammengetrieben worden. Von da aus zwang man sie zum Bahnhof Nałęczów zu marschieren, wo Viehwaggons warteten. Endziel war das Lager Belzec. Neben dem Getto waren Holzbaracken errichtet. Dorthin brachte die jüdische Polizei die Habseligkeiten der Menschen.

Paul und Tante Nuny hatten sich vor der Typhusepidemie des Winters retten, den Hunger halbwegs überstehen können und waren den Deportationen nach Belzec entgangen. Im Juni erhielten Elise und Pepi endlich Grüße von ihnen und vermittelten sie weiter an Otto in Småland. Sie waren gesund, aber es ging ihnen nicht gut, schrieb Pepi. Was das tatsächlich bedeutete, kann man nur vermuten. Ebenso unklar blieb, wann der Brief aus Opole abgesandt worden war und wie lange es gedauert hatte, bis er Wien erreichte.

Am 25. Mai wurden erneut 2000 Menschen von Opole zum Bahnhof Nałęczów in Marsch gesetzt, wo der Zug auf sie wartete. Danach Sobibor.

Es wurde Sommer.

Drei Lager, konstruiert für Mord, mit Anschluss ans Schienennetz, waren getestet worden und standen jetzt bereit für das, was man die Aktion Reinhardt nannte; Belzec, Sobibor und Treblinka.

Am Tag vor Ottos siebzehntem Geburtstag, dem 19. Juli, hatte Heinrich Himmler eine Anordnung hinsichtlich des von den Nazis besetzten Polens, des Generalgouvernements, erlassen. Man kann es auch ein Todesurteil nennen.

»Mit dem 31. Dezember 1942 dürfen sich keinerlei Personen jüdischer Herkunft mehr im Generalgouvernement aufhalten. Es sei denn, dass sie sich in den Sammellagern

Warschau, Krakau, Tschenstochau, Radom, Lublin aufhalten. Alle anderen Arbeitsvorkommen, die jüdische Arbeitskräfte beschäftigen, haben bis dorthin beendet zu sein, oder, falls ihre Beendigung nicht möglich ist, in eines der Sammellager verlegt zu sein. Diese Maßnahmen sind zu der im Sinne der Neuordnung Europas notwendigen ethnischen Scheidung von Rassen und Völkern […] erforderlich.«

Ein halbes Jahr noch in Polen für jemanden, den man als Jude eingestuft hatte. Ein halbes Jahr.

Der Schotterweg liegt tief eingebettet in eine Allee, die so schmal ist, dass sich die Baumkronen von beiden Seiten mit ihren ausgestreckten Zweigen berühren und ein Dach bilden. Rechter Hand taucht ein roter, robuster Viehstall auf, doch verdecken Vorjahrestriebe und Gebüsch die Wohnhäuser, die am Ende des Wegs warten.

Der Hof heißt Elmtaryd, der Ort Agunnaryd, und nunmehr sind deren Anfangsbuchstaben Teil des Namens eines der bekanntesten Unternehmen der Welt.

Die Allee im Rücken, kann man sich entweder nach links wenden – auf drei Häuser um einen Schotterplatz mit Fahnenstange zu – oder nach rechts, wo ein kleineres rotes Haus ohne Veranda ganz für sich liegt.

Vom roten Haus aus sind Sicht und Perspektive auf das Gut unvermeidlich die eines Frosches. Doch für den, der stattdessen auf das helle Haupthaus zugeht und sich umdreht, um einen Blick auf die Ländereien zu werfen, befindet sich das rote Haus unterhalb, am Fuße des Hangs.

Hof für den Gutsherrn, Haus für den Pächter. Derselbe Schotterweg, dieselbe Allee, dasselbe grüne Baumkronendach. Derselbe Boden, der zu bestellen, dieselbe Ernte, die einzuholen ist, dieselben frühen Morgenlaute der Tiere im Stall. Allein die Lebensbedingungen sind verschieden.

Hier sollte Otto Jungknecht werden, dem Stallknecht helfen bei seiner täglichen Plackerei, Gräben säubern, Holzwände flicken, den Stall ausmisten, Heu verteilen und allerlei notwendige Handgriffe tun, ganz wie es Gutsherr Feodor Kamprad wünschte. Schon bald.

Ingvar, der Sohn des Hofs, war sechzehn Jahre alt. Er hegte große Sympathie für Sven Olov Lindholm und seine nazistische Bewegung. Er war nicht der Einzige in der Gegend. Im selben Jahr veranstaltete Svensk socialistisk samling Zusammenkünfte in Jönköping, Kalmar, Alvesta und Moheda. In Växjö trommelten die Nazis 1500 Zuhörer zusammen.

Ingvar aber fand ihre Botschaft zu aggressiv und hasserfüllt, so ist es ihm heute in Erinnerung. Und ein anderer starker Führer hatte sein Interesse und seine Bewunderung geweckt – der Faschist Per Engdahl.

Heute schreibt Ingvar nur noch selten Briefe mit der Hand. Und sollte es vorkommen, benutzt er gern Versalien, deutlich geschrieben und seltsam unpersönlich. 1942 aber war er ein junger Mann, und die Zeit für Versalien war noch nicht gekommen. Stattdessen zeigt sein Brief, datiert vom 24. April in Agunnaryd, eine verschnörkelte, leicht schräge, ungeübte Handschrift:

> *Der Unterzeichnete ist interessiert an echt schwedischer Literatur und damit auch an Ihrer Zeitung* Vägen Framåt *(Der Weg voran). Haben Sie deshalb die Güte, mir einige Probeexemplare derselben gratis zuzusenden sowie Angaben zum Abonnement u. dgl.*
> *In der Hoffnung auf gute Verbindungen verbleibe ich dankend mit nordischem Gruß.*

Es folgt sein Name, mit einem Federschwung umschlossen.

In den folgenden Nummern der Zeitung konnte er Artikel für Artikel des bewunderten Per Engdahl studieren über eine Volksgemeinschaft, basierend auf Ideen statt auf materiellen Werten. Als Führer der Svensk Opposition verband Engdahl Kommunistenhass mit Judenhass, hartnäckig damit argumentierend, dass das eine das andere bedinge. In einem der ersten Blätter, die Ingvar bekam, konnte er lesen:

> *Die Juden sind ein fremdes Element im abendländischen Volkskörper. Und wie alles Fremde suchen sie den Organismus, in dem sie leben, zu zerfressen und zu zerstören. […] Die Ursachen des Kommunismus müssen ausgerottet werden,*

doch die Anstifter des Kommunismus, die mit den Missverhältnissen spekulieren, müssen ebenfalls vernichtet werden. Eine antikommunistische Bewegung kann daher nie ihr Ziel erreichen, wenn sie nicht zugleich auch antisemitisch ist.

Und in einer späteren Nummer fuhr Engdahl mit dem gleichen Thema fort:

Die radikalste Lösung der Judenfrage ist eine Deportation der Juden in ein speziell überlassenes Gebiet. Im Rahmen von dessen Grenzen könnten sie dann ihren eigenen Staat nach Belieben errichten. [...] Allerdings spricht nichts dagegen, dass wir in unserem Land, während wir diese europäische Entwicklung abwarten, die Judenfrage in unseren eigenen Grenzen lösen, auf eine aus schwedischer Sicht zufriedenstellende Weise. Dazu sind folgende Forderungen durchzusetzen: Jegliche weitere jüdische Einwanderung ist zu stoppen. Juden sind von führenden Positionen in Staat, Gesellschaft und Vereinsleben zu entfernen. Der Staat muss jederzeit zum Einsatz eines schwedischen Verwalters in jüdischen Unternehmen berechtigt sein.

Der charismatische Per Engdahl verbreitete sich über diese Frage, als die weitgehendsten Konsequenzen seiner Gedanken jenseits der Grenze zu Deutschland im großen Stil gezogen wurden. So sah die Lektüre des sechzehnjährigen Ingvar Kamprad aus, und er sollte alles daransetzen, um bei den Gelegenheiten, wenn Engdahl in der Gegend sprach, anwesend zu sein.

Gleichzeitig abonnierte er die Zeitung der jungnazistischen Hardliner *Ungt Folk* (Jungvolk) und bezahlte dafür, dass er dort einen Gruß zur Wintersonnenwende an den schwedischen Führer Sven Olov Lindholm publizierte. In der Dezembernummer steht, druckschwarz auf papierweiß: »I. Kamprad aus Agunnaryd«.

Und nur wenige Monate später sollte er eine eigene Akte bei der Schwedischen Geheimpolizei, Allmänna Säkerhetstjänsten, erhalten.

Unter der Rubrik »Nazist« kann man lesen, dass er im SSS – Svensk socialistisk samling –, der Schwedischen Nazipartei, unter der Mitgliedsnummer 4014 geführt wurde.

In der Akte wird ein Brief vom November 1942 zitiert, in dem Ingvar berichtet, dass er »einige Kameraden« für den SSS geworben habe und dass er hoffe, auch in Zukunft »imstande zu sein, eine nicht verachtenswerte Anzahl Mitgliedsanträge einsenden zu können«. Weiter heißt es, er habe im Laufe des Jahres fünf Abonnenten für *Ungt Folk* geworben und wolle keine Gelegenheit auslassen, um für die Bewegung tätig zu sein.

Älmhult 2010.

Ingvar: Es hat mich ja in Verruf gebracht, dass man sagte, ich sei Nazi. Und das war ich auch für sehr kurze Zeit. Ich habe mich für etwas engagiert, das nannte man Lindholm … ja, ich habe mich nicht engagiert, sondern war Mitglied. Wenn ich das war … eigentlich glaube ich es nicht. Aber ich hatte starke Sympathien dafür. […]

Als ich dann in die Osbyer Gesamtschule ging, lernte ich den Buchdrucker Hultberg kennen, und er kannte jemanden, der hieß Per Engdahl, und ich durfte an einer Zusammenkunft teilnehmen, obwohl es uns aus dem Internat nicht erlaubt war, zu irgendwelchen verdammten politischen Treffen zu gehen. Über die Osbyer Gesamtschule hieß es, sie sei ein rotes Klinkergebäude, erbaut auf religiösem Grund.

Und ich war ein paarmal dabei, und dann hatte ich die Gelegenheit – das muss in der Osby-Zeit gewesen sein –, Per Engdahl vor einer kleinen Gruppe von zehn bis fünfzehn Personen sprechen zu hören. Und ich muss sagen, dass ich Per Engdahl weiter bewunderte. […] Und er war auch absolut kein Judenhasser. Wenn man ihn beschreiben will, dann trifft »Faschist« besser zu.

Was mich für ihn einnahm, waren zwei Dinge, und beide waren falsch. Das eine war Mussolinis Korporatismus. Er sagte, alle, die in der Lederindustrie tätig seien, müssten zusammenhalten, sie seien eine Gemeinschaft. Sie sollten nicht auf verschiedenen Seiten stehen und gegeneinander kämpfen, sondern alle Bauern hielten einfach zusammen, seien eine Gemeinschaft usw. Ich fand, das klang verdammt gut. Aber dann stellte es sich als … es war eigentlich eine unverzeihliche Jugendsünde. Aber ich habe daran geglaubt.

Und was den Rassismus anging, sagte er:

»Ingvar. Warum heißen die Malaien Malaien?*

Nun, weil Inder und Chinesen sich verheiratet haben.«

Von meinen Reisen im Fernen Osten kann ich gern bestätigen, dass jede malaiische Fabrik, heute kaufen wir dort ja ebenfalls Waren, große Unterschiede aufweist. Es muss dich keiner begleiten, wenn du durch die Fabrik gehst, und dir sagen, wo Chinesen sitzen und wo Malaien. Und das, meinte Per Engdahl, liege daran, dass … lass die Juden für sich bleiben und ihr eigenes Volk sein, lass die Inder für sich bleiben und die Indianer auf ihre Weise leben. Vermische sie nicht miteinander, denn aus Vermischtem wird nichts Gutes. Und dafür nahm er die Malaien als Beispiel. Und das habe ich auch geglaubt. Und auch das ist zum Kuckuck noch mal falsch.

[…] Was hatten wir letzte Weihnachten? Achtzehn verschiedene Nationen, die in unserem Zentrallager arbeiten. Wunderbare Menschen. Früher sagte man Neger. Heute darfst du nicht einmal mehr Mohrenkopf sagen. Und dennoch, einer meiner allerbesten Freunde, er ist ein Superneger.

* *malaj:* hier in der scherzhaften Bedeutung von Nichtskönner

Es fällt schwer, so ungeduldig wie zuvor auf den Briefträger zu warten. Es fällt schwer, es nicht zu tun.

Elise stand oft an der Tür und spähte durch das Guckloch auf die Treppe hinaus. Es konnten ja Zeilen, Sätze, Lebenszeichen kommen, sodass sie erfuhren, wie es ihrem Otto ging, dass er gesund war und sich wohlfühlte. Doch zugleich – wenn der Briefträger an ihrer Tür vorbeiging, ohne etwas abzugeben, stellte sich ungewollt auch ein Gefühl der Erleichterung ein. Zwar nichts aus Schweden, aber auch kein dickes Kuvert von der Gemeinde.

Das unverkennbare dicke Kuvert. Für den, der ein solches bekam, wurde der Tag plötzlich kurz. Es blieben einem zwölf, manchmal vierundzwanzig Stunden, um sich auf dem Sammelplatz einzufinden, mit Gepäck nicht über fünfzig Kilo und einer Reisekasse, die vierzig Złoty entsprach.

Eines Tages kam es.

Die Sendung, die der Briefträger mit einem speziellen, schwer zu deutenden Blick übergab, war adressiert an die achtzigjährige Frau Julie Böhm. Otto hatte sie sein Leben lang gekannt und nannte sie Oma, obgleich sie nicht verwandt waren. In letzter Zeit hatten sie, Pepi, Elise und Tante Grete alles geteilt, was sich teilen ließ; den Platz in der kleinen Wohnung in der Robertgasse, die nicht vergehen wollenden Tage und das unablässige Ziehen im Magen, das mit einfachem Hunger verwechselt werden konnte, in Wahrheit aber Hungern war.

Am selben Tag, als Julie Böhm das Kuvert erhielt und sie alle begriffen, was das bedeutete, schrieb Lisl an Otto.

19. August 1942
Mein Liebstes, Deine liebe Karte vom 11. ds. haben wir erhalten und freuen uns, dass Du gesund bist, was wir auch von uns sagen können. Von Tante Nuny haben wir noch immer keine Nachricht. Tante Grete wird Dir bald schreiben. Mizzi

lässt Dich schön grüßen. Hörst Du etwas von Kurt Edlauer? Wo ist er jetzt? Liebster, wenn Du wieder mehr Zeit hast, so schreib. Du weißt ja, wie sehnsüchtig wir auf Deine Nachricht warten. 1000 Küsse, Deine Mutti

Kein Wort darüber, was an diesem Tag geschah, was der Briefträger gebracht hatte, nichts über die Züge, die rund um die Uhr abgingen. Nichts über die alte Julie Böhm, die vor ihrem Koffer stand und packte. Sie wird ausgelassen, wird zu einem Schatten zwischen den Zeilen, damit Otto es nicht erfahren und Elise es nicht schreiben musste. Damit das, was geschah, beinahe nicht passierte, solange es ungesagt blieb.

Am nächsten Tag musste Frau Böhm den Weg zum Sammelplatz antreten. Um den Hals hing ihr ein gelbes Pappschild mit der Nummer 33.

Sie und die anderen mussten warten, bis sämtliche der circa tausend Personen zusammengetrieben waren. Sie sahen einander an und sahen ein, dass die meisten, die diesmal den Zug besteigen sollten, sehr betagt waren. Gerüchte über ein spezielles Altenheim machten die Runde. Manche wollten schon jetzt klarstellen, dass sie ein Zimmer mit Fenstern nach Süden wünschten.

Vielleicht schätzten die Gemeindemitarbeiter Pepi als zuverlässig und gründlich ein, denn mit Voranschreiten des Jahres 1942 bekam seine Arbeit eine neue Ausrichtung. Jetzt ging es nicht mehr nur darum, die Fehlenden auf den Listen ausfindig zu machen. Es ging um mehr als das.

Allen in der Recherchegruppe hatte man eine Arbeitsbeschreibung ausgehändigt, in der jeder einzelne Schritt sorgfältig und exakt notiert war. Oder vielleicht ähnelte das Papier auch einem Verzeichnis möglicher Verstöße und deren äußerst strenger Bestrafung. Nichts an seinem Arbeitstag war freiwillig, und nichts konnte er selbst lenken, ohne das Leben Elises und sein eigenes zu gefährden.

Drei Schulen hatte man ausgewählt, groß und in der Nähe des Bahnhofs und des Bahnsteigs gelegen: die Sammelplätze. Erst einmal gesammelt, blieb einem Menschen nur ein einziger Weg zu gehen. In Richtung des Zugs.

Laut Anordnung der für das Sammeln zuständigen Behörde war es jetzt Pepis Job, die zu Deportierenden aufzusuchen, in ihrer Wohnung, am Tag der Abreise. Dort angekommen, durfte er die Räume unter keinen Umständen betreten. Stattdessen sollte er vor der Tür Aufstellung nehmen, sodass die zur Abreise Bestimmten die Wohnung nicht verlassen konnten und auch kein anderer sie betreten konnte.

Waren sie mit dem Packen fertig, hatte er die Aufgabe zu kontrollieren, ob das Gepäck korrekt gekennzeichnet war. Musste er ihnen auch die Schilder um den Hals hängen?

Weiterhin war es Pepis Pflicht, die Zufuhr von Wasser und Gas in der Wohnung abzustellen und dann den Wohnungsschlüssel an sich zu nehmen. Wie gesagt – jeder einzelne Schritt war in der Arbeitsbeschreibung ausführlich dargestellt. Auch der die Tiere betreffende. Gab es welche, hatte Pepi dafür zu sorgen, dass sie gefüttert wurden.

Dann sollte er die Festgenommenen zum Sammelplatz führen. Auf dem Weg dahin musste er darauf achten, dass sie mit niemandem sprachen und auch keine Briefe und sonstige Dinge übergaben oder mit Außenstehenden in anderer Form Kontakt aufnahmen. In seiner Freizeit war es ihm nicht erlaubt, sich auf dem Sammelplatz aufzuhalten.

Entwich jemand, wurde der Entsprechende durch zwei Mitarbeiter der Jüdischen Gemeinde ersetzt; eine einfache und praktische Vorgehensweise, um der Gefahr zu begegnen, dass Empathie, Mitleid oder vielleicht alte Freundschaftsbande zur Fluchthilfe verleiteten.

Frau Böhm hinterließ nichts als die Lücke in der Wohnung in der Robertgasse. Wo sie gesessen hatte, gab es keinen mehr, wo sie gelegen hatte, blieb es leer, wo sie gesprochen hatte, herrschte Stille. Nur wenige Tage darauf verhielt der Briefträger erneut den Schritt.

Fräulein Margarethe Kollmann.

Versuchte Pepi, Tante Grete freizubekommen – hat er es gewusst? Es gibt keine Antwort. Doch da Grete seine Schwägerin war, gehörte sie nicht zum Kreis der engen Familienangehörigen, die Schutz erhielten im Austausch dafür, dass er täglich seine Arbeit verrichtete.

Zehn Tage nachdem Julie Böhm die Robertgasse verlassen hatte, ging auch Tante Grete zum Sammelplatz. Um den Hals ein Schild mit der Nummer 712.

Pepi schrieb am selben Tag an Otto. Das erste Mal seit mehreren Wochen.

30. August 1942
Mein liebster Junge, ich war die ganze Zeit über beschäftigt und habe mich gekränkt, dass ich Deinen so schönen Brief von Deinem Geburtstag bisher nicht beantworten konnte. Heute will ich ein paar Stunden meiner freien Zeit zum Briefeschreiben ausnutzen, und Du bist da natürlich der Erste.
Wir waren glücklich zu lesen, dass Du Deinen Geburtstag in

so schöner Weise feiern konntest. Das Bewusstsein, Dich unter so lieben und fürsorglichen Menschen zu wissen, macht uns das Leben, das wahrlich voller Prüfungen ist, leichter und hilft uns, die Trennung von Dir zu ertragen. Wir danken all jenen, die Dir an Deinem nun schon 17. Geburtstag so viel Liebes und Schönes erwiesen haben, von ganzem Herzen. Richte ihnen allen unsere besten Grüße aus und sage ihnen, dass sie nicht nur Dir, sondern auch uns eine große Freude bereitet haben. Dass wir an dem Ehrentage in Gedanken bei Dir waren, versteht sich von selbst, und Du kannst Dir denken, dass auch wir den heißen Wunsch nach einem möglichst baldigen Wiedersehen von Gott erflehten. Möge Dich der Himmel weiterhin schützen, und wenn wir einmal nicht in der Lage sein sollten, mit Dir in Verbindung zu sein, wisse, dass wir immer in Gedanken bei Dir sein und Dich unsere innigen Wünsche begleiten werden.
Von Onkel Paul und Tante Nuny haben wir weiterhin nichts gehört. Nun hat uns auch Tante Grete verlassen. Sie hat uns aufgetragen, Dich herzlichst zu grüßen.
Bald werden auch wir drankommen.

Am Montag, dem 31. August 1942, wurde Tante Grete in einen Zug verfrachtet, der sie nach Weißrussland brachte, Bestimmungsort Maly Trostinec. Die Fahrt dauerte vier Tage. Der Zug traf am Freitag, dem 4. September, dort ein.

Tante Grete wurde mit den anderen 1004 Gefangenen an einen Platz geführt, wo sie sämtlichen Besitz, Wertsachen und Bargeld abzugeben hatte. Man zwang sie, sich vor den Mitgefangenen und den bewaffneten Soldaten zu entkleiden. Nackt musste sie sich zu einem vorgeschriebenen Teil des Waldes begeben. Dort wurde sie erschossen.

Pepi hatte getan, was er konnte, um sich und Lisl Zeit zu erkaufen, doch nun war die Frist abgelaufen. Die Transporte hatten das ganze Frühjahr und den Sommer über angedauert, und in Wien hatte sich die Anzahl Menschen jüdischer Abstammung so drastisch verringert, dass die Jüdische Gemeinde nicht mehr alle Recherchegruppen benötigte und auch niemanden mehr freibekommen konnte. Man setzte sie auf die gleichen Listen, die sie jüngst selbst verwaltet hatten. Pepi bereitete seinen Sohn in einem Brief nach dem anderen darauf vor.

20. September 1942
Mein liebster, bester Junge, endlich komme ich dazu, Deinen letzten so schönen Brief vom 23. August zu beantworten. Inzwischen hast Du aber auch meine Antwort auf einen früheren Brief und Muttis Karte erhalten, sodass Du nicht ohne unsere Post geblieben bist. Auch wir erhielten noch eine Karte vom 9. September.
Dein Brief hat uns, wie gesagt, große Freude gemacht. Wir freuen uns vor allem, dass Du gesund und guter Dinge bist, und dann, dass Dir die sicherlich nicht leichte Arbeit so gut behagt. Du bist, wie ich sehe, ein perfekter Landwirt, und auch die Tatsache, dass Du neuerlich Lohnerhöhung erhalten hast, gefällt mir. Du machst eben Deine Sache so gut und gewissenhaft, wie ich es übrigens von Dir nie anders erwartet habe. Dass Du so gut aufgehoben bist, bereitet uns viel Beruhigung. Diese vielen Jahre des Fernseins von Dir sind von uns in dem Bewusstsein, dass es Dir gut geht, leicht ertragen worden. Und wenn ich dann einen so schönen Brief wie diesen letzten in die Hand bekomme, dann danke ich dem Schicksal. Wir haben schwere Prüfungen mitzumachen, und die Hand Gottes lastet schwer auf uns, aber daneben finden wir in Deinem Geborgensein so viel Trost, dass wir Deine so günstigen Berichte über Dein Wohlergehen als eine besondere Gnade des

Himmels betrachten. Möge Dich Gott auch weiterhin behüten und beschützen, wenn wir von Dir weiter als jetzt entfernt sind und eine Verbindung vielleicht nicht möglich ist. Ich bin überzeugt, dass Du zu jeder Zeit bemüht sein wirst, den geraden, korrekten Weg zu gehen, und immer anständig bleiben wirst auch in dem Vertrauen auf Gott, dass er uns dereinst wieder zusammenführen wird.
Deine Mitteilung über das Mädchen von Kärrnäs hat uns viel Vergnügen gemacht. Schicke uns doch auch ein Bild von ihr, vor allem aber eines von Dir. Du musst Dich jedenfalls damit beeilen, wenn es uns noch erreichen soll. Wir möchten Dein Bild, wie Du Dir denken kannst, gerne mit uns nehmen, wenn wir fortfahren.
Für die Grüße von Frau Eklundh und Herrn Lidén danken wir herzlichst und erwidern sie ebenso. Auch Astrid lassen wir grüßen. Wie geht es bei Dir mit dem Tanzen, darin warst Du ja immer groß. Spielst Du auch ein Instrument? Es wäre schade, wenn Du Deine große Musikalität nicht auswerten würdest.
Von Onkel Paul und Tante Nuny ist weiter nichts da, auch Tante Grete ist weg. Liebster Junge, bleib gesund, und Gott schütze Dich weiterhin. Viele tausend Grüße und Küsse, Dein Papa

26. September 1942
Liebster Junge, wir warten schon mit Ungeduld auf einen Brief von Dir und hoffen, dass er bald kommt und auch die versprochenen Fotos von Dir enthält. Ich weiß, dass Du jetzt sehr viel zu tun hast und Dir das Schreiben nach des Tages anstrengender Arbeit nicht leichtfällt, aber hoffentlich ist es Dir gelungen, einige freie Minuten zum Briefeabsenden an uns auszunutzen.
Du weißt ja nicht, was für eine Freude wir hätten, wenn uns der Brief noch rechtzeitig erreichte. Wir müssen nämlich in

ein paar Tagen übersiedeln. Wenn Du ohne unsere Nachrichten bleibst, dann nimm es Dir nicht zu sehr zu Herzen. Wenn es auch uns schwerfallen wird, Deine lieben guten Grüße und Briefe zu entbehren, so empfinden wir es bei der schweren Prüfung, die uns auferlegt ist, als Gnade des Himmels, dass Du, unser liebes Kind und einziger Schatz, gut aufgehoben bist und es Dir gut geht. Und unsere Gebete gipfeln in dem einen heißen Wunsche, dass Gott Dich auch weiterhin schützen möge und uns alle der Gnade eines frohen und glücklichen Wiedersehens teilhaftig werden lasse.

Du bist als Kind von uns gegangen, und Dein liebes Gesicht, das wir damals vor fast vier Jahren mit dem Zug entschwinden sahen, ist uns im Laufe der schweren Jahre dennoch ein ständiger Begleiter. Wir haben Dich, mein liebster Bub, immer mit uns gehabt, und Du wirst auch weiterhin immer bei uns sein, so wie wir auch von Dir – wir sehen dies ja auch aus Deinen Briefen – nicht vergessen sein werden.

Jetzt bist Du schon ein halber Mann, Du hast es frühzeitig gelernt, auf eigenen Füßen zu stehen. Du bist fleißig und arbeitsam und Gott sei Dank auch nicht dumm. Vor allem aber, mein lieber Junge, bist Du anständig, und ich habe die Überzeugung, dass Du nicht zuletzt aus diesem Grunde überall beliebt bist. Dass Du brav und anständig bleiben wirst, davon bin ich überzeugt, ich hoffe, Du wirst diesen geraden Weg auch weiterhin nicht verlassen.

Wir nehmen auf unseren schweren Weg das Gefühl der Beruhigung über Dich mit, und unser Gottvertrauen wird uns schon weiterhelfen.

Wenn Du eines Rates bedarfst, wende Dich an Frau Eklundh, der ich ebenfalls schreibe und die Dir auch bisher so sehr zur Seite gestanden ist. Auch mit Herrn Edling will ich noch sprechen. Eventuell kannst Du Dich mit Onkel Karl in Verbindung setzen. Seine Adresse in Stockholm hast Du ja: Sandelsgatan 40.

Liebster Junge, wir sind nicht traurig, und Du sollst es auch nicht sein. Wir hoffen, wieder einmal zusammenzukommen und ein frohes Wiedersehen zu feiern. Bleib nur gesund, und Gott schütze Dich, Du lieber Junge, weiter. Ich umarme Dich und küsse Dich viele tausend Mal, Dein treuer Papa

Liebster Junge, ich hoffe, dass uns noch vor unserer Abreise ein Brief von Dir erreicht. Vielleicht wird doch eine Verbindung möglich sein. Ich hoffe und bete zu Gott, dass wir alle gesund bleiben und uns wiedersehen werden. Papa und ich sind wie immer hoffnungsvoll, denn wir haben nur einen heißen Wunsch, mit Dir, unserem Einzigen, wieder zusammenzukommen. Ich weiß, dass Du ein guter und braver Junge bist, und wir denken immer und immer an Dich. Bleib gesund, mein Liebstes. Ich umarme und küsse Dich 1000 Mal, Deine treue Mutti

Begriff Otto, dass es ein Abschiedsbrief war?

Lass Deine Musikalität nicht brachliegen, Otto. Auch wenn wir Dir in Zukunft nicht schreiben können, sind wir in Gedanken bei Dir. Bleibe auf dem geraden Weg und lebe ein anständiges Leben. Wir sind nicht traurig. Du sollst es auch nicht sein.

Am 2. Oktober 1942 bestiegen Josef und Elise Ullmann, Gefangene Nummer 1110 und Nummer 1111, den Transport IV/12 von Wien, Bestimmungsort Theresienstadt in der Tschechoslowakei.

Aus Opole hatte man seit vielen Monaten nichts gehört. Am 24. Oktober 1942 begaben sich vierhundert Polizisten mit Unterstützung ukrainischer Kräfte hinter die Gettomauern. Sie zwangen die Bewohner aus den Häusern und nahmen eine Selektion vor. Eine kleine Gruppe junger Menschen sowie Personen mit speziellen Berufskenntnissen wurden ausgewählt und in das Arbeitslager von Poniatowa überstellt. Die anderen mussten zum Bahnhof Nałęczów marschieren, wo Viehwaggons warteten. Den Rest wissen wir.

Danach blieben etwa fünfhundert Menschen übrig.

Paul? Tante Nuny?

Sicher ist nur, dass die Insassen, die nicht in die Todeszüge gezwungen wurden, die zurückgelassenen Habseligkeiten zusammentragen, dass sie die Kleidung, Toilettenartikel und persönlichen Erinnerungsstücke sortieren und danach dafür sorgen mussten, dass alles zur Aufbewahrung nach Lublin kam. Danach wurden sie erschossen.

Einige Namen, die in die Geschichte aufzunehmen sind, einige Menschen, ihre Worte, ihre Taten. Ihr Schweigen:

Ein Geistlicher in Berlin. Der SS-Offizier Gerstein. Und der schwedische Erzbischof Erling Eidem.

Im November 1942 nahm Kurt Gerstein Kontakt mit Otto Dibelius in Berlin auf. Sie kannten sich seit Langem, der Geistliche hatte Gersteins Trauung vorgenommen und Mitglieder seiner Familie beerdigt. Nun verlangte es den SS-Offizier nach einem Gespräch mit seinem Seelsorger.

Dem Mitglied des Leitungsgremiums der Bekennenden Kirche und späteren Bischof Dibelius war es unbegreiflich, wie ein tiefgläubiger Christ der SS beitreten konnte, doch gab es dafür eine Erklärung. Die Schwägerin Gersteins hatte man in eine Nervenklinik eingewiesen, und dort war sie unter ungeklärten Umständen gestorben. Als Gerstein dem Mord der Nationalsozialisten an psychisch Kranken auf die Spur kam, beschloss er, der SS beizutreten, um herauszufinden, was tatsächlich im Gange war. Als er es erfahren hatte, blieb er dennoch dabei. Weil jemand aus dem Innern als Zeuge auftreten müsse, wie er Dibelius erklärte.

Im November kam es also zu ihrer Begegnung.

Kurt Gersteins Arbeitsaufgaben hatten darin bestanden, für bessere hygienische Bedingungen in den Konzentrationslagern zu sorgen. Er konstruierte auch Anlagen für die Entlausung von Soldaten an der Front. Als sein technisches Können bekannt wurde, bediente man sich seiner, um das Morden mit Gas effektiver zu gestalten. Man erteilte ihm die Aufgabe, einen der Bestandteile des Giftgases zu beschaffen: Blausäure. Während einer Informationsreise nach Bełżec in Polen hatte er dann erfahren, wovon er nun berichten musste.

Dibelius hörte zu.

Der Ort. Die vielen Fliegen. Der Zug. Das Entkleiden. Die Peitschen. Der Dieselmotor. Danach: das Suchen nach versteckten Gold in den Körperöffnungen der Leichen. Am 18. August 1942.

Gerstein hatte bereits einem schwedischen Diplomaten bei einer zufälligen Begegnung alles erzählt und seine Angaben mit Dokumenten belegt, weil er wollte, dass die schwedische Regierung etwas unternahm. Und er gab nicht auf. Er erzählte immer wieder davon, informierte insgesamt etwa einhundert Menschen, bevor er sich 1945 das Leben nahm. Jetzt aber erzählte er es also dem späteren Bischof Dibelius, und dieser seinerseits erkannte, dass Gersteins Ziel war, dieses Wissen zu verbreiten, um dem Morden ein Ende zu setzen.

Nun wusste auch der Geistliche Bescheid. Doch konnte er selbst nicht an die Öffentlichkeit gehen. Er konnte auch zu niemandem Kontakt aufnehmen, der als Feind Nazideutschlands galt. Er musste die Information an einen neutralen Partner weiterleiten, der sie seinerseits verbreitete, jemand, der das Vertrauen seiner Umwelt genoss, in einer Position, die Respekt einflößte.

Da betrat der schwedische Erzbischof Eidem die Bühne. Er besuchte Berlin, um an der Einführung eines neuen Pastors in der schwedischen Gemeinde teilzunehmen, und traf wie üblich auch mit seinem alten Freund Dibelius zusammen.

Erling Eidem schien der Richtige zu sein. Aus einem Land, das keiner der kriegführenden Seiten angehörte. Ein Mann, dem seine Regierung Gehör schenkte. Ein tiefgläubiger Christ in einer Position, die die Leute zuhören ließ, wenn er sprach. Dibelius erzählte alles, was er erfahren hatte.

Erzbischof Eidem war tief betroffen. Jedoch. Er war seiner Frömmigkeit mehr ergeben, als Dibelius geahnt hatte.

In Eidems Welt war Politik der Gegensatz zu christlichem Glauben und irgendwie unrein. Er betrachtete sich als demütigen Diener Gottes, und obgleich er in der schwedischen Kirche den höchsten Posten innehatte, vermochte er sich nicht als Machthaber zu sehen. In der öffentlichen Arena hatte er nichts zu schaffen, das weltliche Dasein war nicht das seine. Hätte er sich selbst in der Welt definieren sollen, hätte er vermutlich geantwortet, dass Gott alles, Erling Eidem hingegen nichts sei.

Als Kurt Gerstein und Otto Dibelius also ihre Hoffnung auf Eidem setzten, als sie glaubten, er würde in der Welt Alarm schlagen, unterlagen sie einem Irrtum.

Erzbischof Eidem ließ, was er erfahren hatte, auf sich wirken, und das prägte seine Worte in Berlin. Zunächst hielt er eine Rede während eines Essens der Deutsch-Skandinavischen Vereinigung, in der er die Gleichwertigkeit aller Menschen mit solcher Vehemenz unterstrich, dass den Anwesenden Tränen in die Augen traten. Wenige Tage darauf predigte er in Lützen mit ungewöhnlicher Intensität, betonte, dass Schweden und Germanen nicht mehr wert seien als andere Menschen und dass ein Regime, das auf Macht und Stärke beruhte, zum Untergang verurteilt sei. So kraftvoll war diese Rede, dass der schwedische Gesandte Arvid Richert sich anschließend gezwungen sah, die schwedischen Journalisten zu bitten, bei der Darstellung des Referats ein wenig Zurückhaltung zu üben, damit es den Nationalsozialisten nicht übel aufstieß. Eidem erwähnte jedoch nichts von dem Gehörten – weder vom Massenmord noch von der Leichenplünderung.

Wieder in Schweden, nahm der Erzbischof Kontakt zu einzelnen Personen auf, die zu Deutschland in Beziehung standen und von denen er glaubte, sie könnten Einfluss auf einen der Nazimachthaber ausüben.

Ein anderer hätte vielleicht anders reagiert – um ein Gespräch bei Repräsentanten der Regierung angesucht oder einen Kommentar für die Zeitung verfasst, vielleicht im Rundfunk gesprochen, Dinge in Bewegung gesetzt, für Empörung und Anteilnahme gesorgt. Nicht jedoch Erling Eidem. In seiner Welt, gemäß seiner Sicht auf sich selbst und seinen Glauben, gab es keine andere Alternative. Politik und Glauben waren zwei verschiedene Dinge und sollten es auch bleiben.

Von der Bühne tritt ab Erzbischof Erling Eidem, der Initiator von Ottos Rettung.

Ingvar hatte dem Verbot der Schule in puncto politische Veranstaltungen getrotzt und war in den schonischen Novemberabend hinausgegangen, um bei einer Zusammenkunft im Stadthotel von Osby Per Engdahl persönlich kennenzulernen.

Begeistert – so beschreibt er sich selbst rückblickend –, und Engdahl nennt er einen wahren Verführer. Rund fünfzig Anhänger hatten sich eingefunden, und als die Zusammenkunft beendet war, hatte Ingvar das Glück, nur eine Kaffeetasse von Engdahl entfernt zu sitzen. Es kam zum Gespräch, Stolz regte sich in dem, der sich wahrgenommen sah. Die politische Vision, an der er nun beteiligt war, strebte eine Gesellschaft an, in der sich das Individuum der »Gemeinschaft« und Nation unterordnete. Die Gesellschaft sollte in einzelne starke Interessengruppen aufgeteilt werden, und deren gewählte Führer sollten in aller Namen entscheiden. Kein allgemeines Wahlrecht, kein Staat, der für das Gemeinwohl verantwortlich zeichnete, nein, das Gegenteil von alldem: Korporatismus.

Von nun an lebte Ingvar Kamprad zwei Leben, mit zweierlei Loyalitäten. Einerseits gegenüber dem Hass predigenden Sven Olov Lindholm, andererseits gegenüber dem Faschistenführer Per Engdahl und seinem ein wenig akademischeren Erscheinungsbild.

Niemand kann sich mit Mangel an Informationen herausreden. Weder den Bauern in Ratarýd noch denen in Rottne fehlte ein Radio. Wer es wollte, wusste viel, wer nicht, wusste dennoch einiges. Man wusste genug. Und trotzdem drang der Schmerz erst jetzt durch. Denn selbst wenn nicht viele das Wort »Jude« schreiben wollten, wussten alle, wie man »Brudervolk« schrieb.

Am 26. November 1942 wurden über fünfhundert Norweger jüdischer Abstammung festgenommen und an Bord des im Osloer Hafen vertäuten Dampfschiffs *Donau* gebracht. Kurz darauf wurde ihr Hab und Gut auf einem Markt der Stadt versteigert. Wer in diesen Tagen den Meldungen von Sveriges Radio lauschte, bekam die Depesche der norwegischen Nachrichtenagentur über das Ereignis zu Gehör:

Das norwegische Judenproblem hat seine endgültige Lösung gefunden, indem sämtliche in Norwegen ansässige Juden, einschließlich Frauen und Kindern, an Bord eines deutschen 10 000-Tonners verbracht worden und an einen unbekannten Bestimmungsort abgefahren sind.

Nicht berichtet wurde, dass die norwegischen Frauen und Kinder bei ihrer Ankunft in Birkenau umgehend vergast wurden. Weitere Deportationen folgten. Insgesamt 763 norwegische Juden wurden festgenommen, 24 überlebten.

Die schwedische Bevölkerung erfuhr die Wahrheit, doch nicht die ganze Wahrheit, da die Presse gebeten worden war, die unternommenen Bemühungen an Flüchtlingshilfe zu verschweigen. Mehr als 900 norwegischen Juden war es gelungen, nach Schweden zu entkommen, wo sie sich versteckten oder man sie internierte. Schweden verfolgte eine Politik des Schweigens, und die Journalisten gehorchten.

Doch als Details der Deportationen bekannt wurden, reichte das aus, um jene Anteilnahme zu wecken, die weder die früheren Berichte über Verfolgungen und Selbstmorde noch die große Zahl von Anträgen auf Einreisegenehmigung hatten bewirken können. Jetzt wachten die Leitartikler auf. Jetzt hielten nationalistische Verbände Meetings zur Unterstützung der Norweger ab. Jetzt, als die Morde nur eine Grenze weiter lagen.

Aftontidningen schreibt:

Ein Schiff kommt beladen mit Menschen! Dieses Schiff symbolisiert einen kleinen Teil der großen Pein unserer Zeit. Was hier geschieht, ist dem nordischen Geist so fremd, dass die Fantasie sich kaum eine Vorstellung von all dem Leid zu ma-

chen vermag, das das Schiff in seinem Innern birgt, das dort draußen in den wütenden Herbstwellen der Nordsee auf sein dunkles Ziel zusteuert. Ein weiteres Mal ergreift einen tiefer Kummer über Norwegens Schicksal.

Und *Svenska Morgonbladet:*

> *Und dann traf zuletzt, als Tüpfelchen auf dem i, die Mitteilung ein, dass etwa tausend Juden als Gefangene nach Polen geschickt wurden. Man ist voller Bestürzung. Dass eine große Zahl unbescholtener Menschen, zunächst festgenommen und ausgeraubt, anschließend wie ein Haufen Sklaven zur Zwangsarbeit ins Ausland gebracht wird, ist ein so entsetzlicher Vorgang, dass man auch in seinen schlimmsten Träumen nicht hatte erwarten können, etwas Ähnliches könnte in einem nordischen Land, am allerwenigsten in einem so freiheitsliebenden und humanitätsbetonten Land wie Norwegen, geschehen.*

Göteborgs-Tidningen:

> *Es sind Menschen wie du und ich, die man auf diese Weise behandelt. Die aus ihrem Heim gerissen und aller Dinge beraubt werden. Die erleben müssen, wie sie selbst und ihre Kinder wie Vieh verladen werden zum Export auf den entsetzlichen Sklavenmarkt, errichtet von den Herren der ›Neuordnung‹ zur Befriedigung ihrer Rach- und Geltungssucht.*

Wachte Schweden nun vielleicht langsam auf, und schlug die Haltung der Menschen gleich plötzlichen Windböen um? Viele reagierten. Protestveranstaltungen wurden abgehalten. Nicht wenige Männer der schwedischen Kirche benutzten den Adventsgottesdienst vom 29. November, dem ersten Sonntag nach der Deportation, zu Predigten gegen Hass und Verfolgung. Der Dompropst von Göteborg zitierte vor der bis zum letzten Platz gefüllten Kirche das Lukasevangelium:

»Wo diese werden schweigen, werden die Steine schreien.«

Schöne Worte im dritten Jahr des Kriegs, dem siebenten seit Erlass der Nürnberger Gesetze.

Am 17. Dezember suchte der schwedische Legationschef in Berlin, Arvid Richert, den deutschen Staatssekretär auf und erklärte, die schwedische Regierung sei bereit, die restlichen norwegischen Juden ins Land zu lassen. Das aber kam nicht infrage.

Als *Dagens Nyheter* erfahren wollte, welches der Nachrichtenthemen des Jahres den größten Eindruck bei den schwedischen Lesern hinterlassen hatte, ließ die Redaktion eine große Umfrage starten. »Die Deportation der Norweger« lautete die Antwort selbstverständlich, und in der letzten Nummer des Jahres veröffentlichte die Zeitung Kommentare der Befragten. Ein junger Mann sagte:

»Habe die Judendeportationen an der Grenze aus nächster Nähe gesehen, werde das nie vergessen.«

Und ein anderer:

»Ich bin weiß Gott kein Judenfreund, aber mit solchen Abscheulichkeiten will ich nichts zu tun haben.«

Otto schuftete. Getreideernte im September. Danach sollten die Kartoffeln aus der Erde und die Tiere hereingeholt werden. Im November waren die Äcker zu pflügen und für die Frühjahrsaussaat vorzubereiten. Keinerlei Briefe trafen ein.

Er hielt Kontakt mit Mizzi, jetzt, wo kein anderer mehr da war. Sie fand heraus, dass man Pepi und Elise nach Theresienstadt deportiert hatte.

Die Deutschenfreunde auf dem Hof Sjögård ließen sich mit jeder gewonnenen Schlacht lauter vernehmen, und in den Misserfolgen sahen sie eine vorübergehende Erscheinung. Kein Zweifel bestand, dass der Endsieg kommen würde, auch nicht darüber, wer sich auf dem Hof auf der richtigen Seite wähnte. Nicht einmal, als die Sowjettruppen gegen Stalingrad vorstießen, zweifelten sie.

Otto war Knecht. Zorn brannte unter der Haut, alles, was er ihnen direkt ins Gesicht sagen wollte, lag fertig formuliert bereit, aber er schwieg. Sammelte. Speicherte. Wurde zum Druckkessel.

Die Freunde waren in Kärrnäs. Weihnachten, Neujahr, die Winterarbeiten – alles kam und ging. Er dachte lange und innig an Lisl und Pepi und mühte sich, es nicht zu tun.

Dann kam der letzte Januartag, und der Nachrichtensprecher berichtete, dass die sechste deutsche Armee bei Stalingrad den Kampf eingestellt hatte. Ein paar Tage später, am 2. Februar, die Nachricht von der endgültigen Kapitulation. Bauernfamilie und Knechte saßen, das Radio eingeschaltet, um den Abendbrottisch versammelt, als sie es hörten. Auch Otto.

Ließ sich eins vom anderen trennen – Trauer, Strafe, Rache, Tränen?

Brodeln. Die Oberfläche barst. Otto sprang vom Stuhl auf und schrie, klatschte in die Hände, konnte unmöglich still bleiben. Er wusste, einige der anderen würden erbost, enttäuscht sein, doch er tanzte. Jubel stieg auf in Sjögård, Rataryd, Småland. In Otto Ullmann.

Lasst uns unseren Schmerz synchronisieren.

Ein paar Wochen später kam das erste Lebenszeichen seit einem halben Jahr.

Absender Elise Ullmann
Theresienstadt (Protektorat), Q 507 Post Bauschowitz
23. Februar 1943
Liebster, bester Junge, wir sind schon lange ohne Nachricht von Dir, beten aber zu Gott, dass Du gesund und wohlauf bist, was wir auch von uns melden können. Ich hoffe, Du hast meinen Brief, den ich von hier aus schrieb, erhalten, und erwarten sehnsüchtig täglich ein Schreiben von Dir. Wie geht es Mizzi? Gib ihr unsere Adresse, sie soll uns auch schreiben. Ihr könnt uns auch schreiben, wenn Ihr keine Antwort bekommt, denn die Post ist hier sehr überlastet, es kommen aber alle Postsendungen in Ordnung an. Hoffentlich trifft Dich unser Schreiben bei bestem Wohlbefinden an. Vielleicht kannst Du uns auch ein Bild von Dir schicken? Tausend Küsse, Deine Mutti

Über Theresienstadt war gesagt worden, dass es ein einigermaßen guter Ort sei, dass man dort leben könne. Jemand hatte sogar das Wort »Paradies« nennen hören. Vor dem Zugfenster hatten sie die tschechische Landschaft mit ihren tiefgrünen Wäldern gesehen, den kleinen braun verputzten Dörfern und den noch immer roten Äpfeln an den Bäumen.

Lisl und Pepi stiegen zusammen mit all den anderen in Bauschowitz aus. Jugendliche mit dem Davidstern auf weißer Armbinde verluden die Koffer auf Lastwagen. Gehbehinderte durften ebenfalls mitfahren, während die restlichen Gefangenen ihr Handgepäck in einer langen Menschenkolonne durch schmucke Wohnviertel in Richtung der alten Festungsanlage trugen. Auch sie war schön. Dort aber durften sie nicht haltmachen, mussten vielmehr weitermarschieren, der Weg erschien ihnen unendlich, bis sie zu ein paar Baracken kamen, vor denen Uniformierte warteten. Es folgte die Durchsuchung. Jede Tasche, jeder Saum wurde kontrolliert, alle Koffer, sämtliches Gepäck. Medikamente, Scheren, Rasierklingen, Schokolade, Kekse, Thermosbehälter mit Cognac – alles wurde gestohlen. Manche Gefangene erhielten ihre Koffer zurück, andere nicht. Dann weiter, in Räume, wo sie auf dem Boden schlafen mussten.

Als Pepi und Lisl in Theresienstadt ankamen, waren dort circa 55 000 Menschen gefangen. Es gab 219 Häuser und die Baracken. Die Menschen schliefen überall, Männer für sich, Frauen und Kinder für sich. Schwangerschaften waren verboten.

Das Lager wurde von Männern geleitet, die der SS angehörten, die meisten Österreicher, und ihnen unterstand der Judenrat. Zeitweise waren Briefe und Paketsendungen gänzlich untersagt, und die Gefangenen wurden hart bestraft, wenn sie mit der Außenwelt kommunizierten.

Der Judenrat organisierte verschiedene Betätigungen: Frauen kümmerten sich um die Alten. Männer gehörten der jüdischen Polizei an. Eine Bäckerei, eine Suppenküche. Rauchen war verboten, doch wurden Zigaretten geschmuggelt oder gerollt aus getrockneten Kastanienblättern oder Tee. Es gab eine Krankenstation.

Keinerlei Dokumente sind erhalten, die erzählen könnten, was Elise und Pepi dort taten oder wie sie durchhielten. Aber die Fakten sprechen für sich. Die Wasserleitungen waren alt und mangelhaft, bei Frost barsten die Rohre. Über hundert Menschen gingen auf einen Abtritt. Läuse. Abnehmende Lebensmittelrationen. Es genügte der Ausbruch einer einfachen Kinderkrankheit, und Hunderte waren tot. An einem normalen Tag konnten neun Männer gehängt werden, weil sie die deutsche Ehre verletzt hatten.

Der Postverkehr für die Einwohner Theresienstadts ist unter folgenden Bedingungen zugelassen:

1. Höchstens drei Postkarten im Monat. Diese sind auf Deutsch in deutlicher Schrift zu verfassen, wenn möglich in Druckschrift mit Großbuchstaben oder in Maschinenschrift.

2. Die Postkarte ist mit der genauen Adresse des Empfängers in Theresienstadt zu versehen und unfrankiert in ein Kuvert mit folgender Adresse zu legen: Reichsvereinigung der Juden in Deutschland, Berlin-Charlottenburg 2, Kantstr. 158. Die Vereinigung wird den weiteren Transport der Post erledigen.

3. Es ist obendrein erlaubt, einmal im Monat ein Geschenk in Form eines Postpaketes zu senden, Höchstgewicht ein Kilo und ohne schriftlichen Zusatz. Dieses ist an den Empfänger in Theresienstadt direkt zu senden.

4. Postkarten und Pakete können nur an Bewohner Theresienstadts gesendet werden, die ihre Adresse persönlich bestätigt haben.

5. Die Einhaltung der Vorschriften hat penibel zu erfolgen, um die Gefahr von Verstößen und damit eine Einwirkung auf den Postverkehr zu vermeiden. Juli 1943. Reichsvereinigung der Juden in Deutschland

Die Regeln wurden unaufhörlich geändert. Mal durfte man keine Pakete empfangen. Mal durfte man vier Postkarten im Halbjahr schreiben. Zunächst wurde die Schreibschrift verboten, und nur Großbuchstaben in Druckschrift durften verwendet werden. Später wurde die Schreibschrift genehmigt, danach wieder verboten. Alle Briefe wurden kontrolliert.

Pepi und Elise teilten ihre erlaubte Post zwischen ihrer treuen Mizzi und Otto in Schweden auf. Mizzi hielt auch den Kontakt zu Otto aufrecht, mit einfachen, alltäglichen Briefen, und sie tat, was sie konnte, um Lebensmittelpakete an die Inhaftierten zu schicken.

Absender Elise Ullmann
Theresienstadt L 215 Protektorat
3. Juli 1943
Liebster, bester Junge, vor allem unsere innigsten Wünsche zu Deinem Geburtstage. Mögen alle Deine Wünsche in Erfüllung gehen. Gott schütze Dich weiter und lasse Dich gesund bleiben, das ist unser tägliches Gebet. Deine beiden Karten haben wir mit großer Freude erhalten, gottlob ist bei Dir alles in Ordnung. Für Deine lieben Geburtstagswünsche an mich und Papa vielen Dank. Wir sind gesund und gedenken Deiner täglich in unendlicher Sehnsucht. Schreib uns, wenn Du auch nicht so rasch Antwort erhältst. Postsendungen aller Art kommen hier in Ordnung an. Die Grüße von Frau Eklundh und Familie Andersson erwidern wir auf das Herzlichste.
Dir, liebster Junge, weiterhin alles, alles Gute, bleib gesund, innigste Grüße und Küsse von Papa und Deiner Mutti
Elise Ullmann

Das Zentralamt war jener Bereich des Allmänna Säkerhetstjänsten, der Post kontrollierte und zensierte. Man öffnete über Dampf, schrieb ab und klebte wieder zu.

Als Teil der Überwachung extremistischer Organisationen wurden die Briefkästen der schwedischen Nationalsozialisten regelmäßig durchkämmt. Ein- und ausgehende Post an das Parteibüro in Stockholm wurde inspiziert – sowohl was die Mutterpartei sss als auch ihre Jugendorganisation, die Hardliner Nazistisk Ungdom, anging.

Im Laufe des Frühjahres traf eine Reihe Streifbandsendungen ein, die man unter die Lupe nahm. Es erwies sich, dass sie die Zeitung *Rätt* (Recht) enthielten, herausgegeben von der Nazistisk Ungdom. Einer der Empfänger war Ingvar Kamprad in Elmtaryd. Einer Anlage in Ingvars Akte bei der Sicherheitspolizei ist zu entnehmen, dass die Zeitung *Rätt* nur an Personen innerhalb der Bewegung ging, die »eine Art Funktionärsstellung« innehatten.

Im Mai sollte Ingvar in der Osbyer Gesamtschule seine mittlere Reifeprüfung ablegen. Im selben Monat stellte die Polizei fest, dass er einen Kameraden für die Nazistisk Ungdom geworben hatte. Auf den Mitgliedsantrag hatte Ingvar eigenhändig geschrieben:

»Ich besuche zurzeit eine Schule, bei der Geheimhaltung vonnöten ist. Doch kann ich berichten, dass wir trotz dieser Schwierigkeiten mit einem Druckereibesitzer abgesprochen haben, das von Euch gesandte Propagandablatt *Wie gedenken die Bolschewisten in Schweden zu morden?* in etwas veränderter Form zu drucken.«

Im Herbst begann Ingvar ein Studium am Göteborger Handelsinstitut. Vielleicht erwog er, den extremeren Nazismus der Lindholmer zugunsten der Svensk Opposition und des bewunderten Per Engdahl aufzugeben. Zerschnitt jedoch noch keine Bande, knüpfte aber neue.

Als Per Engdahl im September eine Vortragsreise in

Göteborg startete, war Ingvar als Hilfe und Unterstützung zur Stelle. Da der Faschistenführer Probleme mit dem Augenlicht hatte, benötigte er einen Assistenten, und Ingvar wurde derjenige, der ihn begleitete, vom Bahnhof zu den Versammlungsräumen und wieder zurück. Manchmal legten sie eine Pause in Bräutigams Konditorei ein, und Ingvar las seinem Idol Engdahl laut aus den Zeitungen vor, der sich die Meldungen einprägte und kommentierte.

Wenn die Deportation der norwegischen Juden die schwedische Öffentlichkeit auch aufgerüttelt hatte, so änderte sich doch erst jetzt, ein Jahr später, die schwedische Flüchtlingspolitik in der Praxis.

In Dänemark planten die Nazis, sämtliche Dänen jüdischer Abstammung nach Theresienstadt zu deportieren, doch ein oder mehrere Verantwortliche beschlossen, die Information über die geplante Razzia im Voraus durchsickern zu lassen. Die dänische Widerstandsbewegung reagierte nach Absprache mit Schweden unmittelbar, und mehr als 7000 Menschen wurden nachts mit Fischerbooten über den Sund geschafft.

Ingvar. Und die Reithosen.

Sein Vater trug sie. Sie waren weit, mit extra viel Stoff um die Schenkel, schmal auslaufend, geknöpft oder gebunden um die Wade, damit sich die glänzenden Stiefel leicht überziehen ließen. Auch Ingvar hat sie getragen, lässt man mich wissen, obgleich ich nicht danach frage.

»Er ist auf dem Hof in Reithosen herumstolziert. Genau wie sein Vater.«

Man sagt in der Gegend, alle hätten ja wohl gewusst, dass die Kamprads Nazis waren. Man sagt auch, sie seien vornehme Leute gewesen, Gutsbesitzer, Deutsche, und ihr Wort sei Gesetz gewesen. Doch ist alles, was gesagt wird, auch wahr?

Reithosen trugen jene, die sich für etwas Besseres hielten.

Barone, Aufseher, Inspektoren, Offiziere, Waldhüter, Piloten, Chauffeure, Motorradfahrer und Reiter. Man konnte sie die ganzen Fünfzigerjahre über sehen.

Ingvar schlenderte die meiste Zeit durch die Göteborger Straßen um das Handelsinstitut, und deshalb dauerte es eine Weile, bevor er erfuhr, dass man auf dem heimischen Hof einen jungen Mann namens Otto eingestellt hatte, als Knecht oder Landwirtschaftslehrling – wie er auf dem Papier genannt wurde.

Ingvars jüngere Schwester, Kerstin, indes erinnert sich.

Der Morgen ist mild, Dunst liegt über Gras und Maulwurfshügeln.

Kerstins Haus steht frisch gestrichen unweit des Dorfs, und sie wartet in der Küchentür. Ein Stuhl ist am Tisch bereits vorgezogen, wo wir sitzen werden. Kein Kaffee, kein Glas Wasser, aber freigebig mit Reden.

Das Fotoalbum wird aufgeblättert, und die mir gegenübersitzende achtzigjährige Frau mit der hohen Stirn und den klaren Augen begegnet mir zugleich als Mädchen auf den schwarz-weißen Kindheitsbildern. Weizenblondes Haar, ausgeblichen in der Sonne der Vierzigerjahre. Seitenscheitel, Leiterwagen, Fliederbüsche.

Ihr großer Bruder Ingvar steht ebenfalls dort. Er blickt in die Kamera, die die Zeit festhielt und den Jungen bewahrte, der alt und der reichste Mann Schwedens geworden ist, seit die Aufnahme gemacht wurde.

Und Papa Feodor, Mama Berta und Großmutter Fanny. Dort stehen sie auf dem Schotterplatz. Vor dem Haus aus Stein. Auf der Treppe. Zusammen. Jeder für sich.

KERSTIN K. JOHANSSON: Ich erinnere mich deutlich, so als wäre es gestern gewesen.

ELISABETH ÅSBRINK: Wie alt warst du da?

KERSTIN K. JOHANSSON: Da muss ich dreizehn gewesen sein. Verstehst du, Otto war Knecht in Kärrnäs. Er wohnte bei dem Pächter dort, ich erinnere mich nicht mehr, wie die Leute hießen. Und Kärrnäs war zu klein, dort gab es nicht genug Arbeit. Da sagte jemand zu Otto, wer es war, weiß ich nicht, aber sie sagten: Geh bei Kamprads vorbei, dort spricht man Deutsch. Also kam er her und fragte nach Arbeit. Sie haben in der Küche gesessen.

ELISABETH ÅSBRINK: Warst du dabei?

KERSTIN K. JOHANSSON: Ja sicher. Er kam her und erzählte von sich, von seiner Familie, von Wien, wer er war. Und

Papa, der sah richtig missmutig aus. Er schaute Mama an und sagte: Njaa … (Kerstin macht eine Pause, so als dächte sie zurück, und wiederholt dann das Zweifeln ihres Vaters.) Njaa … So sagte er. Und schaute Mama Berta an. Und Mama schaute zurück. Ihr Blick konnte streng sein, ich erinnere mich an diesen Blick – und dann sagte sie: »Also Feodor. Er ist doch bloß ein Kind.« Und damit hatte sich die Sache.

ELISABETH ÅSBRINK: Glaubst du, sie hat begriffen, was dein Papa sagen wollte? Woran er dachte?

KERSTIN K. JOHANSSON: Ja.

ELISABETH ÅSBRINK: … dass er Einwände hatte, weil …

KERSTIN K. JOHANSSON: … Otto Jude war.

ELISABETH ÅSBRINK: Und du, hast du auch begriffen, was Feodor meinte?

KERSTIN K. JOHANSSON: Ja sicher. Aber Mama sagte »Feodor« und sah ihn mit diesem speziellen Blick an. »Er ist doch bloß ein Kind.« Und so kam es, wie es kam. Ich habe es nicht vergessen.

Weißt du, mein Papa mochte keine Juden. Er mochte sie einfach nicht, verstehst du? Und das ist eine lange Geschichte. Die handelt davon, dass seine Familie in Deutschland große Ländereien hatte, und ihr Anwalt, das war ein Jude, und dann ging alles verloren. Und das war die Schuld dieses Juden. Das saß tief, und das hat er von meiner Großmutter Fanny übernommen.

ELISABETH ÅSBRINK: Was hast du von Otto gedacht?

KERSTIN K. JOHANSSON: Ich erinnere mich, dass Otto von kleiner Statur war und so schmal. Und dass er eine große Nase hatte.

Ich wusste ja nicht, was ein Jude war. Der Cousin meiner Mutter hatte eine Jüdin geheiratet, und eines Tages kamen sie zu Besuch. Mama bat mich, zu Vater zu laufen und ihn zu holen. Ich rannte, so schnell ich konnte, und rief ihm zu: »Komm, komm schnell! Da drinnen ist ein Zigeunerweib!«

Ich hatte zuvor noch nie jemanden gesehen, der so dunkel war, und ich wusste ja nur, dass man Zigeunern nicht trauen konnte.

So kam es, wie es kommen musste. Otto Ullmann wurde als Knecht auf Elmtaryd eingestellt. Er wohnte in der Gesindekammer im ersten Stock des Pächterhauses, mit Aussicht auf seinen Arbeitsplatz, den hundert Meter langen Stall.

Zu tun gab es genug. In der Familie von Kamprads Stallknecht war jemand an Tuberkulose erkrankt, und er musste freinehmen, also hatte Otto an seine Stelle zu treten. Der Monatslohn betrug 125 Kronen bei freier Kost und Logis.

Frühmorgens zum Melken, damit das Milchauto die gefüllten Kannen um Viertel nach sieben abholen konnte. Kriegsjahre, Verdunklungszeiten. Wenn Otto am Morgen zum Stall ging, musste er die Taschenlampe auf den Boden richten, damit kein Licht hinausdrang. Anschließend Holz und Wasser holen. Danach Frühstück mit der Familie. Und so verlief der ganze Tag, bis ihn die Müdigkeit am Abend beendete.

Otto war achtzehn Jahre alt. Bloß ein Kind, hatte Berta gesagt. Vielleicht war es sein schmächtiger Körperbau, vielleicht sein Erzählen über die einsame Reise, die sie gerührt hatten. Oder es war ihr Wunsch, Gutes zu tun, der entscheidend war. Berta Kamprad war beim Roten Kreuz aktiv, hatte sich um Kriegskinder aus Finnland gekümmert. Jetzt war es Otto, der einen Weg zu ihrem Herzen fand. Immer diensteifrig und flink, bereit zu tun, worum sie ihn bat.

Feodor, der Gutsherr, der keine Juden mochte, registrierte ihre Zuneigung. Kerstin, das kleine Mädchen, sah sie ebenfalls, und als Ingvar in den Sommerferien heimkam, bemerkte auch er sie.

Einfach zu gut, sagt man heute über Berta in der Gegend. Auch danach habe ich nicht gefragt, bekomme es dennoch zu hören. Ein Engel, sagt man über Berta Kamprad. Und ihr Sohn Ingvar stimmt zu. Die Gütigste von allen. Sie schloss Otto in ihr Herz. Warum, frage ich, als wir darüber reden. Weil meine Mutter eben so war, antwortet Ingvar. Die Güte in Person.

Es gab etwas an ihr, das es Otto möglich machte, sich ihr anzuvertrauen. Sie hörte zu, geduldig, genau, mit festem Blick. Und Otto erzählte. Von Pepi, intelligent und respektiert von allen, mit unzähligen Freunden und Kontakten auf der ganzen Welt. Von Lisl, stets bereit, an andere zu denken, erst danach an sich, von ihrer liebevollen, gewinnenden Art. In Bertas Küche im Hof von Elmtaryd wurde der Verlust lebendig, Josef und Elise standen leibhaftig vor ihnen, so strahlend und gut, wie man nur werden kann im Licht vieler Jahre einsamer Sehnsucht.

Am Abend ging es wieder ans Melken. Eimer wurden hinaufgetragen zu Großmutter Fanny, die sie an die Haushalte verteilte. Ist sie Otto jemals begegnet, haben sie Deutsch miteinander gesprochen? Soweit sich Ingvars Schwester Kerstin erinnert, hatten sie nie miteinander zu tun.

Jedenfalls brauchte man auf Kamprads Hof mit dem Essen nicht zu geizen, trotz Krieg und Rationierung. Sie hatten Milch, und daraus machte Berta Butter und Käse, sie hatten Hühner, also waren Eier vorhanden, und andere Tiere im Stall, also gab es Fleisch. Der See lieferte Barsche und Zander, so viel sie nur wollten.

Otto war in sein siebentes Zuhause gekommen. Wie hatte man damals, im Herbst 1938, auf der Karteikarte der Schwedischen Mission in der Seegasse vermerkt? »Anpassungsfähig«. Kinderheimkinder haben etwas Besonderes. Es heißt, sie lächeln öfter als andere.

Nichts war mehr in Ordnung. Die Briefe trafen wild durcheinander ein, wenn sie überhaupt eintrafen. Wer weiß, wie viele unterwegs hängenblieben, gestohlen, weggeworfen wurden oder ganz einfach abhandenkamen.

Post aus Theresienstadt ging als Erstes zur Zensur nach Berlin, und nun erhielt Otto eine Nachricht, die mehrere Monate unterwegs gewesen war. Obgleich man sie bereits im Januar 1944 geschrieben hatte, zeigt der Stempel, dass sie Berlin erst im April erreichte. Danach muss es eine weitere Zeit gedauert haben, bevor sie auf dem Hof Kärrnäs in Pjätteryd ankam, von wo aus man sie nach Elmtaryd an Otto weitersandte.

Absender Elise Ullmann
Bahnhofstraße 15, Theresienstadt
Post Bauschowitz, Protektorat
3. Januar 1944
Mein liebster Junge, wir vermissen seit zwei Monaten Deine Nachricht. Deine letzte Karte vom September haben wir Dir schon bestätigt. Wir hoffen Dich aber wohlauf und gesund und rechnen, bald Post von Dir zu bekommen. Im Kreis Deiner Freunde in Kärrnäs fühlst Du Dich ja wohl, und auch wir sind Gott sei Dank gesund. Mizzi schrieb uns, dass sie Post von Dir hatte. Nachträglich Dir sowie Deinen Leuten, vor allem den Familien Eklundh und Andersson, alles Schöne zu den Feiertagen. Du, liebster Junge, bleib gesund, schreib bald – alle Postsendungen kommen an –, und Gott schütze Dich weiter.
Viele tausend Küsse und Umarmungen von Papa und Mutti
Elise Ullmann

Die Zeit war aus dem Takt. Der Postverkehr, die Zensur, die Hochgeschwindigkeitsmaschinerie für Mord – nichts ließ sich länger ermessen. Alles hing ab von Hunger, Kälte, Bedrohung, dem Grad an Hoffnung oder Hoffnungslosigkeit. Denkbare Gebete galten der nächsten halben Stunde.

»Alle Postsendungen kommen in Ordnung an«, schrieb Elise an Otto. Gerade diese Wörter bildeten einen Satz, der sich auf mehreren der handgeschriebenen Postkarten, die ihren Weg aus dem Lager fanden, wiederholen sollte. Ein Rätsel.

»Alle Postsendungen kommen in Ordnung an.« Womöglich meinten sie, Lebensmittelpakete könnten sie in Tagen des schlimmsten Hungers erreichen oder Medikamente in Zeiten von Krankheit. Oder dass Kleidung benötigt wurde, um an dem grimmigen, ungeheizten Aufenthaltsort zu überleben.

Pepi und Elise wussten natürlich, dass man die Briefe kontrollierte und sie die Worte kaschieren mussten, damit sie ihrer Botschaft nicht verlustig gingen. Sie vertrauten der Pfiffigkeit ihres Sohns. Ob Otto verstand, ist nicht sicher, doch korrespondierte er mit seiner lieben Mizzi, die sich bemühte, an Lisl und Pepi Pakete zu schicken, sooft die Behörden es gestatteten.

Man würde wünschen, dass jene SS-Leute und Häftlinge, die die Post verwalteten, nicht gestohlen haben. Man würde wünschen, dass das Rote Kreuz Theresienstadt tatsächlich einer Prüfung unterzogen hätte, als seine Repräsentanten im Sommer 1943 das Lager besuchten. Stattdessen fand nur eine scheinbare Inspektion statt, und der Rote-Kreuz-Bericht pries das Leben im Gefängnis als vorbildlich.

Man würde wünschen, dass Elise und Pepi um Waffen gebeten hätten zur Organisation eines bewaffneten Aufstands. Doch kann man weder wissen noch verurteilen. Kann sich nur in Erinnerung rufen, dass sie friedfertige Menschen waren, Fußball, die Oper und einander liebten und vermutlich das unendlich alte Wissen in sich trugen, das Menschen gefährdeten Ursprungs sich selbst und einander zu allen Zeiten des Hasses und der Verfolgung gesagt hatten: Ein Halm, der sich im Winde biegt, bricht nicht.

Ja, fass das jetzt nicht falsch auf, aber ich habe mich verguckt«, sagt Ingvar Kamprad fünfundsechzig Jahre später.

Als das Semester für die Studenten des Göteborger Handelsinstituts beendet war, fuhr Ingvar heim, das war in den Ferien bei Grundbesitzerkindern üblich. Der Hof brauchte stets Arbeitskräfte, nicht nur die Tiere, auch der Ackerboden erforderte das Seine. Da hörte er von dem neuen Knecht. Sie begegneten einander.

Man kann sich eine Reihe Szenen ausmalen, die sich ereignet haben könnten. Ingvar war achtzehn Jahre alt, und der zweifach engagierte Nazi – Sohn eines Judenhassers und Enkelsohn einer Hitlerenthusiastin – kam nach Hause und fand dort den ein Jahr älteren Otto vor.

Doch Ingvar hat sich verguckt. Freundschaftsgefühle, Gefühlsfreundschaft. Otto und Ingvar. Ingvar und Otto.

Es war stets leichter, im Sommer Knecht zu sein, es war schön, sich draußen aufzuhalten, herrlich, baden zu gehen, jetzt aber machte es auch richtig Spaß. Dass Ingvar nun Ottos Freund war, gab den Tagen Raum für Albernheiten und Regelbrüche, für geteilte Träume von Mädchen und Liebe.

Ingvars drei Cousinen Stina, Margareta und Inga-Britt kamen in den Ferien zu Besuch und wohnten auf einem Hof in der Nähe. Waren Ingvar und Otto fertig mit der Schinderei, gab es die Mädchen dort. Otto wusste nicht, welche ihm am besten gefiel; Stina oder Margareta. Sie besaßen Pferde, und die jungen Leute ritten gemeinsam aus. Sie machten Badeausflüge mit Picknick. Spielten und scherzten miteinander, Sommerspiele, Jugendspiele.

Otto und Ingvar arbeiteten zusammen. Kümmerten sich um den Stall, melkten die elf Kühe und misteten aus. Abwechselnd stiegen sie auf den Schober hinauf, um Heu zu holen, mal war der eine oben und warf es hinunter und der andere verteilte es an die Tiere, mal war es umgekehrt. Sie säuberten die Gräben auf Feodors Land. Ruderten nachts auf den See hinaus, um Aale zu fangen.

In Oshult und Bråna Backar lockten die Tanzböden – doch bevor sie die Fahrt dorthin mit dem Rad antraten, wollten sie etwas intus haben. Ingvar sorgte für ein Paar Weinballons, und zusammen tüftelten sie ein Rezept für ein Getränk aus, das sie Brabbel tauften. Als Zutaten nahmen sie, was vorhanden war; zerquetschte Kartoffeln, Weizen und Zucker. Sie stahlen Honig aus Mutter Bertas Bienenstöcken und taten auch den hinzu. Dann stand alles hinter dem Stall an einem sonnigen Platz und gärte, bis der Korken durch den Druck aus dem Flaschenhals fuhr. Darauf flogen winzige Insekten hinein. Das war nicht angenehm, zeigte aber Wirkung. Der Sommer 1944 schmeckte nach trockenen Zigaretten und scheußlichem Eigengebräu. Aber warum nicht?

Anschließend radelten Otto und Ingvar mal zu dem einen Tanzboden, mal zu dem anderen. Sie zählten die Küsse. Es kam zu Prügeleien. Manchmal hatten sie es zufällig auf dasselbe Mädchen abgesehen, ihr Zusammenhalt aber war wichtiger. Otto und Ingvar teilten sich sowohl Alltagsmühen als auch Feste. Die Mädchen mochten Otto, weil er keinem anderen glich, und Ingvar, weil er groß und fesch war. Zuweilen wurden ganze Nächte außerhalb verbracht, und da die Kühe gemolken werden mussten, musste man den Schlaf überspringen. Sie trafen sich, jeder auf seinem Rad, direkt am Stall.

Es war eine Jugendzeit, die das Fundament für eine Freundschaft legte, die fast ein ganzes Jahrzehnt währen sollte.

Nicht einsam zu sein. Es war ein herrlicher Sommer.

Jeden Samstag kam die Zeitung *Vägen Framåt* für Ingvar. Auch Vater Feodor las die Kommentare, Nachrichtenmeldungen und Anekdoten ohne Quellenangabe:

Es ist absolut klar, dass es sowohl vor als auch nach Hitlers Machtantritt einzelne Übergriffe auf Juden in Deutschland gegeben hat, doch diese »Verfolgungen« waren ein Kinderspiel verglichen mit den Verfolgungen, denen Deutsche in ihrem eigenen Land jahrzehntelang ausgesetzt waren. Es ist gerade der Jude und kein anderer, der seit Anbeginn der Zeiten und mit den durchtriebensten, den raffiniertesten Mitteln, die sich ein Gehirn je hat ausdenken können, das Wort »Verfolgung« gegen alle diejenigen in die Praxis umgesetzt hat, die verdächtigt wurden, dem jüdischen Machtstreben heute oder in Zukunft hindernd im Weg zu stehen!

Später behauptete Per Engdahl, der verantwortliche Herausgeber der Zeitung und Ingvars Idol, dass der Judenhass nicht seine Sache gewesen sei und die Artikel in der Zeitung nicht immer seine Zustimmung gefunden hätten. Davon kann man halten, was man will, doch herrschte in derselben keinerlei Mangel, weder an Verachtung, Hass noch an Judenwitzen.

Kommt ein Jude irgendwo in der Gegend von Vellinge durchs Wasser angestapft. Er ruft den am Ufer versammelten Leuten zu:
»Wo bin ich hier?«
Sie antworten: »In der Nähe von Malmö.«
»Wie heißt der nächste größere Ort?«, fragt der Jude weiter.
»Vellinge«, lautet die Antwort.
»Kann man da Handel treiben?«, fragt der Jude.

Doch sprach man bei Tisch nicht über Politik in Elmtaryd. Die Küche war Bertas Revier, und sie bat sich aus, dass beim Essen Ruhe herrschte. Otto wusste, dass Feodor ein Deutschenfreund war, und Feodor wusste, dass Otto sich nichts mehr wünschte als die Niederlage der Nazis. Sie streiften das Thema, kommentierten die Nachrichtensendungen im Radio. Doch ansonsten. Übernahmen der Alltag und der Sommer.

Ingvars kleine Schwester Kerstin durfte bei den Spielen von Otto und Ingvar nie dabei sein. Sie und ihre Busenfreundin lauerten hinter der Hausecke, spionierten und schmollten, wenn Ingvar und Otto sich aus dem Staub machten, ohne etwas zu sagen. Es kam vor, dass sie ihnen, wenn sie noch schliefen, die Schnürsenkel zusammenknotete, aus Rache. Einmal hörte sie, wie die beiden beim Fluchen wetteiferten, einer schlimmer als der andere. Sie hatte noch nie etwas Ähnliches gehört, aber die beiden lachten nur und arbeiteten weiter. Ja, alles war gut. Abgesehen von den Briefen. Die aber kamen nicht sehr oft.

Erst Ende Juli erreichte Otto der nächste Gruß. Hitler sieht starr nach rechts, ist mittelbraun und kostet 15 Pfennig. Die Karte war vom 3. April 1944 datiert. Pepi hatte ein paar Zeilen am Tag seines einundfünfzigsten – und letzten – Geburtstages geschrieben.

Von Josef Ullmann
Parkstraße 6/6, Theresienstadt, Protektorat
3. April 1944
Mein liebster Junge, wir sind schon lange ohne Nachricht von Dir, hoffen Dich aber gesund, was wir auch Gott sei Dank von uns melden können. Wie geht es Dir, hast Du viel zu tun? Wir warten voll Sehnsucht auf ein Lebenszeichen von Dir. Schreibt Dir Onkel Egon öfters? Gib ihm unsere Adresse

und lasse ihn von uns grüßen. Auch Mizzi soll uns schreiben. Also schreib bald. Bleib gesund, und Gott schütze Dich weiter. Grüße an Deine Leute und viele tausend Küsse von Mutti und Deinem Papa

Wie gesagt, keine Ordnung. Als Otto die Nachricht erhielt, war sie bereits drei Monate alt. Pepi und Lisl hatten sie nach Kärrnäs adressiert, aber dort war Otto schon seit einem halben Jahr nicht mehr. Sie können also seit seinem Umzug keine Post von ihm erhalten haben.

Nur eine Woche später bekam er zwei Schreiben am selben Tag. Eines von ihnen war neun Monate unterwegs gewesen. Was konnte er daraus für eine Schlussfolgerung ziehen? Das Leben benötigte vielleicht neun Monate, um Gestalt anzunehmen. Der Tod benötigte überhaupt keine Zeit.

Absender Elise Ullmann
Bahnhofstraße 15, Theresienstadt, Protektorat
2. November 1943
Liebster, bester Junge, mit Deiner lieben Karte hast Du uns wieder viel Freude bereitet. Hauptsache ist, dass Du gesund und zufrieden bist. Auch wir können von uns berichten, dass wir gottlob wohlauf sind. Deine Übersiedlung nach Ljungby entspricht sicher Deinen Wünschen. Vergiss nicht, Familie Andersson und Frau Eklundh unsere besten Grüße zu bestellen. Wir hätten gerne ein Bild von Dir, kannst Du uns keines schicken? Wir denken täglich an Dich und beten für Dein Wohlergehen.
Schreib bald wieder, liebster Junge. Bleib gesund und Gott schütze Dich weiter. Viele tausend Küsse von Deinem Papa und Deiner Mutti

Die nächste Karte war gut zwei Monate alt. Keine Versicherung, dass sie lebten, aber dennoch.

Absender Josef Ullmann
Parkstraße 6/6, Theresienstadt, Protektorat
20. Mai 1944
Liebster, bester Junge, wir vermissen nun schon seit längerer

Zeit Deine Nachrichten, hoffen Dich aber gesund, was wir auch von uns berichten können. Hier kommen alle Postsendungen in Ordnung an, und Mutti und ich hoffen, dass uns das ersehnte Lebenszeichen von Dir bald erreicht. Grüße bitte Mizzi von uns, von der wir öfters Nachricht haben, sowie Familie Eklundh und Andersson herzlichst. Schreib uns bald, bleib gesund, und Gott schütze Dich weiter. Viele tausend Küsse von Mutti und Deinem treuen Papa

Otto antwortete. Doch auch wenn er schrieb, war es, als wären die Briefe nie ausführlich oder zahlreich genug. Auch wenn er schrieb, wusste er, dass weder Lisl und Pepi ihn holen konnten noch er sie. Auch wenn er schrieb und auch wenn er betete, wusste er, dass es nicht sicher war, dass die Nachrichten überhaupt ankamen. Und ob er nun schrieb oder nicht schrieb, es würde ihn doch für den Rest seines Lebens plagen; das Wissen um die Freude, die seine Zeilen den Eltern schenkten, und um die Tatsache, dass er dieselbe rationierte.

Er lebte sein Leben als småländischer Bauernknecht und hatte beschlossen, das Beste aus der Zeit, der Rettung und aus Schweden zu machen. Die Mädchen waren zuweilen himmlisch süß. Im Herbst plante er, das Fernstudium wieder aufzunehmen. Wie er die Sache sah, war das Studium der einzige Weg, der ihn aus dem Stall herausbrachte, und den wollte er gehen.

Der August kam und ging wie eine Hitzewelle durch den Körper. Sein Vater schrieb erneut, doch als Otto die Nachricht Anfang September erhielt, waren bereits mehrere Wochen vergangen, seit man sie beim Postamt in Theresienstadt aufgegeben hatte.

Absender Josef Ullmann
Parkstraße 6/6, Theresienstadt, Protektorat
30. Juni 1944

Mein liebster Junge, ich will vor allem die Gelegenheit wahrnehmen, Deines bevorstehenden Geburtstages zu gedenken. Unsere Segenswünsche und Gebete um Dein Wohlergehen werden an diesem Tag besonders heiß sein. Möge Gott Dich, geliebter Junge, weiterhin schützen und Dir alle Deine Wünsche in Erfüllung gehen lassen. Vor allem bleib gesund. Wir sind ebenfalls wohlauf, von Mizzi hörten wir, dass Du schon lange ohne Nachricht bist. Hoffentlich haben Dich unsere verschiedenen Karten inzwischen erreicht. Schreib uns ebenfalls bald, Post aller Art kommt hier in Ordnung an.
Viele Grüße an Familie Eklundh und Andersson von uns. Tausend Küsse von Mutti und Deinem Papa

Am 28. September ging der Transport En aus Theresienstadt ab. Unter den mehr als eintausend Häftlingen befand sich auch Josef Ullmann, von seinen Angehörigen Pepi genannt.

Gefangener Nummer 992.

Der Zug hielt am Bahnhof in Oświęcim, einem Dorf östlich von Kraków, das die Deutschen Auschwitz nannten.

Fünf Tage war Elise allein zurückgeblieben. Fünf Tage und fünf Nächte. Dann musste auch sie einen Zug besteigen, Transport Ek.

Gefangene Nummer 975.

Der Zug legte die etwa fünfhundert Kilometer zwischen Theresienstadt und Auschwitz zurück. Es war am 4. Oktober. Elise Ullmann war dreiundfünfzig Jahre alt.

Otto wusste nichts davon. Stattdessen bekam er eine weitere Karte. Er sah, dass sie vom August datiert war, doch konnte er unmöglich wissen, dass sie bereits überholt war, weit überholt.

19. August 1944
Liebster Junge, seit meiner letzten Nachricht an Dich sind wieder zwei Monate vergangen, ohne dass wir von Dir Post erhalten hätten. Ich hoffe aber, dass Du uns inzwischen geschrieben hast und uns Deine Karte bald erreichen wird. Wir sind gottlob gesund und hoffen, das Gleiche auch von Dir zu hören. Hast Du von Mizzi Nachricht? Grüße sie bitte herzlichst von uns. Ebenso richte auch an Deine Leute, vor allem die Familien Eklundh und Andersson, unsere besten Empfehlungen aus. Schreib uns bald, wir sehnen uns schon nach Deinen Zeilen, umso mehr als von Schweden Post aller Art in Ordnung hier ankommt. Bleib gesund, und Gott schütze Dich weiter. Viele tausend Küsse von Mutti und Deinem treuen Papa

Sieben Monate später, am 8. Mai, war der Krieg beendet. Erst jetzt öffnete Schweden seine Grenzen.

Circa 20 000 Menschen kamen nach Schweden durch die Aktion, die ihren Namen den weißen Bussen verdankte und Leute aus Lagern und Ruinen holte. Von ihnen waren vielleicht 7000 ehemalige jüdische Lagerinsassen. Rundum im Land wurden Komitees gebildet, man nahm die Flüchtlinge in Obhut, und sie wurden in mehr als 250 Pensionen, Missionshäusern, Schulen und etlichen Krankenhäusern betreut. Eine große Anzahl Schweden engagierte sich. Als wäre es ganz selbstverständlich. Als wäre die Erkenntnis dessen, was geschehen war, nicht zu spät gekommen. Und es war möglich, laut zu äußern, auch in einem Buch zu drucken, dass es Schwedens Aufgabe, Schwedens gesegneter Anteil am Weltkrieg sei, für diese menschlichen Rudimente einer welthistorischen Katastrophe zu sorgen.

So tat man es, und so wurde es gesagt, und die Worte wurden publiziert. So erschien es ihnen gut.

Die Geretteten wurden ebenfalls interviewt und ihre Zeugenaussagen in Büchern und Zeitungsartikeln veröffentlicht. Pepi und Lisl waren nicht darunter.

Das Friedensfrühjahr wärmte das Land und wurde zum Nachkriegssommer. Per Albin Hansson bildete eine neue Regierung. In Agunnaryd machten die Freunde Ingvar und Otto damit weiter, die Nächte und die Mädchen der Gegend gemeinschaftlich zu erobern.

Briefe aber kamen nicht.

Otto schrieb an Verwandte und Freunde in England. Mizzi suchte die Namenslisten verschiedenster deutscher Behörden durch, und Pepis älterer Bruder Egon, der nach Amerika hatte auswandern können, ließ Nachforschungen in den Zeitungen denkbarer Fluchtländer, in Flüchtlingslagern und beim Roten Kreuz anstellen. Nichts.

Ohne dass Otto davon wusste, blieb Ingvar seinem zweiten Leben treu.

Und da liefen sie also nebeneinander her, Otto und Ingvar. Zwei junge Männer mit unterdrückten Gefühlen und einem doppelten Sein. Otto, der seine Kindheit und seine Familie im Innern trug, vom Gefühl des Verlusts dicht verschlossen, war zugleich ein armer Bauernknecht in einer nicht freiwillig gewählten Wirklichkeit.

Ingvar hatte keinen anderen Freund, der ihm ähnlich nahestand, doch war er dem inneren Kreis Per Engdahls dennoch fest verbunden. So fest, dass er, obwohl er dafür bekannt war, nie etwas zu verschwenden, gern Kronen, Zeit und seine Fähigkeit, andere zu begeistern, einsetzte.

Er ging eine enge und herzliche Verbindung zum Vereinssekretär Bengt Olov Ljungberg ein, und in ihrem Briefwechsel diskutierten sie über einfach alles, von öffentlichen Kundgebungen bis zu Ingvars Plänen für die Firma.

Nur drei Wochen nachdem der Friede erklärt worden war, wurde Ingvar gebeten, in seiner Gegend sowohl Mitglieder zu werben, als auch diese zu veranlassen, sich finanziell zu engagieren. Im Brief vom 31. Mai erteilte man ihm obendrein die Aufgabe, »dafür zu sorgen, dass Göteborg in diesem Monat sein Beitragskontingent ordnungsgemäß bezahlt«.

Svensk Opposition benannte sich in Nysvenska rörelsen um. Ingvar verkaufte das Nachkriegsprogramm, und das Geld dafür ging direkt zurück an die Organisation.

Nach dem Sommer warb Ingvar seinen alten Lehrer und Feodors Gegner beim Bridge – Rudolf Malmquist – für die »Neuschwedische Bewegung« und bezahlte auch dessen Beitrag von zwanzig Kronen. In dem Brief vom 19. September 1945, der Malmquist willkommen heißt, wird die Bewegung zwar als klein und mit großen ökonomischen Problemen belastet beschrieben, jedoch auch als eine, die starke »ideelle Werte« vertrete.

Kann man von Hoffnung reden? Konnte Otto Hoffnung gehegt haben? Konnte er anders?

Wie viele Listen waren erhalten, welche hatte die Gestapo verbrannt? Waren Lisl und Pepi in dem Kriegsgewirr der Züge aufzuspüren, die Menschen in ihren Tod befördert hatten? Wo in dem Ödland mochten sie sich befinden, wo lagen Lisls Haarspangen, Pepis sorgfältig geputzte Schuhe, trug sie jemand anders an den Füßen?

Im Juli 1946 bekam Otto es zu wissen.

Als hätten die Herren Hitler, Lindholm und Engdahl sich all das selbst ausgedacht.

Im Jahr 313 wurde in Mailand beschlossen, dass Juden nicht länger in Jerusalem leben und auch nicht zum Christentum konvertieren durften. Es folgte ein Heiratsverbot zwischen Juden und Christen, Ehen wurden aufgelöst.

Auf dem Konzil von Clermont im Jahr 535 wurde den Juden das Recht genommen, öffentliche Ämter innezuhaben. Drei Jahre später wurde ihnen verboten, christliche Dienerschaft anzustellen oder christliche Sklaven zu halten, und somit vermochten sie keine Landwirtschaft zu betreiben.

Laut Beschluss des dritten Konzils von Orléans wurden sie in der letzten Woche des Osterfastens mit einem Ausgangsverbot belegt.

Auf dem Konzil von Toledo 653 wurde beschlossen, dass Juden ein »Placitum« zu unterschreiben hatten, dass es ihnen unmöglich machte, nach den Vorschriften der jüdischen Religion zu leben. Zuwiderhandlungen wurden durch Steinigung oder mit dem Tod auf dem Scheiterhaufen bestraft. Ein Jahr später ergingen Gesetze, die ihnen verboten, Pessach zu feiern, den jüdischen Speisegesetzen zu folgen sowie nach jüdischer Sitte zu heiraten. Ebenfalls war ihnen verboten, Christen vor Gericht zu verklagen oder gegen Christen als Zeugen aufzutreten.

Dreißig Jahre später beschloss man in Toledo, jüdische Literatur zu verbrennen und jüdische Kinder ihren Eltern wegzunehmen und zur christlichen Erziehung in ein Kloster zu stecken.

Im Jahr 692 erging der Befehl, alle Juden zu Sklaven zu machen und ihr Eigentum zu konfiszieren.

Nichts Neues unter der Sonne der Dreieinigkeit.

Im Jahr 722 verbot der oströmische Kaiser Leo III. das Judentum im gesamten Reich, brannte Synagogen voll mit Gläubigen nieder und beorderte die Zwangstaufe.

Der französische Erzbischof erklärte im Jahr 829, die Juden würden christliche Kinder entführen und sie an die Araber verkaufen.

In den Osterpredigten des Jahres 855 wurde die Bevölkerung in der Gegend um Béziers aufgerufen, sich an den Juden wegen der Kreuzigung Jesu zu rächen.

Im Jahr 1012 wurden die Juden aus Mainz vertrieben, wenn sie die Bekehrung zum Christentum verweigerten.

Zehn Jahre später wurde Rom von einem Erdbeben und einem Orkan heimgesucht. Die Juden wurden angeklagt, Gottes Zorn verursacht zu haben, und man verbrannte sie auf dem Scheiterhaufen.

Im Jahr 1078 legte Papst Gregor VII. fest, dass Juden keinerlei Amt innehaben dürfen, durch das sie Christen übergeordnet wären.

Im Jahr 1081 wurden die Juden gezwungen, eine Sondersteuer an die Kirche zu zahlen.

Im Jahr 1096 begingen die Kreuzritter in ganz Europa einen Massenmord an all den Juden, die nicht bereit waren, sich zum Christentum zu bekehren.

Gemäß dem Konzil zu Rom im Jahre 1179 war das Zeugnis von Christen vor Gericht stets dem von Juden vorzuziehen.

Im Jahr 1215 wurde den Juden eine besondere Tracht vorgeschrieben, damit sie sich von den Christen unterschieden.

Auf dem Konzil von Oxford 1222 wurde der Bau von Synagogen verboten.

Zehn Jahre später verbot Papst Gregor IX. freundschaftliche Beziehungen zwischen Juden und Christen.

Im Jahr 1236 wurden in Frankreich Juden, die sich dem Christentum nicht anschlossen, ermordet.

In Wien wurden 1267 alle Juden verpflichtet, eine besondere Tracht zu tragen. Thomas von Aquin erklärte im selben Jahr, dass die Juden in ständiger Unterwürfigkeit zu leben hätten, der französische König verkündete, dass alle Juden des Reichs ein spezielles violettes Zeichen am Gewand zu tragen hätten.

Auf dem Konzil in Ungarn 1279 wurde Christen untersagt, Grund und Boden an Juden zu veräußern oder zu vermieten.

Ein Jahr später forderte die Kirche in Polen, die Juden des Landes von der restlichen Bevölkerung zu isolieren.

Im Jahr 1306 wurden die französischen Juden vertrieben, und ihr Eigentum wurde konfisziert. Zwei Jahre darauf klagte ein Bischof Juden in Sulzmatt und Rufach an, das Abendmahl entweiht zu haben, und man verbrannte sie bei lebendigem Leibe.

Im Jahr 1320 wurden in Nordspanien und Südfrankreich mehr als einhundert jüdische Gemeinden ausgelöscht, von Christen, die gefordert hatten, dass ihre Bewohner konvertierten.

Juden in ganz Europa wurden im 14. Jahrhundert aufgrund von Predigten ermordet, in denen man sie beschuldigte, die Pest und den Schwarzen Tod verursacht zu haben.

Im Jahr 1434 wurde den Juden vom Konzil in Basel untersagt, einen akademischen Grad zu erwerben. Darüber hinaus wurden sie verpflichtet, an Bekehrungspredigten teilzunehmen und sich in gesonderten Stadtteilen niederzulassen.

Achtzehn Jahre später, 1451, verbot Papst Nikolaus V. den Christen den gesellschaftlichen Umgang mit Juden.

Im Jahr 1492 mussten alle Juden Spanien innerhalb von drei Monaten verlassen oder sich taufen lassen. Einige Tausend wurden auf dem Scheiterhaufen verbrannt. 150 000 flohen. Im selben Jahr wurden 100 000 Juden aus Sizilien verbannt.

Im Jahr 1509 befahl Kaiser Maximilian die Vernichtung aller Schriften, die sich gegen das Christentum richteten. Jüdische Behausungen und Synagogen wurden durchsucht, Bücher beschlagnahmt.

Im Jahr 1538 verfasste Martin Luther die Hetzschrift *Wider die Sabbather.* Fünf Jahre später gab er die Schrift *Von den Juden und ihren Lügen* heraus.

Im Jahr 1555 wurde Paul IV. zum Papst gewählt. Noch im selben Jahr ließ er eine Mauer um das jüdische Viertel in Rom errichten, und den Bewohnern war nicht erlaubt, das Getto zur Nachtzeit zu verlassen. Der Erwerb von Grundbesitz war verboten, und die Männer mussten als äußeres Kennzeichen gelbe Hüte, die Frauen gelbe Tücher tragen.

Im Jahr 1685 wurde das Judentum in Frankreich verboten, der Katholizismus wurde zur einzig zugelassenen Religion.

Die russische Zarin Katharina II. ordnete 1794 an, dass Juden das Zweifache dessen zu entrichten hätten, was Christen derselben Gesellschaftsschicht an Steuern zahlten.

Es konnte geschehen. Es war bereits geschehen.

Einige Monate später beantragte Otto die schwedische Staatsbürgerschaft. Aus diesem Anlass kam der Amtmann des Ljungbyer Polizeidistrikts zu Besuch nach Elmtaryd, um sich beim Gutsherren Feodor Kamprad bezüglich Ottos Charakters und Verhaltens zu erkundigen, und zwar im Auftrag des Justizministeriums. Feodor bescheinigte bei dieser Gelegenheit, dass Otto ehrlich, enthaltsam und ordentlich sei. Er bestätigte weiterhin, dass Otto 1944 auf dem Hof eine Anstellung als Landarbeiter erhalten, allerlei Aufgaben übertragen bekommen und seine Arbeit ohne Beanstandung erledigt habe. Das Einzige, was er hinsichtlich Otto Ullmanns politischer Anschauungen ins Feld führen konnte, war, dass Otto während der Dienstjahre beim Gutsherren Kamprad den Hass auf den Hitlerismus nicht hatte unterdrücken können.

Ende des Jahres 1946 siegte die Sehnsucht nach der Großstadt über Geborgenheit und Freundschaft, und Otto verließ den Hof.

Er bekam eine Anstellung in Stockholm, probierte mehrere Arbeitsstellen aus, auf denen man ihn gern behalten hätte, doch Mal für Mal schied er auf eigenen Wunsch wieder aus. An den Abenden setzte er seine Fernstudien fort. Er fiel der Gesellschaft nie zur Last. Die Arbeitgeber stellten ihm gute Zeugnisse aus, doch Otto war rastlos. Sein Antrag auf die schwedische Staatsbürgerschaft wurde abschlägig beschieden.

Da war ein Zorn. Ein Gefühl, dass nichts richtig war – er nicht, der Ort nicht, an dem er sich befand, auch seine Umgebung nicht; die Schweden, die nie hatten fliehen müssen, ihr Zuhause nie verloren hatten, deren größtes Problem während des Kriegs der Kaffeemangel gewesen war, wegen der Rationierung. All die Jahre, die er sich gefügt hatte, stolz auf seine Fähigkeit, sich anzupassen. All die Tage, die er die Ställe ausgemistet, Furchen in die Lehmerde gepflügt hatte. All die Briefe, die er nicht beantwortet hatte. Nun lautete sein Entschluss, nach vorn zu blicken, der Zorn aber lebte sein eigenes Leben direkt unter den Worten, hinter den Gedanken und machte es ihm unmöglich, zur Ruhe zu kommen.

Lisl. Pepi. Unlöslich waren sie mit ihm verbunden gewesen. Nun, da es sie nicht mehr gab, lebte der Phantomschmerz sein eigenes Nicht-Leben, verwandelt in Zorn. Und sosehr er es auch unterließ, an irgendetwas zu denken, so schmerzte und brannte es dennoch.

Im November 1948 fuhr Otto nach Palästina, um neun Monate für Israel zu kämpfen.

Keine Worte, keine Dokumente sind erhalten geblieben aus dieser Zeit in der Wüste und von seinem Auftrag als Heckenschütze. Nur ein paar einzelne Aufnahmen – von staubbedeckten Häusern und jungen Männern, die Soldatenleben und Soldatentod teilten. Doch statt gereinigt und entlastet, verließ er den Krieg mit einem neuen Schmerz, dem vorigen noch hinzugefügt. Wo immer das Zuhause liegen mochte, es war jedenfalls nicht dort. Was wehtat, war nicht geheilt, stattdessen hatte es sich tiefer eingegraben.

Darüber aber redete man nicht. Das Leben ging weiter. In Jerusalem kaufte er Andenken für die Freunde in Småland.

Ingvars jüngere Schwester Kerstin, seine Cousine Inga-Britt, Lisa, die bei Berta und Feodor putzte und ihnen auch sonst zur Hand ging – sie alle wurden in Ingvars erste Arbeitsgruppe einbezogen und schufen die Basis dessen, was zum Imperium IKEA werden sollte. Nicht, dass es sich getragen hätte, nicht ohne die finanzielle Unterstützung von Ingvars Eltern.

Das Handelsunternehmen hatte Ingvar bereits 1943 als Siebzehnjähriger gegründet, und da ging es um Füllfederhalter, Uhrenarmbänder und Büroordner, die er kaufte und verkaufte. Jetzt aber begann er über all die kleinen Möbelhersteller nachzudenken, die sich daheim um den See Möckeln gruppierten, und dass es vielleicht eine gute Idee wäre, in die Möbelbranche einzusteigen. Er fügte seine Initialen dem Ortsnamen hinzu und legte los. Ingvar Kamprad Elmtaryd Agunnaryd.

Und er lud seine Kameraden von der Nysvenska rörelsen zu sich nach Elmtaryd ein, und vor einem Mittsommerfest ulkten die Neuen Schweden herum, sie würden auf Uniformen verzichten, damit Ingvar keinen Herzinfarkt bekäme.

Sie betrachteten ihn als ihren Mitarbeiter und Wohltäter. In allen noch vorhandenen Briefen erbittet die Leitung der Neuen Schweden noch mehr Geld von ihm oder dankt für den letzten Zuschuss. Er fungierte auch als Herausgeber eines von Per Engdahls Büchern, *Politisk allmänbildning* (Politische Allgemeinbildung), das unter dem Pseudonym Sten Jonsson erschien.

Direkt nach dem Krieg, 1945, organisierte Per Engdahl die Flucht von Dänen und Schweden, die der Waffen-SS angehört hatten und in Lagern konzentriert waren, in Erwartung eines Urteils. In seinen Memoiren schreibt er:

»Wir bekamen sie aus den Lagern heraus und versteckten sie an verschiedenen Orten. Es gab etliche Höfe im ländlichen Schonen, die dafür zur Verfügung standen.«

Einer Gruppe Festgenommener verhalf er zur Flucht aus dem Städtischen Krankenhaus in Malmö, indem er eine Krankenschwester bestach, die Nazis in einem speziellen Zimmer unterzubringen. Zum festgesetzten Zeitpunkt sprangen die Männer aus dem Fenster zu den wartenden Fahrzeugen hinunter. Anschließend versteckte man sie mal hier, mal da auf Höfen in Schonen.

»Von den Häfen in Malmö und Göteborg liefen Schiffe nach Spanien und Lateinamerika aus. Die meisten wurden jedoch nach Westdeutschland gebracht, das als einigermaßen sicher galt.«

Jetzt revidierte Engdahl, was er über Juden noch kürzlich gesagt und geschrieben hatte, und erklärte, er sei beeinflusst gewesen von bestimmten »damals herrschenden rassenbiologischen Doktrinen«.

Bereits 1947 hatten er und seine Nysvenska rörelsen die Initiative zu einem nordischen Treffen der Rechtsextremisten in Kopenhagen ergriffen, und einer der Teilnehmer war auch der belgische Naziführer Johan van Byck, der den neu gegründeten Vlaams Blok repräsentierte.

Per Engdahl und Ingvar Kamprad waren jetzt enge Freunde, und die Briefe zwischen ihnen wurden mit einem selbstverständlichen BB eingeleitet, Bester Bruder.

Was brachte sie dazu, sich einander zuzuwenden – den jungen Geschäftsmann, der im Begriff stand, seine Firma aufzubauen, und den bald vierzigjährigen belesenen Faschisten mit seinem nie versiegenden Redeschwall? Dass sie beide Småländer waren, reicht wohl kaum als Motiv. Die Tatsache jedoch, dass Engdahls neuschwedische Bewegung an ständigem Geldmangel litt, kann ein Grund dafür gewesen sein, die Beziehung zu dem jungen Kamprad zu pflegen.

Ingvar erklärt es mit seiner deutschen Familie, dem faschistischen Gedankengut und der Bewunderung für »Onkel

Hitler«, die er aus dem großen Haus daheim mitbekommen hatte. Doch auch nach dem Krieg, als die Konsequenzen dieser Gedanken jedem vor Augen standen, blieb er dabei.

Er sah sicher ein, dass er – mit seinem wachsenden Unternehmen und Einkommen – für die Bewegung wichtig war. Vielleicht inspirierte er den Faschistenführer ja auch zu seiner Darstellung, wie Nationen zu führen seien, die mehr an die Führung erfolgreicher Firmen erinnert? Niemand außer Ingvar selbst kann darauf eine Antwort geben, und er wehrt vorderhand weitere Fragen ab.

Bestimmt registrierte der junge Ingvar, dass der Faschistenführer sich mit feinen Leuten umgab – mit solchen, die Ingvar gern kennenlernen wollte. Nicht nur gebildete Professoren, Richter beim Oberlandesgericht und Ärzte nahmen an Zusammenkünften und Festen teil, auch mehrere von Schwedens bekanntesten und erfolgreichsten Geschäftsleuten und Unternehmern gehörten zu Engdahls engstem Kreis. Ingvar vermochte Kontakte zu knüpfen und Netzwerke aufzubauen. So fühlten sie sich zueinander hingezogen, erwiesen einander Dienste und schrieben Briefe aneinander.

Mit seinem Freund Engdahl besprach Ingvar alles, vom melancholischen Gemüt seiner Verlobten bis zu einzelnen Problemen bei der Lancierung einer Möbelserie. Pfingsten 1950 nahm Ingvar am Landestreffen der Neuen Schweden teil, und nur einen guten Monat später sollte er in Stockholm vor dem Altar stehen.

Agunnaryd, den 30. Juni 1950
Bester Per!
Zunächst möchte ich ein herzliches Dankeschön sagen, weil Du so freundlich sein willst, meinem Eintritt in den Ehestand beizuwohnen. Wie schon erwähnt, geschieht das am Samstag, dem 8. Juli, um 15.30 Uhr in der Solna-Kirche. Danach

kommen wir zu einer kleineren Feier auf Hasselbacken zusammen.
Von meiner Seite nehmen außer meinen Eltern und meiner Schwester Du und mein bester Schulfreund aus der Göteborger Zeit teil. [...] Das Ganze findet in aller Einfachheit statt, doch wird es ein besonderes Fest für mich sein, weil Du so freundlich sein willst zu kommen. [...]
Außerdem möchte ich, dass Du weißt, dass ich stolz darauf bin, dem neuschwedischen Kreis anzugehören, und dass ich vor jenen meiner Freunde und Verwandten, mit denen mich nichts Geschäftliches verbindet, keinerlei Geheimnis daraus mache. [...] In aller Eile und mit besten Grüßen, Ingvar

Per Engdahl erschien auf der Hochzeit und hielt eine schöne Rede.

Als Ingvars Ehefrau dann auf Kamprads Hof nach Agunnaryd kam, bestellte man auch für sie Reithosen und Reitstiefel, obgleich sie nicht gern ritt.

Ingvar fuhr fort, Engdahls politische Tätigkeit mit seinem Firmengeld zu unterstützen, auch wenn er in Briefen darüber klagte, dass es so teuer sei, den IKEA-Katalog zu drucken und die Möbel in Stockholm auszustellen. Hie und da fügte auch seine Frau den Briefen ein paar kurze handgeschriebene Grüße hinzu.

Und Ingvar schickte gern neuschwedische Grüße an den Vereinssekretär Bengt Olov Ljungberg und an den Redakteur der Zeitung *Vägen Framåt,* Yngve Nordberg. Er war Freund und Bruder mit der gesamten Führung der neuschwedischen Bewegung.

Im selben Jahr, als Per Engdahl sich die Zeit nahm, an Ingvars Trauung in der Solna-Kirche teilzunehmen, war er auch eine zentrale Gestalt bei der Verknüpfung und Stärkung mehrerer rechtsextremer Bewegungen Europas. Ein internationaler Kongress der Naziorganisationen fand mit Teilnehmern aus Italien, Spanien, Portugal, Frankreich, Westdeutschland, Österreich, der Schweiz, den Niederlanden und Belgien in Rom statt. Auch der britische Naziführer Oswald Mosley war anwesend. Und Per Engdahl.

Bereits ein Jahr nach der Konferenz in Rom, 1951, war er an der Organisation eines weiteren großen Treffens in Malmö beteiligt, bei dem einige der wichtigsten rechtsextremen Leitgestalten Europas anwesend waren und Vertreter Frankreichs und der Schweiz eine aktive Rassenpolitik festlegen wollten. Gemeinsam mit Bengt Olov Ljungberg und Yngve Nordberg vertrat Engdahl das Gastgeberland Schweden. Man beschloss, eine Monatszeitung herauszugeben, deren Chefredakteur ein deutscher ehemaliger SS-Offizier war. Mitarbeiter wurde – wer sonst? – Per Engdahl.

Was konnte Ingvar Kamprad wissen, was hat er unterstützt, was hat er heute vergessen?

Im Spätherbst 1951, in jenem Jahr, als Per Engdahl daran beteiligt war, die Europäische Soziale Bewegung auf dem Malmöer Kongress zu gründen, schrieb Ingvar an ihn und dankte für sein letztes Buch, *Västerlandets förnyelse* (Die Erneuerung des Abendlandes):

»Zunächst ein herzliches Dankeschön für das Buch. Es wird wirklich angenehm sein, sich etwas Vernünftiges zu Gemüte zu führen – als vernünftig kann ich das ewige Gerede über den Sessel Soundso und den Tisch Diesunddas nur schwerlich sehen.«

Ab und an kam Engdahl nach Elmtaryd. Er bestellte ein Sofa bei Ingvar, doch ist nicht klar, ob er einen Rabatt erhielt.

Und zugleich Ingvars Freundschaft mit Otto. Sie ließen einander nicht los. Sie lockerten die Bindungen, doch blieben diese erhalten. Ingvar hatte mit der Errichtung seines Lebenswerks begonnen. Als Otto sich in der Welt umgeschaut hatte, kam er zurück. Nach Elmtaryd, zu Ingvar, zu IKEA.

Ich wollte Perlenfischer werden«, sagte Otto.

So habe es angefangen, erinnert sie sich, seine spätere Frau Ingrid. Sie arbeiteten beide für Ingvar in dem großen Haus des Hofes. Otto mit seiner lockigen Mähne, seinen Geschichten vom Tauchen im Roten Meer, von Jerusalem und der Welt war anders. Sie hatten sich schon früher gesehen, als Otto Knecht bei Feodor Kamprad war und sie eins der Kinder von Kamprads Pächter. Jetzt aber war sie fast siebzehn. Und er war lustig. Interessant. Obwohl zehn Jahre älter und also wohl ziemlich alt. Von seinem Schreibtisch aus schaute er sie so intensiv an, dass sie schließlich den Platz mit jemandem tauschte, um seinem Blick auszuweichen. Freundschaft bahnte sich an.

Diese erste Zeit bei IKEA, man könnte sie mit einer Kommune gleichsetzen. Ingvar, Otto und drei weitere Mitarbeiter wohnten alle in dem großen Haus, in dem sie auch arbeiteten.

Ingvar erinnert sich:

»Als Otto dann kam und wir ernsthaft loslegten, da fand das im großen Haus statt. Meine Großmutter war gestorben, und ich durfte dort alles unter der Bedingung übernehmen, dass ich es ein bisschen instand setzte. [...] Es war ein recht großer alter Bauernhof mit einem ziemlich großen Wohnhaus, und da ließen sich sowohl Otto als auch dieses Mädchen, das Samuelsson hieß, ein anderes Mädchen namens Eivor Ros und dann ein junger Bursche, der Ernst Ekström hieß, unterbringen. Wir waren insgesamt fünf Leute. Dann kam meine Cousine I-B hinzu, aber sie wohnte bei Verwandten. Wir waren also eine kleine Truppe, bei der Otto und ich als Verkaufsexperten verantwortlich waren für Reklamehefte, Zeitungsannoncen und all das.«

Ingrid wohnte daheim bei ihren Eltern im roten Pächterhaus und ging allmorgendlich quer über den Hof zur Arbeit ins graue Haus. Dort kümmerte sie sich um den Versand der per Post eingegangenen Bestellungen, um Stoffproben und die Kartei.

Ingvar war jetzt sechsundzwanzig Jahre alt und jungverheiratet. Otto wurde sein engster Mitarbeiter. Obwohl die beiden noch immer Spaß miteinander hatten, war es nicht mehr so wie früher. Wer dabeistand, konnte merken, dass sich Ingvars Frau zurückgesetzt fühlte bei all den alten Tanzbodengeschichten, die Ingvar und Otto teilten, dass sie all ihre fröhlichen Nächte mit Rauchen und Trinken sattbekam und nichts mehr so einfach war, wie es einmal gewesen zu sein schien. Nicht nur, dass Ingvar fast rund um die Uhr arbeitete, Otto war trotz allem ja nur ein Angestellter und sollte etwas mehr Abstand wahren.

Allmählich wuchs das Unternehmen. Der Schuppen, den sie als Lager benutzten, reichte nicht länger aus, die Milchbank, die sie als Abladeplatz für den Versandhandel benutzten, war ständig mit Paketen vollgepackt, und die Post hatte ihre liebe Not. Nach ein paar Jahren wollte Ingvar expandieren und beschloss, die Firma nach Älmhult zu verlegen.

Und Otto? Wollte er auf eigenen Beinen stehen, hatte er genug von Dienstherren und Vorgesetzten? Sein Wunsch war, die ländliche Gegend zu verlassen, sich ein Dasein aufzubauen, weit weg von Milchkühen und steinigen Äckern. Ein anderes Leben hallte als wohlbekanntes Echo wider, und dazu gehörten Opernhäuser und Straßenbahnen, Cafés und Stadtverkehr. Gepflasterte Straßen gab es da, auf denen Menschen dahinströmten. So fasste er den Entschluss, Småland endgültig den Rücken zu kehren und nach Stockholm zu ziehen.

Ingvar war tief enttäuscht, sagt er heute. Otto zog dennoch weg. Die Freundschaft war unterbrochen, jedoch nicht zu Ende.

Ingvars Freundschaft mit Per Engdahl lief parallel dazu.

Doppelleben. Geteilte Wirklichkeiten. Ingvars bester Freund war der Faschist Engdahl. Ingvars bester Freund war der jüdische Flüchtling Otto. Fühlte er sich dadurch gespalten? Sagte er sich, dass glücklicherweise kein Mensch ein Monolith, niemand aus einem Guss ist? Liegt darin die Erklärung für seine Parallelwelten, mit zwei leibhaftigen Gegensätzen in nächster Nähe? Räumte Ingvar dem Widerspruchsvollen Platz in sich ein? Oder blendete er es ganz einfach aus und tat, als existierte es nicht?

Es gibt keine Antwort, nicht einmal heute, wenn Ingvar schweigend auf dem Stuhl »Jules« Platz nimmt und nachdenkt. Nein. Warum sollte das ein Problem gewesen sein? Ein Freund war ein Freund und Schluss.

Dieser Logik zufolge war es selbstverständlich für ihn, den Kontakt mit Otto aufrechtzuerhalten. Ein letztes Mal sollten sie zusammenarbeiten, in Stockholm. Ingvar stellte seine Produkte auf Messen aus und brauchte Hilfe, und anschließend sollte Otto mit Ingvars Schwiegervater an einem Standort in der Drottninggatan Betten und Matratzen zum Verkauf anbieten. Das aber währte nicht länger als ein Jahr, und unter Ottos Papieren ist noch heute das Zeugnis zu finden von seinem Freund, Arbeitgeber und Chef. Otto war zuverlässig und führte seine Arbeit zur vollsten Zufriedenheit aus, bescheinigte ihm Ingvar Kamprad. Das war im Jahr 1952.

Ingvar und Otto trennten sich in Freundschaft, aber sie trennten sich.

Im Jahr 1958 wurde Per Engdahl zum Chef der Europäischen Bewegung ausersehen. Ingvars altes Idol erlebte seine größten Erfolge in den Fünfzigerjahren und sah seinen Traum allmählich Wirklichkeit werden, als sich Europas rechtsextreme Bewegungen zusammenschlossen und an Größe zunahmen.

Als die Regierung der Bundesrepublik 1962 den Neonazismus im Land unter die Lupe nehmen ließ, stellte sich heraus, dass der wichtigste Lieferant von gedruckter Propaganda für die deutschen Nazis das Land Schweden war, und als eine

Schlüsselfigur im internationalen Netzwerk der Faschisten wurde Per Engdahl benannt.

Später lancierte er den Gedanken, dass die europäischen Rechtsextremen die Anwendung des besudelten Begriffs »Rasse« unterlassen sollten, wenn sie Einwanderung und Minoritäten bekämpfen wollten. Stattdessen sollten sie von »Kultur« reden:

»Eine Einwanderung, die bedeutende Minoritäten mit eigenen Strukturen schafft, stellt stets eine Bedrohung der Existenz eines Volkes dar und damit auch der Kultur, die sie repräsentiert.«

Seine rhetorische Revolution ist nach wie vor die Grundlage für die fremdenfeindlichen Bewegungen Europas.

Sobald Ingrid erwachsen war, verließ auch sie Elmtaryd, und Otto und sie besuchten nun zusammen die Stockholmer Oper, um *Schwanensee* zu sehen.

Sie heirateten und bekamen im Laufe der Zeit drei Kinder. Otto beantragte die schwedische Staatsbürgerschaft, doch wurde sie erst 1955 bewilligt, beim dritten Versuch. Da war er dreißig Jahre alt und hatte siebzehn Jahre in Schweden gelebt.

Er arbeitete eine Zeit lang als Journalist bei mehreren schwedischen Zeitungen, betrieb anschließend eigene Firmen, zunächst in der Werbebranche und später ein Restaurant.

Etliche Jahre nachdem er den Hof in Agunnaryd verlassen hatte, kam Otto hin und wieder dort vorbei und verbrachte ein paar Tage im großen Haus mit Berta und Feodor. Sie waren jetzt alt. Gegenseitige Wertschätzung, vielleicht Freundschaft, war entstanden.

Was Feodors Judenhass anging, kann man nur sagen, den jungen Mann, der 1944 als billige Arbeitskraft auf den Hof gekommen war, den hasste er nicht. Nach dem Krieg, als Otto fast beschäftigungslos auf dem Hof weilte, hatten Feodor und er zusammen Waldschnepfen gejagt. Sie mischten ihren eigenen Kautabak und versteckten ihn im Stall, um ihn vor Berta geheim zu halten. Tagsüber streiften sie mit den Hunden durch Feodors Wälder, und abends lernte Otto für Fernkurs um Fernkurs. Gutsherr Kamprad lief in Stiefeln und Reithosen umher, das Buch *Mein Kampf* stand im Bücherschrank, durchgeblättert und gelesen, der Hass aber galt nicht Otto Ullmann.

Älmhult 2010.
Jetzt haben wir mehr als zwei Stunden geredet. Viele der Erwähnten sind tot, in dem einfach eingerichteten Arbeitszimmer in der Älmhulter Ikeagatan ist ihr Name dennoch präsent. Wir denken an sie. Wir erinnern uns. Sie sind die Bausteine für eine Rekonstruktion. Gelingt sie? Ist die Geschichte korrekt wiedergegeben?

Der Automatenkaffee in den Plastikbechern ist kalt geworden. Mir gegenüber sitzt Ingvar Kamprad. In der blanken Furnierfläche des Tisches sehe ich die Reflexion seiner Gestalt. Eine verschwommene Spiegelung, das Bild eines Bildes. Kaum ein Kratzer verunziert die Platte, kaum dass die Kante angeschlagen ist. Und Ingvar selbst ist zum Symbol des umtriebigen Smäländers geworden, zum weltberühmten Unternehmer, zum perfekten Krisenmanager, zum listigen Trendfolger, zum starken, motivierenden Firmenchef. Der der konsumierenden Masse gibt, was die Masse haben will.

Vorbild. Spiegelbild. Sinnbild. Wie durch ein Prisma gesehen, wird er das, was sich der Betrachter wünscht.

Das klappt auch gut in Bezug auf die Nation. IKEA bringt Schweden auf den Markt, das IKEA auf den Markt bringt, und so werden Nation und Firma zu Bildern voneinander, während ihr jeweiliges Selbstbild zugleich an Größe gewinnt.

Ingvar ist zu einer Ikone geworden, doch ist er ebenso dreigeteilt wie das Land Schweden selbst.

Zunächst die große Nähe zu allem Deutschen, sodass die Grenze zwischen Schweden und Deutschland kaum wahrzunehmen war. Sprache, Gedanken und Ideen bewegten sich vom einen zum anderen, so als wären die Länder kommunizierende Röhren.

Als Nächstes die normale Menschlichkeit. Schweden wollte keine Kontingente ins Land lassen, konnte sich indes einen sacht fließenden Strom von Individuen vorstellen, die ihren Weg in die schwedische Gesellschaft fanden, einer nach dem anderen. Dann funktionierte die Sache, dann konnten Freundschaften entstehen. Es war möglich, sich gemeinsam zu amüsieren, gemeinsam zu schuften, sich gemeinsam um Wald, Tiere und Äcker zu kümmern. Als gäbe es keine Verbindung zwischen Ideen und ihren Konsequenzen. Oder wie hatte gleich einer der zu den Deportationen Befragten in *Dagens Nyheter* gesagt; er sei kein Judenfreund, aber mit solchen Abscheulichkeiten wolle er nichts zu tun haben.

Schließlich teilen die Nation Schweden und der Mensch Ingvar eine weitere Eigenschaft – pflegen sie vielleicht sogar. Das Vergessen.

INGVAR KAMPRAD: Ich habe mindestens genauso oft im großen Haus bei meiner Großmutter gewohnt wie bei uns daheim. Und wenn Vater mich verprügelt hat, und das tat er ziemlich häufig, dann … Wenn ich es erst zu Großmutter geschafft hatte, war alles in Ordnung.

JOHANNES STENBERG (Ingvars Assistent): Sie hat dich gerettet.

INGVAR KAMPRAD: Ja, Mann, und wirklich nicht selten. Und als ich als Geschäftsmann anfing, bin ich zuerst zu Großmutter gegangen. Als sie tot war, hat man sich ans Auspacken von alldem gemacht … Da gab es Sachen, die sie gekauft hatte und nicht die Bohne gebrauchen konnte, aber schließlich hatte ihr das Klein-Olle verkauft, so nannte man mich. Das hat Mut gemacht, danach habe ich mich auch zum Nachbarn gewagt.

ELISABETH ÅSBRINK: Ja, da ist noch etwas, bei dem ich reagiert habe, nämlich als du Bertil [Torekull] beschreibst, wie ihr von »Onkel Hitler« gesprochen habt, so als wäre er ein Familienmitglied oder …

INGVAR KAMPRAD: Nein. Da kann nicht stehen, dass ich »Onkel Hitler« gesagt habe.

ELISABETH ÅSBRINK: Doch, so steht es in Bertil Torekulls Buch.

INGVAR KAMPRAD: Dann steht es da falsch.

ELISABETH ÅSBRINK: Okay.

INGVAR KAMPRAD: Ich habe nie »Onkel Hitler« gesagt. Vielleicht hat Papa …

ELISABETH ÅSBRINK: Aber … Dir kommt es überhaupt nicht bekannt vor?

INGVAR KAMPRAD: Nein. Habe ich »Onkel Hitler« gesagt?

JOHANNES STENBERG: Mir kommt das auch seltsam vor.

ELISABETH ÅSBRINK: Du beschreibst, es sei der glücklichste Tag im Leben deiner Großmutter gewesen, als Hitler einmarschiert ist ins …

INGVAR KAMPRAD: Sudetenland … Das stimmt.

JOHANNES STENBERG: So steht es da.

INGVAR KAMPRAD: Das ist hundertprozentig richtig.

ELISABETH ÅSBRINK: Und dann, gleich im Anschluss daran, steht da noch ein Satz, oder waren es zwei? Wenn ihr das Buch hier habt, dann …

Johannes Stenberg holt das Buch aus dem Regal, setzt sich wieder und liest laut vor: »Seite 38: ›Der glücklichste Tag in ihrem Leben, sie feierte mit einem großen Kaffeefest. Für alle aus der Umgebung war und blieb dieser Tag, als Hitler 1938 das Sudetenland besetzte und …‹«

INGVAR KAMPRAD: Ja.

ELISABETH ÅSBRINK: Du bist auf Seite 38?

INGVAR KAMPRAD: Ich kann dir sagen, dass ich ihn nie »Onkel Hitler« genannt habe.

ELISABETH ÅSBRINK: Hier ist es.

JOHANNES STENBERG liest weiter: »Meine kindliche Reaktion war natürlich, dass ich es schön fand, dass ›Onkel Hitler‹ so viel für Großmutters Angehörige getan hat und …« […]

INGVAR KAMPRAD: Nee, das kommt mir überhaupt nicht

bekannt vor. Dass ich also »Onkel Hitler« gesagt habe. Vielleicht, wenn ich bei Großmutter gesessen habe. Aber da muss ich verdammt jung gewesen sein. Wann war das gleich? Das war …

JOHANNES STENBERG: 1938.

ELISABETH ÅSBRINK: Da bist du also elf … zwölf.

INGVAR KAMPRAD: Ich habe meine Großmutter bewundert. Sie war einfach alles für mich. Alles, was sie gesagt hat, war Gesetz für mich. […] Ich kam ja schon von Anfang an in die falschen Hände. Während des Kriegs hatten die Deutschen eine Propagandazeitung, die hieß *Signal.* Und die bekam meine Großmutter. Und als ich zwölf war, konnte ich sowohl lesen als auch ein bisschen rechnen, und da durfte ich da reinschauen. Und da gab es eine Annonce … ob die nun von der Lindholmbewegung war, oder wie zum Kuckuck bin ich zu denen in Kontakt gekommen? Wo ich die herhatte, kann ich nicht sagen, aber es kann eine Annonce aus der *Signal* gewesen sein, auf die ich geantwortet habe. Und dann bekam ich also eine Menge Material, und das brachte mich dann zu Sven Olov Lindholm. Aber ich begriff ziemlich schnell, dass das totaler Mist war. Denn da ging es eindeutig um Rassismus! Juden totschlagen und so weiter …

ELISABETH ÅSBRINK: Und da hast du den Kontakt mit ihnen abgebrochen …

INGVAR KAMPRAD: Ja, ja. Als ich dann nach Osby kam, wie alt kann ich da gewesen sein? Wann ist man mit der Volksschule fertig? Vierzehn, fünfzehn. Als ich dahin kam, stieß ich auf diese Engdahl-Bewegung. […]

ELISABETH ÅSBRINK: Aber dass Otto jüdisch war und du dich schließlich für die Überzeugungen dieser Bewegungen engagiert hast, war das jemals ein Problem für dich?

INGVAR KAMPRAD: Wir haben manchmal darüber geredet, aber es war absolut nichts, was störte.

ELISABETH ÅSBRINK: Doch wie hast du darüber gedacht? Hast du dabei keinen Widerspruch empfunden?

INGVAR KAMPRAD: Nicht den geringsten.

ELISABETH ÅSBRINK: Wie geht das?

INGVAR KAMPRAD: Das war nicht so wahnsinnig schwer. Denn als ich eingesehen habe, dass ich mich geirrt habe, da war das eben so. […]

JOHANNES STENBERG: Wenn ich dich von Per Engdahl reden höre, ging es bei dieser Beziehung überhaupt nicht um Judenhass … da ging es um andere Dinge …

INGVAR KAMPRAD: Ich weiß nicht, wie die Geschichte spielt. Doch ist es schließlich so, dass der Verlierer immer unverdient viel Prügel bezieht. Die Frage ist dann, was die Jahrhunderte tun, um die Sache richtigzustellen … […] Man kann sich also fragen, ob die Forschung im Nachhinein der Wahrheit näher kommen kann oder ob es bei Lügen bleibt. Bleiben Hitler und Stalin einfach nur schwarz, oder gab es auch irgendetwas Weißes?

[…]

ELISABETH ÅSBRINK: Ich habe ja Bertil Torekulls Buch gelesen, und darin stand, dass dein Papa keine Juden mochte.

INGVAR KAMPRAD: Papa – der war in erster Linie Antibolschewist. Und du kannst sagen, dass er Nazi war. Im Innersten war er das, obwohl er es mir nicht so zu verstehen gegeben hat. Aber er war Antibolschewist, und er sprach oft von der gelben Gefahr, dass die Gelben allmählich die Welt übernehmen werden. Und weiß der Geier, ob in dem, was mein Alter sagte, nicht ein bisschen was Wahres liegt, wenn man die heutige Lage betrachtet. Es geht ja um Arbeitsbereitschaft, Leute, die arbeiten wollen, Enthusiasmus und so. Und davon gibt es im Fernen Osten weiß Gott genug.

ELISABETH ÅSBRINK: Aber er verband den Antibolschewismus … also, Bolschewisten, das waren Juden?

INGVAR KAMPRAD: Nein.

ELISABETH ÅSBRINK: Diese Gleichsetzung ist ziemlich üblich.

INGVAR KAMPRAD: Und es stimmt ja auch, die meisten Oligarchen sind schließlich Juden. Das musst du zugeben.

ELISABETH ÅSBRINK: Aber dass ihr dann diesen jüdischen Flüchtling aufgenommen habt, war das kein Widerspruch?

INGVAR KAMPRAD: Überhaupt nicht. [...] Du kannst zwar sagen, dass Vater im Grunde seines Herzens Nazi war. Doch auf andere Weise. Er hätte nie im Leben auf einen Menschen eingeschlagen oder ihn ermorden wollen oder dergleichen.

Vielleicht gehörte er zu denen, die nicht an die Konzentrationslager glaubten, es gab ja viele, die diese Theorie vertraten. Per Engdahl zum Beispiel, er hat mir nach all den furchtbaren Ereignissen in den KZs erzählt, dass man in heutiger Zeit ja nicht glaube, dass es der Wahrheit entspricht usw. ...

ELISABETH ÅSBRINK: Aber erinnerst du dich, wie du damals gedacht hast, und was hast du gewusst? Hast du über Ottos Herkunft nachgedacht? Und das, was in Deutschland geschah?

INGVAR KAMPRAD: Was, zum Teufel, soll ich darauf antworten? Wir waren doch Kumpels, und man hat sich einen Scheißdreck darum gekümmert, ob er nun Indianer, Jude oder Same war. Ich habe mich sehr für die Samen in Nordschweden engagiert, deshalb kann ich das so sagen.

ELISABETH ÅSBRINK: Aber du wusstest vom Schicksal seiner Eltern?

INGVAR KAMPRAD: Natürlich, das hat Otto ja erzählt!

ELISABETH ÅSBRINK: Was hat er damals erzählt, erinnerst du dich?

INGVAR KAMPRAD: Ja, er hat gesagt, »mein Papa ist ermordet worden«, ob das nun in Auschwitz war oder in Theresienstadt, das kann ich nicht sagen, aber in einem dieser Lager war es. [...]

Elisabeth Åsbrink: Was mich interessiert, ist – du merkst es ja schon –, wie das alles zusammenging. Dass man der Meinung sein konnte, Engdahls Ideen seien etwas Wichtiges und Richtiges, und dennoch mit jemandem eng befreundet sein konnte, der die Konsequenzen einiger dieser Ideen zu spüren bekommen hat. Wie hast du da gedacht?

Ingvar Kamprad: Es gibt keinen Widerspruch für mich. Dass Per Engdahl ein großer Mensch war, dazu werde ich mein Leben lang stehen.

Wie war das nun? Hat Ingvar Otto angerufen?

»Nein«, sagt Ingvar. »Oder, unmöglich ist es nicht, aber es ist mir auch nicht in Erinnerung geblieben.«

»Natürlich«, sagt Ottos Frau Ingrid, »ich habe das Gespräch selbst angenommen. Das war, als dieses Buch über sein Nazitum erscheinen sollte.«

Also im Jahr 1998.

»Ingvar fragte mich, mit wem wir in der damaligen Zeit Umgang gehabt hatten. Das war merkwürdig, denn schließlich war ich fast zehn Jahre jünger als er und Otto. Er sollte ja wohl am besten wissen, mit wem er Umgang gehabt hatte.«

Dann übernahm Otto den Hörer.

»Ingvar sondierte das Terrain, er wollte wissen, ob Otto etwas zu den Journalisten gesagt hatte«, erinnert sich Ingrid.

Nach diesem Gespräch war Otto äußerst konsterniert. Der erste Kontakt nach fünfundzwanzig Jahren. Aber hat Ingvar um Verzeihung gebeten?

Ottos Sohn Peter ist sich da sicher. Er habe seine Eltern am Tag nach Ingvars Anruf besucht, und sie hätten über die Angelegenheit gesprochen.

Eva, Ottos älteste Tochter, ist sich ebenfalls sicher. Otto sei mehrfach auf das Gespräch zurückgekommen, darauf, dass Ingvar angerufen habe und sich entschuldigen wollte. Als würde das gehen. Sie erinnert sich, dass Ottos Tonfall verächtlich geklungen habe. Wenn jemand um Verzeihung bittet, kann man die wohl gewähren, habe sie damals voller Entrüstung gedacht. Deshalb erinnert sie sich.

Ingvar aber kann sich nicht erinnern. Alles, was er mit Sicherheit sagen kann, ist, dass er zu dem Zeitpunkt etwa dreißig Personen angerufen hat, weil, ja, ganz genau, weil er um Entschuldigung bitten wollte, und dass er seinen Brief mit der Bitte um Verzeihung an weitere etwa hundert Personen geschickt habe.

»Das war verdammt nervenaufreibend«, sagt er heute.

Die Gedächtnislücke gibt ihren Inhalt preis, und so landet man bei der nächsten Frage.

Hat Otto nichts gewusst? Hat er, mit kurzen Unterbrechungen, mehr als zehn Jahre dicht neben Ingvar gelebt und nichts verstanden? Hat er dem Gutsherren Feodor geholfen, ist an seiner Seite mit Büchse und Hunden durch den Wald gestreift und hat es nie begriffen?

Wie konnte er es vermeiden einzusehen, was alle anderen in der Gegend wussten?

Als Ingvars nazistisches Erbe bekannt wurde, war Otto tief enttäuscht. Darin sind sich Ingrid und ihre Kinder einig. Er habe nichts gewusst, nichts verstanden und sei traurig und wütend geworden. Ingvar hingegen sagt, die beiden hätten irgendwann über die Angelegenheit gesprochen, und damit sei die Sache erledigt gewesen. Doch wo verläuft die Grenze zwischen Erinnerung und Rekonstruktion, zwischen dem, was er sich gewünscht hätte, und dem, was tatsächlich passiert ist?

Ingvar singt ein Loblied auf die Freundschaft. Er war in Otto vernarrt, und sie hielten zusammen, hielten immer zusammen. Ingvar, der Einsame, der sich stets als Außenseiter gefühlt hatte und sich aus diesem Grund der antijüdischen Gemeinschaft der Nazis anschloss. So sagt er selbst. Wurde seine Sehnsucht nach Freundschaft durch Otto gestillt, endlich?

Auch Otto war einsam und entwurzelt, ein Zugvogel in der småländischen Landschaft. War es verwunderlich, dass die Bindung eng und das Leben tatsächlich schön wurde für zwei junge Männer, die Selbstgebrautes, Mädchen und einander liebten? Da hat es doch wohl keine Bedeutung, ob einer Jude ist, da redet man doch wohl nicht über seinen Umgang mit dem Faschisten Engdahl oder seine Treffen mit den Neuen Schweden. Da hatte Otto nicht vor zu fragen.

Ingvar verlebte die schönste Zeit seiner Jugend in der Wärme ihrer Freundschaft. Er sah keinen Zusammenhang zwischen seiner Ideologie und dem jüdischen Flüchtling, der an seiner Seite rackerte. Stall war Stall, Tanzboden war Tanzboden und Fremdengesetze, Kommunistenhass und starke Führer etwas ganz anderes. Freundschaft war Freundschaft, das Gegenteil von Einsamkeit.

Als Ingvars Vergangenheit wie eine alte Leiche im Keller ans Tageslicht kam, ging er mit einer Reihe von Abbitten an die Öffentlichkeit – vor allem mit der mühsam verfassten, gefühlsbetonten Bitte an sein Personal, ihm zu verzeihen. Diese Bitte um Verzeihung hat er in Interview um Interview wiederholt. Wer will als Nazi in Erinnerung bleiben, wenn man IKEA geschaffen hat. Er telefonierte herum, er schrieb. Er rief an jenem Abend 1998 Otto an. »Verzeih mir«, sagte Ingvar Kamprad.

In Wien rauscht der Verkehr. Häuser werden abgerissen, andere errichtet. An schönen Frühlingstagen schlendern Menschen in ihrer Freizeit durch den Prater oder unternehmen einen Sonntagsausflug in den Wienerwald, wo sie eine Wiese finden, um Fußball zu spielen und anschließend vom mitgebrachten Proviant zu essen. Alles nimmt seinen Lauf. Die Bäume stehen noch immer an ihrem Platz. Unter ihnen grünt der Schatten.

Erst als er über fünfzig war, konnte Otto sich entschließen, die deutsche Sprache von Neuem zu benutzen. Er sprach selten über seine Jugend oder seine Eltern. Die fünfhundert Briefe von Pepi, Lisl und den anderen ermordeten Familienmitgliedern sortierte er in chronologischer Reihenfolge, verschnürte die jeweiligen Bündel mit Paketschnur und reichte sie am Ende seines Lebens weiter.

Bei Ottos Beerdigung im Jahr 2005 hielt einer seiner Schwiegersöhne eine Rede. Er erinnerte sich, wie ihr Auto einmal eine Panne hatte und Otto helfen sollte, es in die Werkstatt zu schleppen. Alles ging gut, bis sie an einen Kreisverkehr kamen, auf dem das Seil zwischen den Wagen plötzlich riss. Der Schwiegersohn blieb mit seinem kaputten Auto mitten im Verkehr liegen, während Otto seelenruhig weiterfuhr, ohne irgendetwas zu bemerken. Denn – so sagte der Schwiegersohn – Otto drehte sich nicht um. Er schaute nie zurück.

Und meine Geschichte?

Wir alle haben Bilder von dem langen, nach Birkenau führenden Schienenstrang gesehen, Gleis um Gleis allein für die Menschen aus Ungarn gelegt. Die heimischen Nazis teilten das Land in fünf Zonen auf, um sie systematisch von Juden zu säubern, und bis zuletzt wurde die Hauptstadt Budapest ausgespart. Der Junge, der mein Vater wurde, überlebte, weil er sich zufällig an diesem Ort befand. Weil links. Weil rechts. Weil Regen. Weil Schatten. Weil. Es gibt keinen Grund. Hör, wie sein Herz in mir schlägt.

Jemand fragt mich: Warum du, warum dieser Text, diese Worte?

Weil die Taschen voller Steine sind und ich zwischen den Gräbern herumgehe, die es nicht gibt. Weil das Mädchen aus London Nein gesagt hat, als ich fragte. Weil sie jetzt zweiundachtzig Jahre alt ist und dennoch nicht wollte, dass die Worte ihres Vaters von dem Halm, der sich im Winde biegt, aufgeschrieben würden – weil die jüdische Abstammung der Familie ein Geheimnis bleiben musste.

Hört ihr die Herzschläge?

Und die, die verstummten?

Josef Ullmann
Geboren am 3. April 1893
Letzte bekannte Adresse in Wien: Robertgasse 2/12
Gefangener Nummer 1110 im Transport IV/12 von Wien nach Theresienstadt am 2. Oktober 1942
Gefangener Nummer 992 im Transport En von Theresienstadt nach Auschwitz am 28. September 1944
Status nach dem Krieg: tot
51 Jahre

Elise Ullmann, geborene Kollmann
Geboren am 10. November 1891
Letzte bekannte Adresse in Wien: Robertgasse 2/12
Gefangene Nummer 1111 im Transport IV/12 von Wien nach Theresienstadt am 2. Oktober 1942
Gefangene Nummer 975 im Transport Ek aus Theresienstadt nach Auschwitz am 4. Oktober 1944
Status nach dem Krieg: tot
53 Jahre

Margarethe Kollmann – Tante Grete
Geboren am 9. August 1890
Letzte bekannte Adresse in Wien: Robertgasse 2/12
Gefangene Nummer 712 im Transport von Wien nach Maly Trostinec, Weißrussland, am 31. August 1942
tot am 4. September 1942 in Maly Tristinec, Weißrussland
52 Jahre

Adolfine Kalmar, geborene Kollmann – *Tante Nuny*
Geboren am 20. Februar 1893
Letzte bekannte Adresse in Wien: Löwengasse 49/15
Gefangene Nummer 487 im Transport von Wien nach Opole
am 23. Februar 1941
Status nach dem Krieg: tot, vermutlich 1942
49 Jahre

Paul Kalmar
Geboren am 14. November 1886
Gefangener Nummer 486 im Transport von Wien nach Opole
am 26. Februar 1941
Status nach dem Krieg: tot, vermutlich 1942
56 Jahre

Für euch – und all die anderen.
Einen Stein auf euer unbekanntes Grab.

Quellen

Interviews 2010/2011

Ingrid Ullman
Peter Ullman
Eva Ullman
Åsa Ullman
Ingvar Kamprad
Kerstin K. Johansson
Hellis Sylwan, eins der Kinder aus dem Kindertransport der Schwedischen Israelmission 1939
Heinz Breslauer, eins der Kinder aus dem Kindertransport der Schwedischen Israelmission 1939
Carin Ehrenberg, Tochter von Frau Carola Eklundh
Martin Lind, Bischof
Heléne Lööw, Historikerin

Das Interview mit Ingvar Kamprad ist die Abschrift eines Mitschnitts, aufgenommen am 9. August 2010. Eine Mitwirkung an späteren ergänzenden Interviews wurde freundlich abgelehnt.

Ausgelassene Teile des Gesprächs oder Wiederholungen wurden durch […] markiert. Ingvar Kamprad und seinem Assistenten Johannes Stenberg wurden sämtliche Auszüge des Interviews acht Monate vor der Publikation vorgelegt. Kerstin K. Johansson lehnte ein entsprechendes Angebot ab.

Ungedruckte Quellen

Privatarchiv der Familie Ullman mit Briefen, Dokumenten und Fotos

Dokumente, den Kindertransport der Schwedischen Israelmission und Pastor Birger Pernows Korrespondenz betreffend – Svenska kyrkans arkiv, Uppsala

Briefe von Otto Ullmann an Frau Eklundh – Archiv der Familie Eklundh im Kronobergsarkivet, Växjö

Briefe von Erzbischof Eidem an Sigfrid Hansson von 1938 sowie

Hanssons Eintragungen im Kalender desselben Jahres – Arbetarrörelsens arkiv, Stockholm
Dokumente, die Familie Ullmann in Wien betreffend – Dokumentationsarchiv des Österreichischen Widerstandes
Dokumente, die Familien Ullmann, Kollmann und Kalmar betreffend – Wiener Stadt- und Landesarchiv
Dokumente, Josef Ullmanns Deportation 1939 nach Ulanów und seine Tätigkeit 1942 in Wien betreffend – Archiv der Israelitischen Kultusgemeinde Wien
Dokumente, die schwedische Diplomatie und Flüchtlingspolitik betreffend – Riksarkivet, Stockholm
Akte Ingvar Kamprads bei Allmänna Säkerhetspolisen bis einschließlich 1949
Akte der Nysvenska rörelsen bei Allmänna Säkerhetspolisen bis einschließlich 1949
Verzeichnisse von nationalsozialistischen Zusammenkünften während der Kriegsjahre in Småland – gesammelt und zusammengestellt von Jan Samuelsson, Journalist
Yad Vashem, Jerusalem – Archiv und Datenbank der Holocaust-Opfer
Urteil gegen Eichmann, Nisko-Kapitel – www.nizkor.org
Fragen zur Bibel – www.alltombibeln.se, Lutherbibel (1954)
Fragen zur Geschichte des Christentums – www.kristendomens-historia.com

Gedruckte Quellen

Andersson, Lars M., Kvist Geverts, Karin (Red.): *En problematisk relation? Flyktingpolitik och judiska flyktingar i Sverige 1920–1950* (Eine problematische Beziehung? Flüchtlingspolitik und jüdische Flüchtlinge in Schweden 1920–1950). Uppsala universitet 2008
Arendt, Hannah: *Den banala ondskan* (dt. *Die Banalität des Bösen*). Neuausgabe. Daidalos 1996
Berkley, George E.: *Vienna and its Jews*. Madison Books 1988

Blomberg, Göran: *Mota Moses i grind* (Schiebt Moses einen Riegel vor). Hillelförlaget 2003
Carmesund, Ulf: *Refugees or Returnees*. Uppsala universitet 2010
Engdahl, Per: *Fribytare i folkhemmet* (Freibeuter im Volksheim). Cavefors förlag 1979
Friedländer, Saul: *Das Dritte Reich und die Juden: Die Jahre der Verfolgung 1933–1939. Die Jahre der Vernichtung 1939–1945*. Übers. von Martin Pfeiffer. C. H. Beck 2006
Göring, Hermann: *Reden und Aufsätze*. Hg. von Erich Gritzbach. 3. Auflage. München 1939
Hammar, Tomas: *Sverige åt svenskarna* (Schweden den Schweden). Stockholms universitet 1964
Hedenquist, Göte: *Undan förintelsen. Svensk hjälpverksamhet i Wien under Hitlertiden* (Schwedische Hilfsaktionen während der Hitlerzeit in Wien). Verbum 1983
Hilberg, Raul: *The Destruction of the European Jews*. 3. Ausgabe. 3 Bände. Yale University Press 2003
Kamprad, Ingvar, Torekull, Bertil: *Historien om IKEA* (Die IKEA-Geschichte). Neuausgabe. Wahlström & Widstrand 2006
Kan judafolket räddas? (Kann das jüdische Volk gerettet werden?). Svenska Israelsmissionen 1943
Koblik, Steven: *The Stones Cry Out. Sweden's Response to the Persecution of the Jews 1933–1945*. United States Holocaust 1989
Kvist Geverts, Karin: *Ett främmande element i nationen. Svensk flyktingpolitik och de judiska flyktingarna 1938–1944* (Ein fremdes Element in der Nation. Schwedische Flüchtlingspolitik und die jüdischen Flüchtlinge 1938–1944). Uppsala universitet 2008
Larsmo, Ola: *Djävulssonaten* (Die Teufelssonate). Albert Bonniers förlag 2007
Lindberg, Hans: *Svensk flyktingpolitik under internationellt tryck 1936–1941* (Schwedische Flüchtlingspolitik unter internationalem Druck 1936–1941). Allmänna förlaget 1973
Lodenius, Anna-Lena, Larsson, Stieg: *Extremhögern* (Die extreme Rechte). 2. Auflage. Tiden 1994
Lööw, Heléne: *Nazismen i Sverige* (Nationalsozialismus in Schweden). Ordfront 2000

Roth, Josef: *Juden auf Wanderschaft*. Kiepenheuer & Witsch 2010
Sjöberg, Thomas: *Ingvar Kamprad och hans* IKEA (Ingvar Kamprad und sein IKEA). Gedin 1998
Svanberg, Ingvar, Tydén, Matthias: *Sverige och förintelsen* (Schweden und der Holocaust). Bokförlaget Arena 1997
Szymborska, Wisława: *Nära ögat* (Alle Fälle). Ausgewählte Gedichte. Übers. von Anders Bondegård. FiB:s Lyrikklubb 1996
Thorsell, Staffan: *Mein lieber Reichskanzler! Sveriges kontakter med Hitlers rikskansli* (Schwedens Kontakte mit Hitlers Reichskanzlei). Bonnier Fakta 2006
Topography of terror. Redaktion Reinhard Rürup. Arenhövel 1989
Tysklands koncentrationsläger. Brittiska regeringens hemliga dokument (Deutschlands Konzentrationslager. Geheime Dokumente der britischen Regierung). (The White Book, 2.) Trots allt! 1939
Åmark, Klas: *Att bo granne med odskan. Sveriges förhållande till nazismen* (Wand an Wand mit dem Bösen wohnen. Schwedens Verhältnis zum Nationalsozialismus). Albert Bonniers förlag 2011

Zeitschriften

Den Svenske Nationalsocialisten / Folksocialisten (Der schwedische Nationalsozialist / Volkssozialist), 1939
Missionstidning för Israel (Missionszeitung für Israel), 1933, 1938–1942
Nationell Tidning (Nationalzeitung), 1940
Svenska Israelsmissionens årsböcker (Jahrbücher der Schwedischen Israelmission), 1936–1945
Tidskriften Judisk Krönika (Zeitschrift Jüdische Chronik), 1938–1945
Vägen Framåt (Der Weg voran), 1942, 1943
Außerdem circa 120 Artikel aus den Zeitungen *Aftonbladet, Svenska Dagbladet, Dagens Nyheter, Kristanstadsbladet, Smålandsposten, Jordbrukarnas Föreningsblad, Moderna tider, Läkartidningen*
Material, Per Engdahl betreffend – Sigtunastiftelsens klipparki

[…] Wie lange haben die Dir mitgegebenen Fress-Sachen gereicht oder ist etwas übrig geblieben? Wie sieht die Sache mit dem Koffer aus? Hast Du ihn unversehrt erhalten und Deine Sachen selbst schön ausgepackt? Schreib uns auch, wie die Sache mit dem Sport ist, ob Du Möglichkeiten hast und wie das Wetter ist, kurz, was Du den Tag über machst und wie Du ihn Dir eingeteilt hast. Dass man draußen gut und viel isst, ist mir bekannt gewesen, die Fußballer, die hinausgefahren sind, sind immer mit ein paar Kilogramm plus zurückgekommen. Aber Du bist ja noch im Wachsen, da verträgst Du ja einiges. Jedenfalls bitte ich Dich aber, pass auf, dass der Magen in Ordnung bleibt, und noch etwas Zweites: Gib acht auf Dich, wenn Du im Freien bist, denn Du weißt ja, wir wollen Dich immer gesund haben. Und zu der Sehnsucht nach Dir wollen wir nicht auch noch Sorge haben. Nicht wahr?

Danksagung

Danken möchte ich der Familie Ullmann, die mir großzügig ihr volles Vertrauen geschenkt hat, ihre Familiengeschichte zu erforschen und zu erzählen.

Guido Petz, für eine erste Übersetzung von circa 350 Briefen und Karten ins Schwedische.

Lena Hammargren für die ergänzende Übersetzung der Briefe ins Schwedische und deren schwedische Endversion.

Dr. David Forster, Archiv der Israelitischen Kultusgemeinde Wien, und Lars Hallberg, Riksarkivet Stockholm, für ihre unschätzbare Hilfe und ihre große Geduld.

Jan Samuelsson, der mich teilhaben ließ an seinen Recherchen zum Nazismus in Småland.

Richard Herold, Björn Linnell und Lena Albihn vom Verlag Natur & Kultur für ihr Wissen und die größtmögliche Unterstützung.

Ingrid Ullman, Peter Ullman, Eva Ullman, Åsa Ullman, Erik Schaffer, Harriet Schaffer Ullman – die den Text in verschiedenen Stadien der Entstehung gelesen und diskutiert haben.

Dank an meine Eltern Sylvia und György für die Gespräche, Erinnerungen und ihren Mut.

Die schwedische Originalausgabe erschien 2011
unter dem Titel »Och i Wienerwald star träden kvar«
im Verlag Natur & Kultur, Stockholm.

MIX
Papier aus verantwortungsvollen Quellen
FSC® C014496

Verlagsgruppe Random House FSC® N001967

1. Auflage
Genehmigte Taschenbuchausgabe März 2016,
btb Verlag in der Verlagsgruppe Random House GmbH, München

Umschlaggestaltung: semper smile, München
nach einem Umschlagentwurf von www.buerosued.de unter
Verwendung eines Fotos von Otto Ullmann © privat
Druck und Einband: GGP Media GmbH, Pößneck
KLÜ · Herstellung: sc
Printed in Germany
ISBN 978-3-442-74982-9

www.btb-verlag.de
www.facebook.com/btbverlag
Besuchen Sie auch unseren LiteraturBlog www.transatlantik.de

Die bewegende Geschichte des Wehrmachtsoffiziers Wilm Hosenfeld, der dem berühmtem *Pianisten* das Leben rettete

Hermann Vinke
»Ich sehe immer den Menschen vor mir«
Originalausgabe
384 Seiten
Gebunden mit Schutzumschlag
ISBN 978-3-7160-2714-1

Hermann Vinkes Biographie ist die zu Unrecht fast vergessene Geschichte eines Mannes, der zunächst ein überzeugter Nazi war und schließlich tief bewegt und erschüttert von Leid und Elend die Menschlichkeit über Eid und Befehle stellte.

ARCHE